Von Adler bis Zwiebel

Sachlexikon für Grundschulkinder

von
Hans Peter Thiel
Heidemarie Brosche
Astrid Rösel

Cornelsen

Hinweise zum Sachlexikon für Grundschulkinder

Was steht wo im Sachlexikon?

Was ist ein Sachlexikon?

Ein Lexikon ist ein Buch, in dem du Begriffe nachschauen und nachlesen kannst. Wenn du etwas ganz genau wissen willst, dann hilft dir dieses Lexikon vielleicht weiter. Es ist ein Lexikon für die Grundschule. Darin findest du viele Begriffe, die du sicher schon aus dem Sachunterricht kennst. Du kannst das Sachlexikon in der Schule und bei deinen Hausaufgaben benutzen.

Wie ist das Sachlexikon aufgebaut?

Das Sachlexikon hat zwei Teile: Teil 1 richtet sich vor allem an Schüler der 1. und 2. Klasse, Teil 2 an Schüler der 3. und 4. Klasse. Die Begriffe in Teil 1 sind **rot**, die Begriffe in Teil 2 sind **blau**. Wer in die 1. oder 2. Klasse geht, schlägt zuerst im roten Teil nach. Selbstverständlich kann jeder Schüler auch in beiden Teilen nachlesen, wenn er möchte. Alle Begriffe sind nach dem Abc geordnet. Die Buchstabenleiste außen am Rand jeder Seite zeigt dir an, bei welchem Buchstaben du gerade bist.

Was bedeuten die Zeichen?

Unter jedem Begriff siehst du farbige Zeichen. Sie geben an, aus welchem Bereich der Begriff stammt:

- **Gesellschaft** – Dieses Zeichen haben alle Begriffe, die etwas mit den Menschen, ihrem Leben und ihrer Arbeit zu tun haben, zum Beispiel Camping, Familie, Kaufhaus.
- **Technik** – Dieses Zeichen haben Begriffe, die mit Technik zu tun haben, zum Beispiel Computer, Flugzeug, Rad, Traktor.
- **Raum** – Dieses Zeichen haben Begriffe, die etwas mit der Landschaft und dem Verkehr zu tun haben, zum Beispiel Auto, Berg, Eisenbahn, Fluss.
- **Zeit** – Dieses Zeichen haben alle Begriffe, die etwas mit der Zeit und der Vergangenheit zu tun haben, zum Beispiel Burg, Denkmal, Nikolaustag.
- **Naturwissenschaft** – Dieses Zeichen haben alle Begriffe, die etwas mit Natur, Lebewesen und Forschung zu tun haben. Solche Begriffe sind zum Beispiel Ei, Farbe, Katze, Schnee.

Was bedeuten die Pfeile?

Vor manchen Wörtern steht ein roter oder ein blauer Pfeil. Der rote Pfeil bedeutet, dass du eine Erklärung dieses Wortes in Teil 1 findest, wie bei ►*Knochen*. Bei einem blauen Pfeil findest du eine Erklärung in Teil 2, wie bei ►*Knochenbau*. Hinter manchem Wort steht eine Klammer mit einem Pfeil, zum Beispiel bei Halloween (▼ hellowien). Solche Wörter spricht man anders aus, als man sie schreibt. Die richtige Aussprache ist jeweils in der Klammer angegeben.

Übungen 1

Wie arbeite ich mit Abc und Lexikon?

Damit du dich in deinem Sachlexikon schnell zurechtfindest, solltest du vorher die folgenden Übungen machen. Arbeite sie der Reihe nach ab! Nimm dir jeden Tag eine Übung vor. Wenn du dann noch Lust hast, kannst du natürlich noch eine weitere Übung machen. Danach braucht dir deine Lehrerin oder dein Lehrer vielleicht gar nicht mehr zu helfen.

1. Übung: Inhalte suchen

▶ Blättere in diesem Lexikon einfach so, wie du willst. Wenn du etwas findest, was dich interessiert, lies genauer nach.

▶ Blättere Teil 1 deines Lexikons von A bis Z durch und schreibe alle Tiere heraus, die du findest.

Schreibe alle Pflanzen heraus, die du findest.

Schreibe alle Verkehrsmittel heraus.

Schreibe alles heraus, was mit Wasser zu tun hat.

2. Übung: Das Abc allein üben

▶ Lerne das Abc auswendig. Es geht am einfachsten, wenn du dir die folgenden vier Zeilen merkst:

ABCDEFG
HIJKLMNOP
QRSTUVW
XYZ

- ▶ Versuche das ganze Abc aufzuschreiben.
- ▶ Trage das Abc anderen laut vor, zum Beispiel deinem Nachbarn, deinen Mitschülern, deinen Eltern.
- ▶ Schreibe die Antworten zu folgenden Fragen auf:

Welche drei Buchstaben kommen nach dem B?

Beispiel: CDE

Welche drei Buchstaben kommen nach dem E?

Welche drei Buchstaben kommen nach dem H?

Welche drei Buchstaben kommen nach dem K?

Welche drei Buchstaben kommen nach dem N?

Welche drei Buchstaben kommen nach dem Q?

Welche drei Buchstaben kommen nach dem T?

Welche drei Buchstaben kommen nach dem W?

3. Übung: Das Abc mit dem Partner üben

- ▶ Sprich deinem Partner das Abc vor und höre plötzlich auf. Er fügt dann die nächsten fünf Buchstaben hinzu. Du kannst mit den Fingern mitzählen. Wechselt euch ab.

Beispiel: Du: ABCDEFGHI
Dein Partner: JKLMN

- ▶ Sprich deinem Partner jeweils drei Buchstaben des Abc vor. Er sagt dann die nächsten drei.

Beispiel: Du: ABC
Dein Partner: DEF

4. Übung: Nach dem Abc ordnen

▶ Ordne die folgenden Wörter nach ihren Anfangsbuchstaben und unterstreiche die Anfangsbuchstaben:

Dom, Fuchs, Apfel, Baum, Kran, Camping, Ei

▶ Ordne die folgenden Wörter nach ihren Anfangsbuchstaben:

Ostern, Polizei, Meerschweinchen, Schneeglöckchen

Die vier Anfangsbuchstaben ergeben ein Wort.

▶ Ordne die folgenden Wörter nach ihren Anfangsbuchstaben und beginne mit dem hintersten Buchstaben im Abc:

Obst, Wasser, Kleidung, Eidechse, Lexikon

Die fünf Anfangsbuchstaben ergeben ein Wort.

5. Übung: Das Abc mit dem Sachlexikon üben

▶ Schlage das Lexikon irgendwo auf. Auf jeder Seite findest du außen am Rand einen Streifen mit dem Abc. Auf dem Abc-Streifen steht jeweils ein Buchstabe auf einem farbigen Feld.

▶ Suche alle Seiten von Teil 1, auf denen das A, das F, das G, das M, das V und das Z auf einem roten Feld stehen. Schreibe die Seitenzahlen auf, zum Beispiel A 10–12.

▶ Suche das erste Wort von Teil 1 mit A, mit B, mit C.

▶ Suche das erste Wort von Teil 1 mit I, mit K, mit L.

▶ Beantworte folgende Fragen und schreibe die Antworten auf:

- Auf welcher Seite steht das erste Wort mit M?
- Auf welcher Seite steht das erste Wort mit Z?
- Auf welchen Seiten stehen die Wörter, die mit Pf anfangen?

- Auf welchen Seiten stehen die Wörter, die mit Sch anfangen?
- Welches Wort steht vor Bischof, vor Fasching, vor Zoo?
- Welches Wort steht vor Regenwurm, vor Schneeglöckchen?

▶ Wie viele Wörter findest du …

- mit dem Anfangsbuchstaben Z?
- mit dem Anfangsbuchstaben C?

▶ Suche möglichst schnell die folgenden Begriffe und notiere jeweils die Seiten, auf denen du sie gefunden hast:

- Weihnachten, Ostern, Pfingsten, Nikolaustag, Martinstag,
- Mähdrescher, Getreide, Bauernhof, Traktor, Pflug
- Zeitschrift, Fernsehen, Radio, Lexikon

▶ Beantworte die folgenden Fragen:

- Warum steht Arzt vor Atmung?
- Warum steht Ei vor Eisenbahn?
- Warum steht Maiglöckchen vor Märchen?

6. Übung: Verweise nachschlagen

Vor vielen Wörtern findest du einen roten oder einen blauen Pfeil. Der rote Pfeil bedeutet, dass du eine Erklärung dieses Wortes in Teil 1 findest. Der blaue Pfeil bedeutet, dass du eine Erklärung in Teil 2 findest.

▶ Blättere in Teil 1, suche fünf Wörter mit dem roten Pfeil und schlage diese Wörter nach!

▶ Blättere in Teil 1, suche fünf Wörter mit dem blauen Pfeil und schlage diese Wörter in Teil 2 nach.

7. Übung: Begriffe den farbigen Zeichen zuordnen

Unter jedem Begriff stehen farbige Zeichen. Die Zeichen geben an, aus welchem Bereich der Begriff stammt. Auf Seite 3 findest du die Bedeutung der Zeichen.

▶ Blättere in Teil 1 und suche

- fünf Wörter, die zum Bereich Gesellschaft gehören.
- fünf Wörter, die zum Bereich Technik gehören.
- fünf Wörter, die zum Bereich Raum gehören.
- fünf Wörter, die zum Bereich Zeit gehören.
- fünf Wörter, die zum Bereich Naturwissenschaft gehören.

▶ Zu welchen Bereichen gehören folgende Wörter:
Advent, Aquarium, Bagger, Beere, Burg, Dom, Fell?

▶ Zu welchen Bereichen gehören folgende Wörter:
Taube, Mensch, Kartoffel, Hecke, Rose?
Gib zuerst die Antworten und schlage dann im Lexikon nach.

8. Übung: Mit Texten üben – Partnerübung

▶ Unter welchem Begriff könnte man nachschauen, wenn man wissen will,

- welche Nahrungsmittel es gibt?
- was eine Computermaus ist?
- wie ein Laufkran arbeitet?
- wie viele Handwerksberufe es gibt?
- wann das Fest des heiligen Martin gefeiert wird?

- Was kann aus den Körnern von Getreide hergestellt werden?
- Was ist das Besondere an einem Bungalow?
- Aus welchen Bäumen wird Hartholz gewonnen?
- Warum sollte man regelmäßig zum Zahnarzt gehen?

- Finde möglichst viel über Bienen heraus und erzähle es deinem Nachbarn / deinen Mitschülern / Geschwistern / Eltern.
- Finde möglichst viel über Nester heraus und erzähle es deinem Nachbarn / deinen Mitschülern / Geschwistern / Eltern.
- Finde möglichst viel über Uhren heraus und erzähle es deinem Nachbarn / deinen Mitschülern / Geschwistern / Eltern.

9. Übung: Mit Bildern üben – Partnerübung

- Blättere das Lexikon durch und suche zehn Begriffe mit Bildern. Lies den Text aber nicht!
- Versuche das Bild deinem Partner zu erklären.
- Lies jetzt den Text! Kannst du das Bild nun besser erklären?

10. Übung: Einen Lexikontext verfassen

Wenn du alle Aufgaben bis hierher gelöst hast, kannst du vielleicht selbst einen kurzen Text für ein Lexikon verfassen.

- Suche alle Begriffe heraus, in denen etwas über Insekten steht. Schreibe nun einen kleinen Text zu Insekten. Wenn du fertig bist, kannst du deinen Text überprüfen. Schaue dazu im 2. Teil des Lexikons nach.

Adler

Der Adler ist einer der größten ►*Greifvögel*. Er misst mit ausgebreiteten Schwingen über 2 Meter. Aus der Luft erspäht er sogar eine winzige Maus und stürzt auf sie herab. Mit seinen scharfen Krallen tötet der Adler die Beute. Dann zerlegt er sie mit seinem kräftigen Schnabel.

Advent

„Adventus" ist ein lateinisches Wort und bedeutet „Ankunft". Die Zeit vor ►*Weihnachten* nennen die Christen Advent, weil sie auf die Ankunft von Jesus Christus warten. Der Advent beginnt vier Sonntage vor Weihnachten. ►*Christentum*

Ameise

Ameisen sind ►*Insekten*. Sie leben in einem ►*Tierstaat* zusammen. Oft sind das Millionen Tiere. Einige Königinnen legen ständig Eier. Die Männchen

sind nur für die ►*Befruchtung* da. Die Arbeiterinnen versorgen den Nachwuchs. Sie bauen das Nest und schleppen Nahrung herbei.

Apfel

Das Fruchtfleisch des Apfels entsteht aus dem Stiel der befruchteten ►*Blüte*. Aus den fünf Fruchtblättern wird ein Kernhaus mit fünf Fächern. In jedem Fach liegt ein Kern. Das ist der ►*Samen*. Äpfel gehören zum Kernobst. Man kennt einige Tausend Apfelsorten.

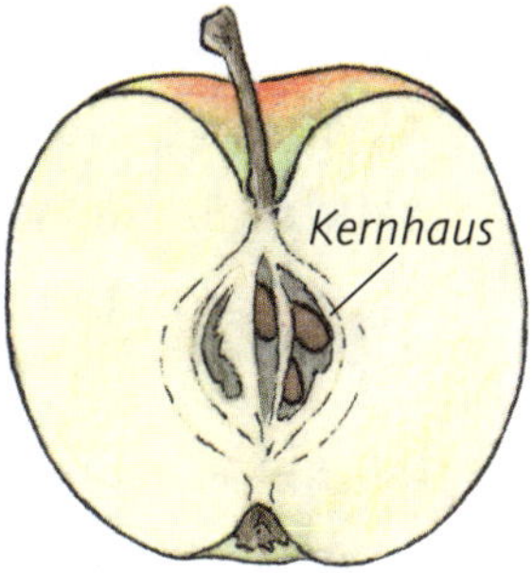

Apotheke

In einer Apotheke werden ►*Medikamente* verkauft. Früher wurden sie vom Apotheker selbst hergestellt. Heute werden die meisten Medikamente von großen Firmen geliefert. Apotheker und Apothekerinnen müssen sehr gut über die Medikamente Bescheid wissen. Sie haben an einer ►*Universität* studiert.

Aquarium

In einem Aquarium kann man ►*Fische* und andere Wassertiere als ►*Haustiere* halten. Aquarien sind aus Glas. Je nach Tierart muss kaltes oder warmes Wasser eingefüllt werden. Es gibt Aquarien für Süßwasser und für Meerwasser. Besonders große Aquarien sieht man in einem ►*Zoo*.

Arzt

Wer Arzt oder Ärztin werden will, muss an einer ►*Universität* ►*Medizin* studieren. Es gibt etwa 30 Arztberufe, zum Beispiel Hals-Nasen-Ohren-Arzt, Kinderarzt, Notarzt. Bei den meisten Krankheiten geht man zuerst zu einem Arzt für Allgemeinmedizin. Als Hausarzt besucht er die Kranken auch daheim.

Atmung

Bei der Atmung nehmen Menschen und Tiere lebensnotwendigen ►*Sauerstoff* auf. Menschen haben dafür eine ►*Lunge*, Fische haben ►*Kiemen*, Pflanzen atmen mit ihren ►*Blättern*.

Auto

Auto ist die Kurzform von Automobil, was „Selbstbeweger" bedeutet. Natürlich bewegt es sich nicht von selbst, sondern wird von einem ►*Motor* angetrieben. Als vor 150 Jahren das erste Auto fuhr, hatten viele Menschen Angst davor. Heute fahren auf unseren ►*Straßen* Millionen von Autos. Es ist unser wichtigstes ►*Verkehrsmittel*.

Autobahn

Eine Autobahn ist eine breite Schnellstraße für ►*Kraftfahrzeuge*. Für jede Richtung gibt es mindestens zwei Fahrspuren, damit leicht überholt werden kann. Die beiden Fahrtrichtungen sind durch einen Grünstreifen und Leitplanken voneinander getrennt. So gibt es keinen Gegenverkehr.

Baby

In seinem ersten Lebensjahr ist ein Kind ein Baby. Es wird meist mit Muttermilch ernährt. Das nennt man Stillen. Weil das Baby die Milch aus der Brust der Mutter saugt, heißt es auch Säugling. Ein Kind von ein bis drei Jahren ist ein Kleinkind.

Bagger

Bagger haben riesige Schaufeln. Damit können sie große Mengen Erde, Sand, Kies oder ►*Kohle* aufladen und wegräumen. Sie werden im ►*Straßenbau*, beim Hausbau und im ►*Bergwerk* eingesetzt. Bagger fahren auf Rädern oder mit Raupen.

Banane

Bananen sind Südfrüchte wie Orangen, Zitronen, Ananas und viele andere Obstsorten. Südfrüchte wachsen in sehr warmen Ländern. Sie kommen mit dem Schiff oder Flugzeug zu uns. Bananenpflanzen werden 4 Meter hoch. An jedem Fruchtbündel hängen bis zu 100 Bananen. ► *Obst*

Bau

Wenn ein Tier unter der Erde eine ► *Höhle* gräbt, legt es einen Bau an. Füchse, Dachse und Hamster leben zum Beispiel in Bauen. Hamster bauen neben der Wohnhöhle eine Vorratskammer und sogar ein Klo.

Bauernhof

Auf einem Bauernhof werden ► *Nahrungsmittel* erzeugt. Es gibt hier ein Wohnhaus für die Bauernfamilie und Ställe für das Vieh. Weitere

Gebäude sind der Silo für die Futtervorräte, die Scheune für das Heu sowie Schuppen für Fahrzeuge und Geräte. ►*Mähdrescher* ►*Traktor*

Baum

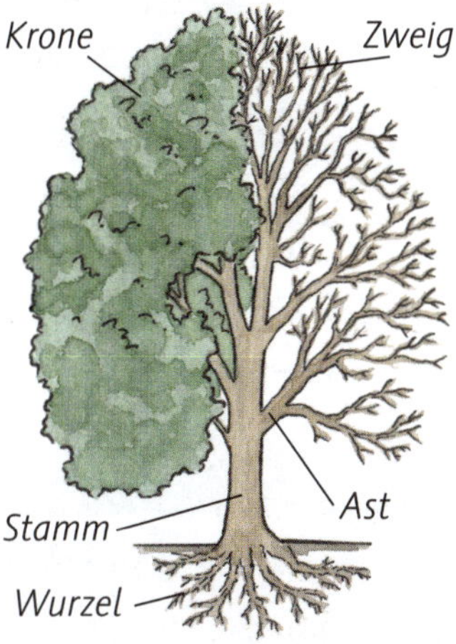

Bäume sind die größten Pflanzen der Erde. Eine starke Wurzel hält sie fest im Boden. Aus der Wurzel wächst der Stamm, der die Krone aus Ästen und Zweigen trägt. Daran hängen ►*Blätter*, ►*Blüten* und ►*Früchte*. Es gibt ►*Laubbäume* wie ►*Kastanien* und Buchen und ►*Nadelbäume* wie ►*Tannen* und ►*Fichten*. ►*Holz* ►*Wald*

Baustelle

Eine Baustelle ist ein Platz, an dem man zum Beispiel ein ►*Haus* baut. Zuvor muss ein ►*Bauplan* gezeichnet werden. Das macht ein Architekt, der auch die Arbeiten am Bau kontrolliert. Wenn der Dachstuhl fertig ist, feiert man das Richtfest.

A B C D E F G H I J K L M N O P Q R S T U V W X Y Z

A B C D E F G H I J K L M N O P Q R S T U V W X Y Z

Beere

Die Beere ist eine ►*Frucht* mit saftigem Fruchtfleisch, in dem die ►*Samen* liegen. Zu den Beeren zählen Heidelbeeren, Johannisbeeren und Stachelbeeren genauso wie Kürbisse, ►*Tomaten* und Orangen. Nicht alle Beeren sind essbar. Einige sind sehr giftig, zum Beispiel die Tollkirsche.

Berg

Berge sind große Erhebungen in der Landschaft. Mehrere Berge bilden zusammen ein ►*Gebirge*. Die meisten Berge wurden vor langer Zeit durch innere Kräfte der ►*Erde* emporgehoben. Manche wurden von ►*Vulkanen* aufgeschüttet. Der höchste Berg der Erde, der Mount Everest, ist über 8000 Meter hoch.

Biene

Bienen gehören zu den ►*Insekten*. Sie leben in einem ►*Tierstaat* zusammen. Die Honigbiene zieht mit dem Saugrüssel ►*Nektar* in ihren Honigmagen. Im Bienenstock wird daraus Honig. Weil die Menschen den Honig

wollten, machten sie die Bienen zu ►*Haustieren*. Die Bienen sorgen auch für die ►*Bestäubung* der Blüten.

Birne

Die Birne zählt zum Kernobst wie der ►*Apfel*. Birnen sind meist saftiger und süßer als Äpfel. Man kennt etwa 30 Birnensorten. Das Holz des Birnbaums ist besonders hart. Man macht daraus Möbel. ►*Obst*

Bischof

Ein Bischof ist ein hoher Würdenträger in der ►*Kirche*. Katholische Bischöfe tragen eine Bischofsmütze, einen Bischofsstab, ein Brustkreuz und einen Bischofsring. Evangelische Bischöfe sind einfacher gekleidet. Sie tragen aber auch oft ein Brustkreuz.

Blatt

Die meisten Pflanzen haben Blätter. Diese sind unterschiedlich geformt. Buchen haben einfache Blätter. Bei ►*Kastanien* sind die Blätter gefingert. ►*Rosen* haben gefiederte Blätter. Auch die Nadeln der ►*Tanne* sind Blätter. Alle Blätter verdunsten Wasser. Die Pflanzen atmen auch durch die Blätter.

Eiche *Buche* *Kastanie* *Rose* *Tanne*

A B C D E F G H I J K L M N O P Q R S T U V W X Y Z

Blindschleiche

Blindschleichen sind ►*Eidechsen* ohne Beine. Man verwechselt sie oft mit Schlangen. Sie werden ungefähr einen halben Meter lang und sind völlig harmlos. Blindschleichen leben unter Steinen und fressen vor allem Nacktschnecken, ►*Regenwürmer* und ►*Insekten*. Sie bringen lebende Junge zur Welt. Die Blindschleiche zählt zu den ►*geschützten Tieren*.

Blüte

Die meisten Pflanzen haben Blüten. Diese sind oft auffallend bunt und duften. Dadurch locken sie ►*Insekten* zur ►*Bestäubung* an. Die Kelchblätter umhüllen die Knospe, bis die Blüte sich öffnet. Die Blumenblätter heißen auch Kronblätter. Die Staubblätter im Innern der Blüte tragen den Blütenstaub. In der Mitte steht der Stempel mit dem Fruchtknoten. Aus ihm wächst die Frucht. ►*Befruchtung*

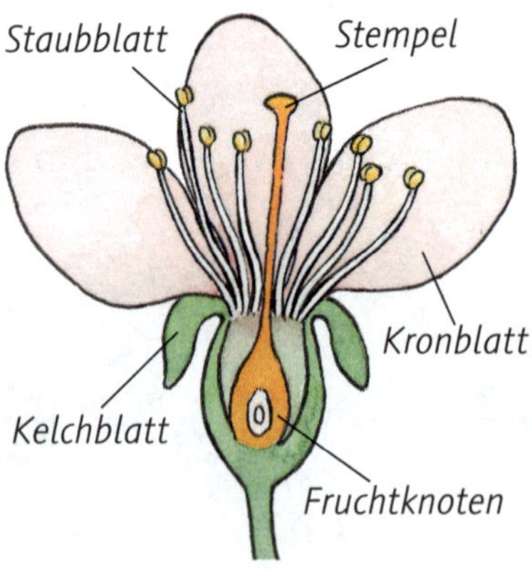

Brücke

Brücken überspannen Täler, Schluchten und Flüsse. Über die Brücken führen oft Eisenbahnlinien oder Straßen. Das erspart große Umwege. Die ersten Brücken bestanden wohl nur aus einem quer gelegten Baumstamm. Brücken aus Stein gab es schon im ►*Altertum* vor über 2000 Jahren.

Bogenbrücke

Klappbrücke

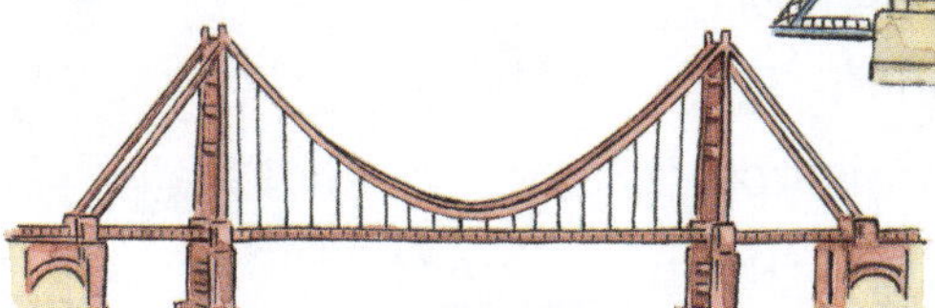

Hängebrücke

Burg

Im ►*Mittelalter* wohnten Ritter in Burgen. Eine Burg diente der Verteidigung. Zum Schutz vor Feinden stand sie meist auf einem steilen Berg. Sie war von sehr hohen Mauern umgeben. Davor lag oft noch ein Wassergraben. Man konnte die Burg dann nur über eine Zugbrücke betreten. Wenn ein Feind anrückte, zog man die Brücke hoch. Das Burgtor wurde fest verschlossen. Die Menschen in der Burg konnten nun nicht so leicht angegriffen werden. ►*Burgformen*

Bus

Bus ist die Abkürzung von „Omnibus", was so viel bedeutet wie „für alle". Viele Busse sind öffentliche ►*Verkehrsmittel*. Ein Autobus wird mit Gas, Diesel oder Benzin angetrieben. In manchen Städten fahren auch Busse mit Strom aus großen ►*Batterien*. Dadurch entstehen weniger ►*Abgase*.

Camping

Mit einem Zelt, einem Wohnwagen oder einem Wohnmobil kann man Camping machen. Man verbringt dann die Ferien auf einem Campingplatz. Auf Campingplätzen gibt es Toiletten und Duschen. An den Stellplätzen sind oft Anschlüsse für Wasser und Strom vorhanden.

Computer

Mit dem Computer lassen sich Texte schreiben, bearbeiten und ausdrucken. Man kann damit auch

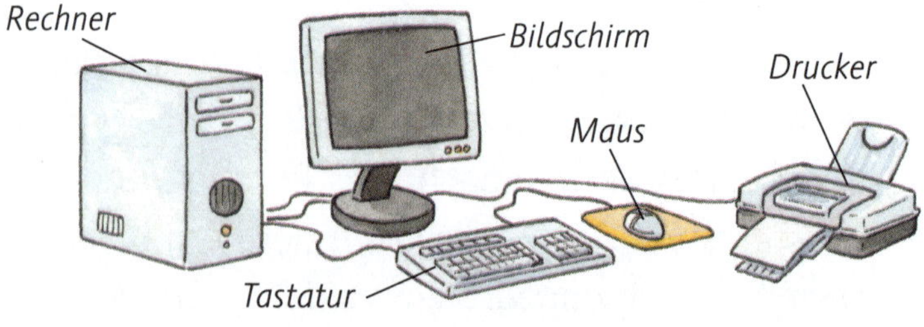

Musik und Filme speichern und abspielen, im ►*Internet* surfen und Computerspiele spielen. Ein Drucker überträgt die Darstellung auf dem Bildschirm auf Papier. ►*Hardware* ►*Software*

Denkmal

An vielen Orten gibt es Denkmäler. Sie erinnern an wichtige Menschen oder Ereignisse. Ein Denkmal wird von Bildhauern aus Stein oder Metall geschaffen. Alte Bauwerke stehen unter Denkmalschutz. Sie dürfen nicht abgerissen werden. Sehr alte Bäume oder schöne Landschaften sind Naturdenkmäler.

Dinosaurier

Das Wort „Dinosaurier" bedeutet „schreckliche Echse". Diese ►*Reptilien* bewohnten die Erde vor 200 Millionen Jahren. Die größten Landsaurier waren 40 Meter lang und so schwer wie eine Lokomotive. Die kleinsten waren kaum größer als eine Taube und konnten fliegen. Vor 65 Millionen Jahren starben die Dinosaurier aus. ►*Eidechse*

Dom

Der Dom ist ein großes Gotteshaus. Manche Dome heißen auch Kathedrale oder Münster. Meist ist ein Dom die Kirche eines ►*Bischofs*. Viele dieser riesigen ►*Kirchen* wurden im ►*Mittelalter* errichtet. Oft hat man jahrhundertelang daran gebaut.

Edelstein

Edelsteine sind seltene, kostbare Steine von besonders schöner Farbe. Ein Juwelier verarbeitet sie zu Schmuck: Er schleift und poliert sie, damit sie im Licht funkeln und glitzern. Am wertvollsten sind die ►*Diamanten*. Edelsteine können auch künstlich hergestellt werden.

Ei

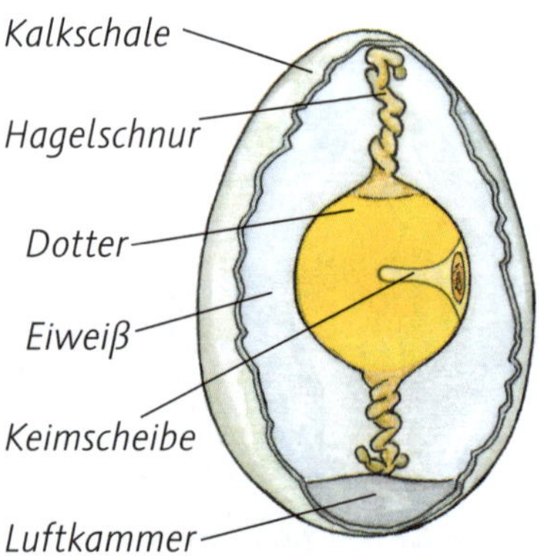

Fast alle Tiere legen Eier. Daraus schlüpfen die Jungen. Hühnereier sind von einer harten Schale umhüllt. Im Inneren gibt es den Dotter und das Eiweiß. Auf dem Dotter sitzt die Keimscheibe, aus der sich das Küken entwickelt. Dotter und Eiweiß dienen ihm dabei als Nahrung. Es bekommt Luft aus einer Luftkammer am stumpfen Ende des Eies. ►*Eizelle*

Eidechse

Eidechsen gehören zu den ►*Reptilien*. Bei uns gibt es drei Arten: die Bergeidechse die Zauneidechse und die Smaragdeidechse. Sie alle können senkrecht an einer Wand hochlaufen. Packt ein Feind eine Eidechse am Schwanz, dann wirft sie ihn ab. Er wächst aber wieder ein Stückchen nach.

Smaragd-eidechse

Eis

Sinkt die ►*Temperatur* auf null Grad Celsius oder tiefer, gefriert Wasser zu Eis. Das Eis ist leichter als Wasser. Daher schwimmen Eisschollen und ►*Eisberge* auf dem Wasser. Gewässer frieren von oben nach unten zu. Darum überleben Fische unter dem Eis.

Eisenbahn

Ihren Namen bekam die Eisenbahn, weil sie auf Schienen aus Eisen fährt. Sie ist ein wichtiges ►*Verkehrsmittel*. Die ersten Eisenbahnzüge wurden von Dampflokomotiven gezogen. Später gab es Diesellokomotiven. Heute fahren die meisten Loks elektrisch. Der schnellste Zug bei uns ist der ICE.

Erdbeere

Erdbeeren sind ein beliebtes Beerenobst. Genau genommen sind sie keine echten ►*Beeren*. Man nennt sie Scheinbeeren. Die Samen liegen nämlich nicht im Fruchtfleisch wie zum Beispiel bei der Stachelbeere. Sie sitzen als kleine Nüsschen auf der Haut der Erdbeere.

Eule

Die Eule ist ein ►*Greifvogel*, der nachts auf Beutefang geht. Dabei fliegt sie völlig lautlos. Sie verschlingt ihre Beute zunächst ganz. Später würgt sie die Haare und Knochen als Gewölle wieder heraus. Die größte heimische Eule ist der Uhu. Alle Eulen stehen unter ►*Naturschutz*.

Fähre

Fähren sind Transportschiffe, die Personen, Waren, Fahrzeuge und sogar Eisenbahnzüge von einem Ufer zum anderen befördern. Sie verkehren regelmäßig nach einem festgelegten Fahrplan auf Flüssen, Seen und Meeren. Auf großen Fähren fahren Autos auf der einen Seite hinein und auf der anderen Seite wieder heraus. ►*Schifffahrt*

Fahrrad

Das Fahrrad ist ein ►*Verkehrsmittel*. Viele Menschen fahren nur zum Spaß Fahrrad oder weil sie Sport treiben wollen. Mit einem BMX-Rad kann man viele Tricks üben. Das Mountainbike (▼mauntinbaik) ist besonders für bergiges Gelände geeignet. Ein Hochrad hat ein riesiges Vorderrad.

Fallschirm

An einem Fallschirm kann ein Mensch von einem Flugzeug aus zu Boden schweben. Mit einer Reißleine wird der Fallschirm im richtigen Moment geöffnet. Auch Lasten werden an Fallschirmen abgeworfen. Dann geht der Schirm von alleine auf.

Familie

Früher lebten die meisten Menschen in Großfamilien: Die Kinder wohnten mit ihren Eltern und Großeltern zusammen. Oft wohnten auch noch die Urgroßeltern und Onkel und Tanten mit unter einem Dach. Heute gibt es viele allein erziehende Elternteile und Paare, die ohne Heirat zusammenleben. Auch sie bilden eine Familie.

Farbe

Aus Rot, Gelb und Blau kann man alle Farben entstehen lassen. Mischt man Rot und Gelb, bekommt man Orange. Aus Gelb und Blau wird Grün. Alle drei Farben zusammen ergeben Schwarz. Mit Weiß oder Schwarz lassen sich alle Farben heller oder dunkler machen. ►*Farbenspektrum*

Fasching

Fasching, Fastnacht oder Karneval ist dasselbe. Man bezeichnet so einen alten Brauch, bei dem sich die Menschen verkleiden. Sie tragen dabei Masken und veranstalten Umzüge. Früher wollte man damit nach dem Winter die Geister der Dunkelheit vertreiben. Heute dauert der Karneval vom 11. November bis zum Aschermittwoch. Dann beginnt die ►*Fastenzeit*.

Feder

Aus der Haut von ►*Vögeln* wachsen Federn. Sie bestehen aus ►*Horn* und schützen die Vögel vor Kälte und Nässe. Die Deckfedern geben dem Vogel seine Gestalt. Darunter liegen die weichen Daunen. Sie wärmen den Vogel. Mit den kräftigen Schwungfedern fliegt er. Wenn Vögel ihre Federn abwerfen und neue wachsen, nennt man das Mauser.

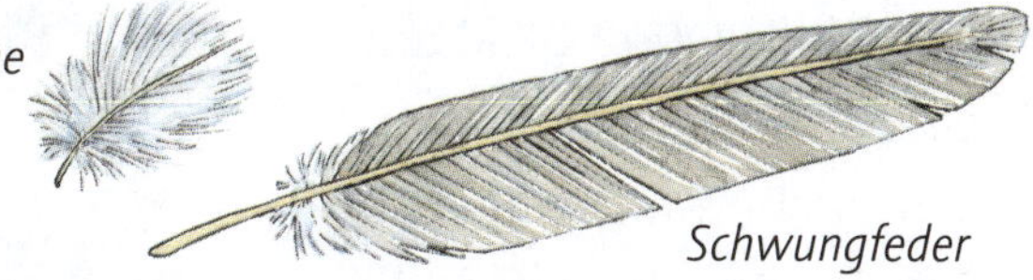

Fell

Die ►*Haut* der meisten ►*Säugetiere* ist dicht mit ►*Haaren* bewachsen. Die unteren Haare sind sehr weich und wärmen das Tier. Die oberen Haare sind dicker und härter. Sie schützen vor Nässe. Eine besondere Fellform ist das Stachelkleid des ►*Igels*. Mäntel aus Tierfellen heißen Pelze.

Fernsehen

Das Fernsehen überträgt Bilder und den Ton durch elektrische Signale. Es sendet Übertragungen von Ereignissen und Veranstaltungen. Auch Filme und Nachrichten werden gesendet. Zum Empfang braucht man eine Antenne, einen Kabelanschluss oder eine Satellitenschüssel. ►*Fernsehbild* ►*Satellit*

A B C D E F G H I J K L M N O P Q R S T U V W X Y Z

Feuer

Fast alle Dinge sind brennbar. Bei einer bestimmten ►*Temperatur* entzünden sie sich und ein Feuer entsteht. Für die Verbrennung ist ►*Sauerstoff* nötig. Die ►*Flammen* geben Licht und Wärme ab.

Feuerwehr

Bei einem Brand rückt die Feuerwehr aus. Ihre Löschfahrzeuge besitzen eine starke Pumpe, Schläuche und Leitern. Die Feuerwehr hilft bei Überschwemmungen, ►*Stürmen* und schweren Unfällen. Auch Tiere in Not werden von ihr gerettet. Feuerwehrmänner kümmern sich außerdem um den ►*Brandschutz*, damit Brände gar nicht erst entstehen.

Fichte

Fichten werden bei uns am häufigsten angepflanzt. Im Unterschied zur ►*Tanne* hängen die Zapfen dieser ►*Nadelbäume* nach unten. Fichten wachsen schnell. Ihre Stämme sind meist sehr gerade. Deshalb kann man aus ihnen besonders gut Bretter schneiden. Oder man benutzt die ganzen Stämme als Pfosten beim Bau.

Fledermaus

Fledermäuse sind Säugetiere, die fliegen können. Dafür haben sie zwischen ihren langen Fingern eine Flughaut. Bei uns lebende Fledermäuse schlafen am Tag und den Winter über in Baum- oder Felshöhlen. Dabei hängen sie mit dem Kopf nach unten. Die Fledermäuse fressen ►*Insekten* und sind darum sehr nützlich.

Fliege

Die Fliege ist ein ►*Insekt*. Sie hat zwei durchsichtige Hautflügel und zwei kurze Fühler am Kopf. Damit kann sie tasten und riechen. Mit den Füßen kann sie schmecken. Fliegen legen sehr viele Eier. Aus jedem Ei schlüpft eine ►*Made.* Diese ruht einige Zeit als ►*Puppe*, bis die Fliege entwickelt ist.

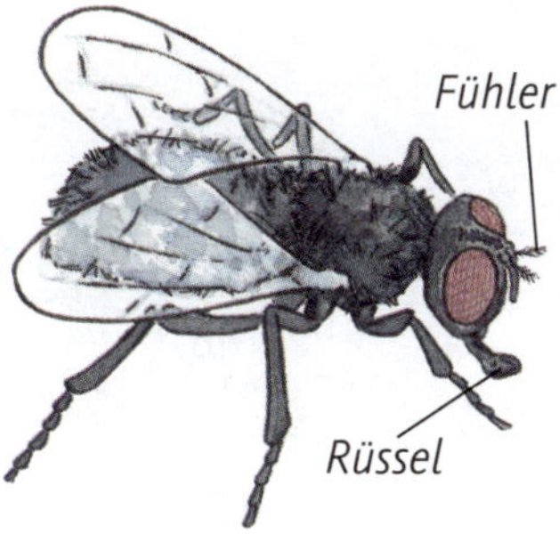

A B C D E F G H I J K L M N O P Q R S T U V W X Y Z

Flöte

Die Flöte gilt als das älteste ►*Musikinstrument*, auf dem man eine richtige Melodie spielen kann. Bereits vor 30 000 Jahren stellten die Menschen dieses Blasinstrument aus ►*Knochen* her. Heute werden Flöten aus ►*Holz* oder ►*Metall* gefertigt und es gibt verschiedene Arten. Das erste Musikinstrument vieler Kinder ist die Blockflöte.

Flugzeug

Seit über hundert Jahren gibt es Flugzeuge. Sie sind heute wichtige ►*Verkehrsmittel*. Flugzeuge befördern Menschen und Güter rasch über große Entfernungen. Motorflugzeuge werden von ►*Propellern* angetrieben. Düsenflugzeuge sind viel schneller. Sie haben ein ►*Düsentriebwerk*. Segelflugzeuge werden von Propellerflugzeugen in die Luft gezogen. Dann gleiten sie ohne Motorkraft auf warmen Winden. ►*Flug*

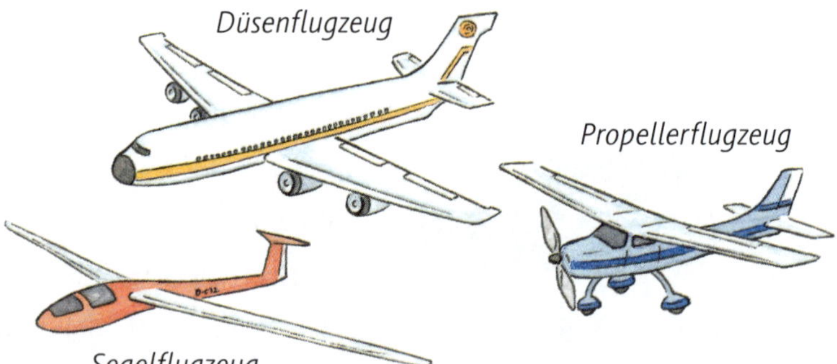

Fluss

Aus einer ►*Quelle* entsteht oft ein Bach. Darin sammelt sich immer mehr Wasser von der Erdoberfläche. In den Bach fließen andere Bäche. Er wird so immer größer. Mit der Zeit entsteht aus dem Bach ein Fluss. Sehr breite Flüsse, die mindestens 500 Kilometer lang sind, heißen Ströme. Sie haben Nebenflüsse und münden ins Meer.

Foto

Mit einem Fotoapparat oder einer Kamera kann man Bilder aufnehmen und auf einem Film festhalten. Am Anfang musste für jedes einzelne Foto eine Platte in die Kamera gelegt werden. Später gab es Rollfilme. Heute hat man digitale Kameras, die ähnlich wie ein ►*Computer* funktionieren. Sie speichern die Bilder auf einem ►*Chip*. ►*Fotografie*

Frosch

Frösche leben an Land und im Wasser. Mit ihren langen Hinterbeinen können sie weit springen und schnell schwimmen. Zur ►*Fortpflanzung* legen sie viele Eier ins Wasser. Die ►*Larven* heißen Kaulquappen. Sie leben etwa 80 Tage im Wasser. Danach verwandeln sie sich in Frösche.

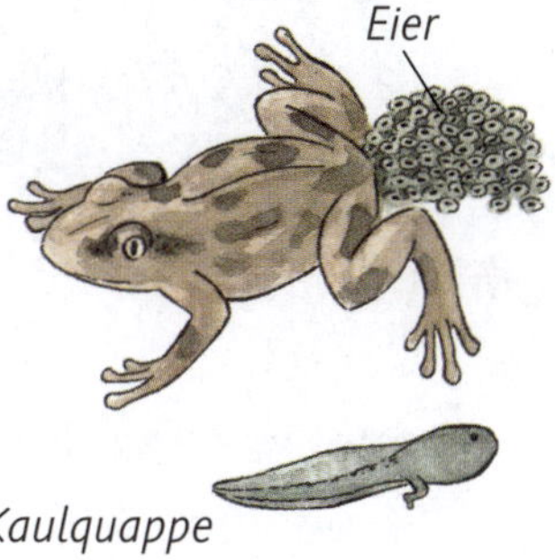

A B C D E F G H I J K L M N O P Q R S T U V W X Y Z

Frucht

Aus den ►*Blüten* von Pflanzen entwickeln sich Früchte. Sie enthalten die ►*Samen*. Die Früchte sind oft leuchtend bunt. Dadurch werden Tiere angelockt, die sich von den Früchten ernähren. So verbreiten sie die Samen, aus denen neue Pflanzen wachsen.
►*Bestäubung* ►*Befruchtung* ►*Fruchtformen* ►*Obst*

Fuchs

Füchse gehören zu den ►*Hunden* und sind damit ►*Raubtiere*. Sie jagen kleinere Tiere wie ►*Mäuse* und ►*Kaninchen*, fressen aber auch Fallobst und Wildfrüchte. Das Männchen heißt Rüde, das Weibchen Fähe und ein Junges Welpe. Füchse leben in einem ►*Bau*. Der Bau hat mehrere Ausgänge. Durch sie kann ein Fuchs vor Feinden fliehen.

Fühlen

Menschen denken nicht nur, sie fühlen auch. So empfinden sie Freude und Glück, Trauer oder Angst. Freude und Glück sind angenehme Gefühle. Angst ist ein unangenehmes Gefühl. Manchmal weiß man gar nicht genau, warum man Angst hat. Die Gefühle kann man nicht immer beeinflussen oder unterdrücken. Sie gehen vom Gehirn aus.

Gebiss

Alle Zähne eines Menschen oder Tieres nennt man Gebiss. Der erwachsene Mensch hat insgesamt 32 Zähne. In den Mund eines Kindes passen nur 20 Zähne. Diese Milchzähne fallen ab dem 6. Lebensjahr aus und werden durch die bleibenden Zähne ersetzt.
►*Zahn* ►*Zahnarzt*

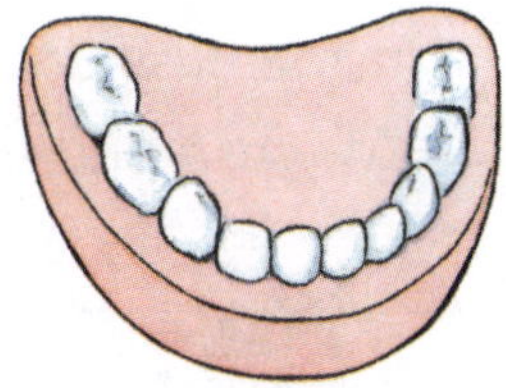

Milchgebiss

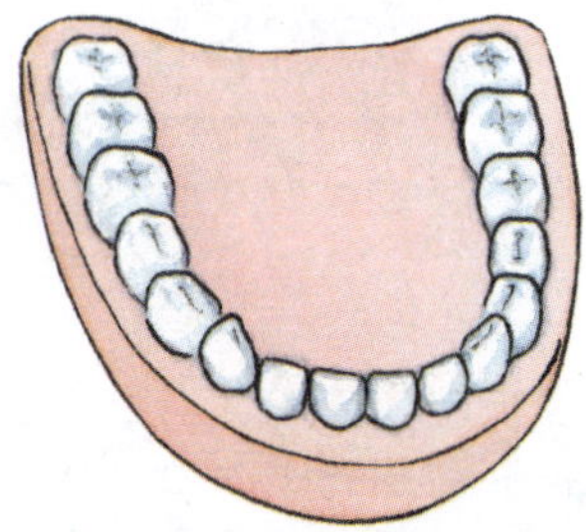

Erwachsenengebiss

Geld

Die ersten Menschen tauschten untereinander Dinge, die sie haben wollten. Irgendwann hatten sie die Idee, ein allgemein gültiges Zahlungsmittel zu benutzen – das Geld. Man zahlte zum Beispiel mit Muscheln, Perlen oder Salz. Später verwendete man Gold und Silber als Zahlungsmittel. Heute gibt es Münzen und Geldscheine. Außerdem kann man mit ►*Kreditkarten* bezahlen. ►*Bank* ►*Sparbuch*

Gemüse

Als Gemüse bezeichnet man alle essbaren Teile von Pflanzen. Es enthält wichtige ►*Mineralstoffe* und ►*Vitamine*. Man unterscheidet zum Beispiel Wurzelgemüse, Stängel- oder Sprossgemüse, Blattgemüse und Fruchtgemüse. Auch Salat, ►*Zwiebeln* und ►*Kartoffeln* zählen zum Gemüse.

Genussmittel

Speisen und Getränke, die der Mensch nicht zum Leben braucht, sind Genussmittel. Schokolade ist nicht lebenswichtig. Wir essen sie gern, weil sie uns schmeckt. Manche Genussmittel haben sogar schädliche Wirkungen. Dazu zählen Zigaretten und alkoholische Getränke. Auch zu viel Kaffee schadet. ►*Nahrungsmittel* ►*Alkohol* ►*Nikotin*

Geschützte Pflanzen

Wenn Pflanzen vom Aussterben bedroht sind, werden sie unter gesetzlichen Schutz gestellt. Niemand darf sie pflücken, beschädigen oder zerstören. Wer es trotzdem tut, wird bestraft. In Deutschland sind viele Pflanzen geschützt. Dazu gehören der Frauenschuh, die Teichrose und die Silberdistel. Auch die meisten Alpenblumen und viele ►*Farne* stehen unter ►*Artenschutz.*

Frauenschuh

Teichrose

Silberdistel

Geschützte Tiere

Tiere, die bei uns vom Aussterben bedroht sind, werden unter gesetzlichen Schutz gestellt. Niemand darf sie aus der Natur holen, sie verletzen oder töten. Sie dürfen auch nicht aufgescheucht oder vertrieben werden. Wer es trotzdem tut, wird bestraft. Geschützt sind beispielsweise Ringelnatter, Hirschkäfer, Eisvogel, ►*Fledermaus* und viele andere Tierarten. ►*Artenschutz* ►*Tierschutz*

Hirschkäfer

Eisvogel

Ringelnatter

Getreide

Das Getreide gehört zu den ►*Gräsern*. Es zählt zu den wichtigsten ►*Nahrungsmitteln*. Man isst die ►*Samen* der Getreidepflanzen. Aus den Körnern macht man zum Beispiel Mehl, Grieß, Haferflocken, Popcorn und Öl. Außerdem ist Getreide ein wichtiges Futtermittel für Tiere. ►*Nutzpflanzen*

Weizen *Roggen* *Mais*

Gerste *Hafer* *Reis*

Geweih

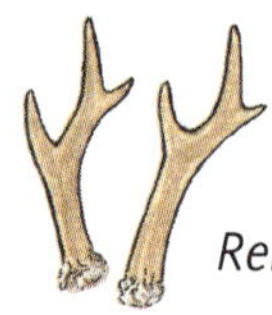

Reh

Hirsche und männliche ►*Rehe*, die Rehböcke, tragen auf dem Kopf ein Geweih. Jedes Jahr wird es abgeworfen und ein neues, größeres wächst nach. So kann man am Geweih das Alter eines Hirsches oder Rehbocks erkennen. Ein Geweih besteht aus ►*Knochen*. Man darf es nicht mit ►*Hörnern* verwechseln.

Gift

Gift kann Menschen schädigen oder sogar töten. Ob ein Gift schädlich ist, hängt davon ab, wie viel in den

Körper gelangt. Es gibt giftige Pflanzen und Giftpilze. Manche Tiere scheiden Gift aus, wenn sie bedroht werden. Giftschlangen töten ihre Beute mit Gift. Bei der Herstellung neuer Stoffe entstehen oft Gifte. Manche ►*Medikamente* enthalten Gifte, die in ganz geringen Mengen heilend wirken.

Gramm

Gewichte gibt man in Gramm oder Kilogramm an. ein Kilogramm (1 kg) hat 1000 Gramm (1000 g). Das ist auch das Gewicht von einem ►*Liter* Wasser.

Gräser

Gräser haben schmale, hohe Stängel und unscheinbare Blüten. Die Stängel können weich, hohl oder holzig sein. Die vielen Tausend Grasarten werden unterschiedlich hoch. Neben den Wiesengräsern zählen auch ►*Getreide*, Schilfrohr und Bambus zu den Grasarten.

Hagel

Hagel ist ein ►*Niederschlag*. Er entsteht, wenn die Wassertropfen in einer ►*Wolke* zu ►*Eis* werden. Hagelkörner sind mindestens einen halben Zentimeter groß, kleinere heißen Graupel. Manchmal sind die Eisklumpen so groß wie Tennisbälle. Sie richten dann schlimme Schäden an.

Halloween

In der letzten Oktobernacht ist Halloween (▼hellowien). Dann werden beleuchtete Kürbisse aufgestellt, in die man Gesichter hineingeschnitten hat. Die Menschen verkleiden sich als Geister, Hexen und Skelette. Der Brauch stammt aus Amerika.

Handwerker

Ein Handwerker arbeitet mit den Händen und seinen Werkzeugen. Er stellt Waren auf Bestellung her oder erledigt Reparaturen. Zu den Handwerksberufen zählen Tischler oder Schreiner, Klempner, Glaser, Bäcker, Metzger oder Fleischer. Es gibt etwa 150 Handwerksberufe.

Handy

Mit einem Mobiltelefon kann man fast überall telefonieren. Man nennt es meist Handy (▼händi). Über das Handy lassen sich auch Fotos und kurze Texte verschicken. Viele Handys haben eine eingebaute Kamera, ein Radio, einen MP3-Player und einen Zugang ins ►*Internet*. ►*Telefon*

Hase

Das Auffälligste an Hasen sind ihre langen ►*Ohren*, die man Löffel nennt. Außerdem haben sie kräftige

Schneidezähne. Anders als ►*Kaninchen* legen Feldhasen keine ►*Baue* an. Wenn Gefahr droht, ducken sie sich fest an den Boden und laufen erst im letzten Moment los. Dann schlagen sie Haken, um den Verfolger zu verwirren.

Feldhase

Haus

Häuser aus Holz oder Stein schützen die Menschen vor Hitze und Kälte, vor Regen und Schnee. Es gibt Einfamilien- und Mehrfamilienhäuser, frei stehende Häuser und Reihenhäuser. Häuser mit sehr vielen Stockwerken sind Hochhäuser. Sie werden scherzhaft meist „Wolkenkratzer" genannt. Ein Bungalow (▼bungalo) hat nur ein Erdgeschoss. ►*Baustelle*

Haustier

Der Mensch hält sich Haustiere, weil sie ihm nützlich sind oder weil er Freude daran hat. ►*Huhn*, ►*Rind*, ►*Schaf* und ►*Schwein* sind ►*Nutztiere*. Wir verdanken ihnen Eier, Milch, Wolle und Fleisch. ►*Hund* und ►*Katze* sind beliebte Haustiere. Kleinere Haustiere, wie zum Beispiel Hamster, ►*Meerschweinchen* oder ►*Wellensittiche*, nennt man auch Heimtiere. Alle Haus- und Heimtiere stammen von wilden Tieren ab.

Hecke

Dichte Sträucher bilden Hecken. Sie begrenzten früher die Felder und bremsten den Wind, der den Boden wegtrug. Vielen Tieren boten sie Schutz und Zuflucht. Um mit dem Traktor besser wenden zu können, hat man aber viele Hecken gerodet. Heute dagegen pflanzt man wieder mehr Hecken an. ►*Biotop*

Holz

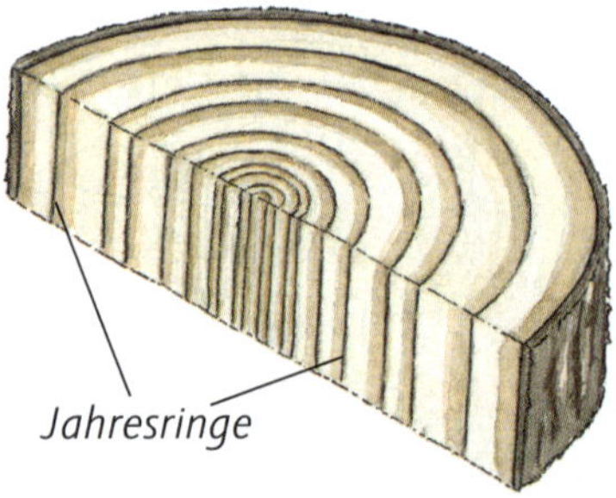

Bäume und Sträucher liefern Holz. Ein Stamm oder Ast wächst in die Länge und in die Dicke. Jedes Frühjahr kommt eine helle Schicht von neuem Holz hinzu. Im Herbst entsteht eine dunkle Schicht. Wir sehen diese Schichten als Jahresringe an einem gefällten Stamm. Holz ist ein wichtiger ►*Werkstoff*. ►*Laubbäume* liefern Hartholz für Möbel und den Schiffbau. ►*Nadelbäume* haben weiches Holz. Man stellt daraus vor allem Papier her und verwendet es als Bauholz und für billige Möbel.

Hören

Zum Hören benutzen wir unsere ►*Ohren*. Weil wir zwei davon haben, können wir auch die Richtung feststellen, aus der Geräusche oder Töne kommen. Diese breiten sich als ►*Schall* in der Luft aus. Die Ohrmuscheln fangen den Schall auf und leiten ihn in das Innere des Ohrs. Hunde und Katzen haben ein viel besseres Gehör als der Mensch.

Horn

Horn ist ein harter Stoff aus ►*Eiweiß*. Unsere ►*Haare* und Nägel bestehen aus Horn. Auch die ►*Federn* und Schnäbel der Vögel, Krallen und Hufe sind aus Horn.

Hörner

Manche Tiere tragen Hörner. Das sind mit Horn überzogene Knochenzapfen. Sie sind bei Männchen meist größer als bei Weibchen. Die Hörner werden nicht abgeworfen wie ein ►*Geweih*. ►*Rinder* und ►*Ziegen* haben Hörner auf dem Kopf. Nashörner haben ein oder zwei Hörner auf der Nase.

Hotel

Wer verreist, kann in einem Hotel übernachten. Viele Hotels haben auch ein Restaurant (▼restorah), in dem man essen kann. Ein Hotel, das seinen Gästen nur Frühstück anbietet, heißt Hotel garni. Für Autofahrer gibt es Motels. Diese haben viele Parkplätze und liegen in der Nähe großer Straßen.

Huhn

Hühner können nicht gut fliegen. Neben dem Haushuhn gibt es viele wild lebende Hühner wie das Rebhuhn, die Wachtel oder den Fasan. Die männlichen Tiere heißen Hahn oder Gockel, die weiblichen Henne oder Huhn. Die Jungen sind die Küken. Eine Henne mit Jungen wird Glucke genannt.

Hund

Der Hund ist das älteste ►*Haustier* des Menschen. Er stammt vom Wolf ab und ist ein ►*Raubtier.* Hunde haben einen guten Spürsinn und ein scharfes Gehör. Sie dienen dem Menschen. So hüten sie zum Beispiel die Schafe, begleiten ihn auf die Jagd, bewachen sein Haus und verteidigen ihren Besitzer.

Igel

Der Igel ist ein ►*Säugetier.* Seine Stacheln sind nur veränderte Haare und innen hohl. Bei Gefahr rollt sich der Igel zu einer Kugel

zusammen und ist dann rundherum durch seine Stacheln geschützt. Im Winter hält der Igel einen ►*Winterschlaf*.

Käfer

Käfer sind ►*Insekten* und haben sechs Beine. Die größten werden länger als eine ►*Maus*. Die kleinsten sind etwa so groß wie ein Stecknadelkopf. Alle Käfer haben Flügel. Zwei harte Flügeldecken schützen ihren Hinterleib und das empfindliche Flügelpaar, mit dem sie fliegen. Käfer machen während ihrer Entwicklung verschiedene Stufen durch: vom ►*Ei* über die ►*Larve* und ►*Puppe* bis zum fertigen Insekt. ►*Made*

Maikäfer

Kaninchen

Die Kaninchen sind über die ganze Welt verbreitet. Sie vermehren sich sehr stark. Kaninchen bauen unterirdische Höhlen mit vielen Gängen. Von den Wildkaninchen stammen die Hauskaninchen ab. Von diesen gibt es heute viele verschiedene Rassen.

Wildkaninchen *Zwergkaninchen*

Kartoffel

Die Kartoffel stammt von den ►*Indianern* aus Südamerika. Als sie nach Europa kam, wurde sie erst als Zierpflanze bewundert. Heute gehört sie zu unseren wichtigsten ►*Nahrungsmitteln* und dient auch als Viehfutter. Man kann nur die *Knolle* essen, die unter der Erde wächst. Alle oberirdischen grünen Teile sind giftig. ►*Gemüse*

Kastanie

Im Süden Europas wächst die Edelkastanie. Ihre ►*Früchte* kann man essen. Man nennt sie deshalb Esskastanien oder Maroni. Die Edelkastanie ist nicht mit der Rosskastanie verwandt. Deren Früchte werden nur als Tierfutter verwendet. Man macht daraus auch Heilmittel für Blutgefäße. Das weiche ►*Holz* der Rosskastanie ist nicht sehr wertvoll.

Esskastanie

Rosskastanie

Katze

Löwen, Tiger und Leoparden gehören zu den Katzen und sind ►*Raubtiere*. Auch unsere Hauskatze hat noch viele Eigenschaften eines Raubtiers. Die Katze sieht nachts ausgezeichnet. Ihre empfindlichen Schnurrhaare sind genauso lang, wie ihr Körper breit ist. So ertastet sie, wo sie hindurchpasst. Wenn sie die Krallen einzieht, kann sie sich lautlos anschleichen.

Kaufhaus

In einem großen Kaufhaus findet man viele Waren unter einem Dach: Sportartikel, Damen-, Herren- und Kinderbekleidung, Wäsche, Schuhe, Elektrogeräte, Bücher, Lebensmittel und vieles andere. Man spart dadurch Zeit beim Einkaufen. Die Waren sind dort oft billiger als in kleinen Läden. ► *Supermarkt*

Kirche

Christen bezeichnen das Gotteshaus, in dem sie ihren Gottesdienst feiern, als Kirche oder ► *Dom*. Die Gemeinschaft aller Gläubigen wird ebenfalls Kirche genannt. Die bei uns lebenden ► *Muslime* haben eine ► *Moschee*. Die Juden haben eine ► *Synagoge*.

Kirsche

Kirschen zählen zum Steinobst wie Pflaumen oder Pfirsiche. Der Stein in der Mitte einer Kirsche umhüllt ihren ► *Samen*. Man kann ihn nicht essen. Er enthält giftige Blausäure. Es gibt Süß- und Sauerkirschen. ► *Obst*

A B C D E F G H I J K L M N O P Q R S T U V W X Y Z

Kleidung

Die ersten Menschen liefen völlig nackt herum. Irgendwann fanden sie heraus, dass man sich mit Tierfellen vor Kälte und Regen schützen kann. Später lernten die Menschen, aus ►*Wolle*, ►*Seide* und ►*Baumwolle* Stoffe für ihre Bekleidung herzustellen. Heute gibt es viele Stoffe aus Kunstfasern.

vor 100 000 Jahren

vor 500 Jahren

vor 250 Jahren

heute

Knochen

Unser ►*Körper* wird von Knochen gestützt. Sie schützen außerdem innere Organe wie ►*Lunge* und ►*Herz*. Knochen bestehen zu einem hohen Anteil aus ►*Kalk*. Das macht sie so fest, obwohl viele von ihnen hohl sind. Der Mensch hat über 200 Knochen. Zusammen bilden sie das ►*Skelett*. ►*Knochenbau*

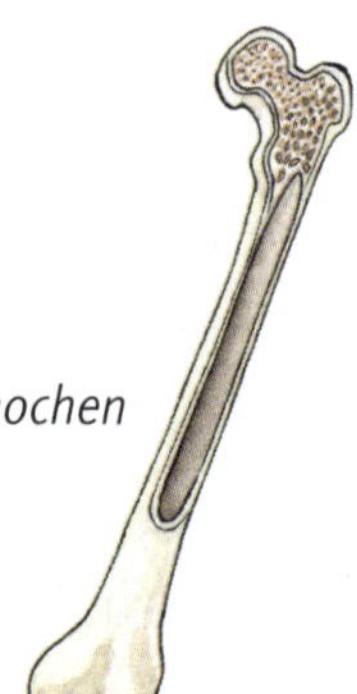

Röhrenknochen

Kran

Mit einem Kran können schwere Lasten leicht gehoben und bewegt werden. Kräne werden auf ► *Baustellen* und beim Verladen von Gütern eingesetzt. In ► *Häfen* beladen sie die Schiffe. Es gibt Drehkräne, die fest an einem Platz stehen. Laufkräne können auf Schienen ein Stück weit fahren.

Lastkran

Krankenhaus

In einem Krankenhaus gibt es verschiedene Abteilungen. In der Abteilung für Innere Medizin werden Krankheiten an ► *Herz*, ► *Lunge* oder ► *Magen* behandelt. Auf der Intensivstation werden Menschen betreut, die in Lebensgefahr sind. Krankenhäuser für bestimmte Krankheiten oder Personen nennt man auch Kliniken. So gibt es etwa Kinderkliniken oder Augenkliniken. In einer Poliklinik gibt es keine Betten: Die Patienten gehen nach der Behandlung wieder nach Hause. ► *Arzt* ► *Medizin*

Kräuter

Pflanzen ohne holzige Stängel nennt man Kräuter. Dazu gehören Blumen genauso wie die ► *Kartoffel*. In der Küche verwendet man Gewürzkräuter. Heilkräuter sind gut gegen Krankheiten.

Kreuzotter

Die Kreuzotter ist eine Giftschlange. Sie ist sehr scheu und geht dem Menschen aus dem Weg. Ihre Beute sind ► *Eidechsen*, ► *Frösche* und ► *Mäuse*. Diese tötet sie mit ihren Giftzähnen. Ihr Biss ist auch für den Menschen gefährlich. Wer einer Kreuzotter begegnet, sollte sich ruhig verhalten. Sie ergreift rasch die Flucht.

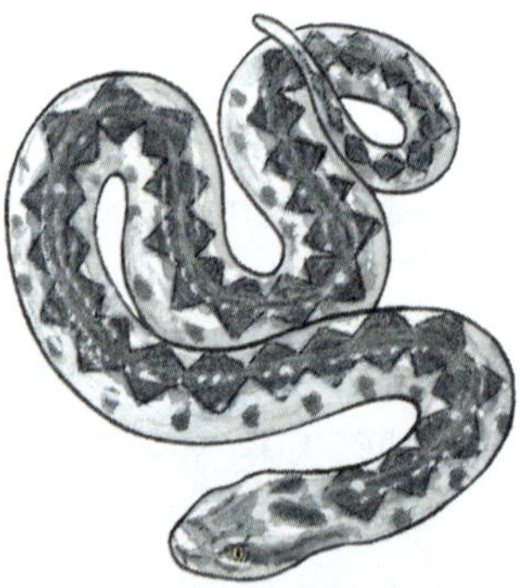

► *Gift* ► *Schlange*

Larve

Insekten, Frösche und einige andere Tierarten entwickeln sich in mehreren Stufen zum fertigen Tier.

Auf jeder Stufe nehmen sie eine andere Gestalt an. Aus dem Ei schlüpft zuerst eine Larve. Die Larven leben meist ganz anders als die erwachsenen Tiere: Larven von Stechmücken leben zum Beispiel im Wasser, die Mücken an Land. ► *Made*

Lebensmittel

Alles, was wir essen und trinken, sind Lebensmittel. Dabei unterscheidet man zwischen lebenswichtigen ► *Nahrungsmitteln* und ► *Genussmitteln*. Die meisten Lebensmittel werden heute in Fabriken hergestellt: So kommen Milch und Butter aus der Molkerei, Brot und Kuchen oft aus einer Großbäckerei, Fleisch und Wurst aus der Fleischfabrik. Viele unserer Lebensmittel stammen auch aus anderen Ländern.

Leder

Leder wird aus den Häuten von Tieren hergestellt. Man behandelt die Häute mit chemischen Stoffen. Das nennt man Gerben. Das macht das Leder haltbar. Danach wird das Leder gefärbt. Es gibt Leder in unterschiedlicher Härte und Dicke. Daraus fertigt man Schuhe, Taschen oder Kleider und bezieht damit Möbel. ► *Kleidung*

A B C D E F G H I J K L M N O P Q R S T U V W X Y Z

Lexikon

Ein Lexikon ist ein Nachschlagewerk, dessen Stichwörter alphabetisch geordnet sind. Im Lexikon werden die Bedeutungen von Begriffen erklärt und Informationen über viele Dinge unserer Welt gegeben.

Liter

Der Liter ist ein Hohlmaß. Es gibt den Inhalt von Hohlräumen an, zum Beispiel von Flaschen. Flüssigkeiten misst man fast immer in Litern (l).

Luft

Die ►*Erde* ist von verschiedenen ►*Gasen* umgeben. Diese bilden zusammen unsere Luft. Die Luft ist lebensnotwendig für alle Lebewesen. Wir brauchen sie für die ►*Atmung*. Außerdem hält die Luft die Wärme der Sonne auf der Erde fest. Heute ist die Luft oft durch ►*Abgase* verschmutzt. ►*Sauerstoff* ►*Treibhauseffekt*

Made

Die ►*Larven* von ►*Fliegen* und ►*Bienen* nennt man Maden. Sie haben keine Beine und sehen aus wie kleine Würmer. Die Maden der Bienen werden mit Blütenstaub und Honig

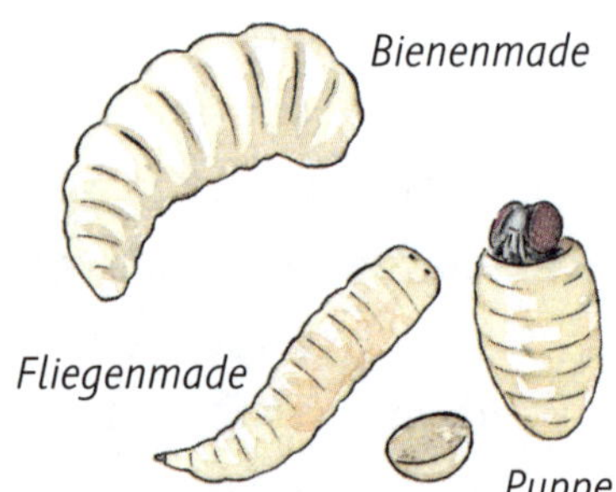

gefüttert. Einige Maden ernähren sich von ►*Lebensmitteln* wie Fleisch, Käse oder Mehl. Immer wieder findet man sie deshalb in Vorräten.
►*Larve* ►*Puppe*

Magnet

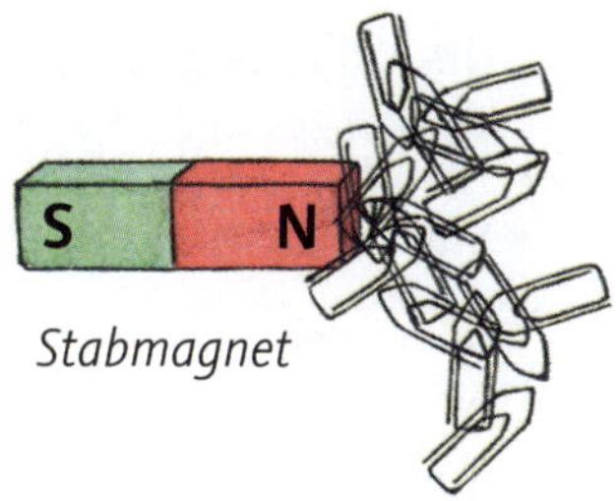

Stabmagnet

Eisen und einige andere Metalle kann man durch eine besondere Behandlung magnetisch machen. Dann ziehen sie andere Metalle an. Sie haften auch auf Metalltafeln. Magnete haben zwei Seiten oder Pole, die sich anziehen oder abstoßen. Der eine ist der Nordpol, der andere der Südpol. ►*Magnetismus*

Mähdrescher

Der Mähdrescher ist eine wichtige ►*Landmaschine*. Er erntet das ►*Getreide* sehr schnell. Dazu schneidet er die Halme ab und drischt die Körner aus den Ähren. Die Halme werden in Reihen ausgeworfen. Eine Ballenpresse formt daraus später Strohballen. Oder der Mähdrescher verteilt das Stroh auf dem Feld als ►*Dünger*. ►*Traktor*

Maiglöckchen

Im Wald wächst im Frühjahr das Maiglöckchen. In unseren Gärten gibt es auch Maiglöckchen. Sie haben etwas größere ►*Blüten* als die wild wachsenden Blumen. Maiglöckchen duften sehr stark. Sie sind aber leicht giftig. ►*Gift*

Märchen

Als es ►*Radio* und ►*Fernsehen* noch nicht gab, erzählten sich die Menschen abends Geschichten. Darin kamen Zauberer und Hexen, Zwerge und Riesen vor. Solche Volksmärchen schrieben die Brüder Grimm auf und veröffentlichten sie. „Frau Holle" und „Rotkäppchen" sind zwei davon. Dichter wie Hans Christian Andersen dachten sich neue Märchen aus, zum Beispiel „Das hässliche Entlein".

Markt

Früher fanden auf den Marktplätzen in vielen Orten Märkte statt. Auf einem Markt verkaufen und kaufen die Menschen viele Dinge. Bauern bieten auf Bauernmärkten ihre Waren an. Ein Wochenmarkt findet einmal in der Woche statt. Man bekommt dort frische ►*Lebensmittel*. In ►*Zeitungen* oder im ►*Internet* gibt es Anzeigenmärkte. Dort werden Wohnungen, Autos oder Möbel zum Verkauf angeboten.

A B C D E F G H I J K L M N O P Q R S T U V W X Y Z

Martinstag

Am 11. November wird das Fest des heiligen Martin gefeiert. Das ist der Martinstag. Die Menschen machen einen Umzug mit Laternen und singen Lieder.

Es gibt mehrere Geschichten vom heiligen Martin. Die bekannteste erzählt, wie Martin einem armen, frierenden Bettler die Hälfte seines Mantels schenkte. So wurde er zum Vorbild für christliche Nächstenliebe.

Maulwurf

Der Maulwurf ist ein ►*Säugetier*. Er frisst Schnecken, Regenwürmer und Insekten. Seine breiten Vorderfüße benutzt er wie Schaufeln. Damit gräbt er unter der Erde einen ausgedehnten ►*Bau*. Dabei entstehen die Maulwurfshügel. Manche Menschen stören sich daran und jagen die Tiere deshalb. Das ist jedoch verboten, denn Maulwürfe gehören zu den ►*geschützten Tieren*.

A B C D E F G H I J K L M N O P Q R S T U V W X Y Z

Maus

Mäuse sind ►*Nagetiere*. Es gibt viele Arten von Mäusen. Die meisten leben auf dem Feld oder im Wald. Einige kommen auch in Häusern und auf Bauernhöfen vor. Dort sind sie Schädlinge, weil sie ►*Getreide* und andere Vorräte fressen. Manche halten sich eine Maus als ►*Haustier*.

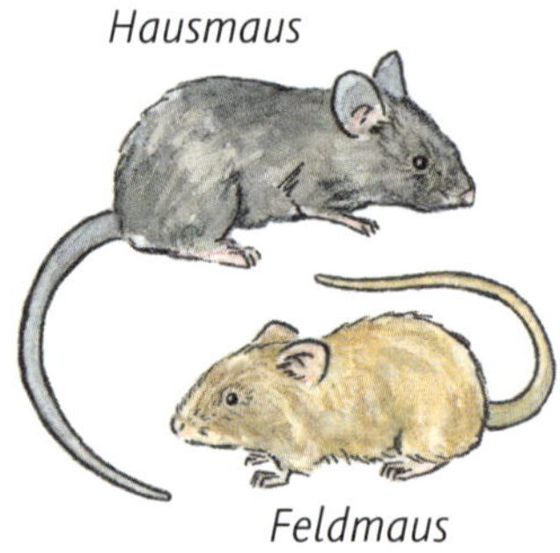

Meerschweinchen

Meerschweinchen sind beliebte ►*Haustiere*. Diese ►*Nagetiere* kommen in Südamerika wild vor. Ihren Namen erhielten sie, weil die ersten Tiere über das Meer nach Europa gebracht wurden. Außerdem erinnern ihre Laute an das Quieken von Schweinen.

Meise

Meisen sind ►*Singvögel*, die in Baumhöhlen brüten. Die Blaumeise, die Kohlmeise und die Haubenmeise sieht man häufig. Im Winter lassen sie sich in

Vogelhäusern und mit Meisenringen füttern. An diesen turnen und klettern sie geschickt herum. Die meiste Zeit des Jahres finden Meisen ihr Futter selbst. Sie fressen Beeren und viele Insekten.

Mensch

In der ►*Biologie* wird der Mensch zu den ►*Säugetieren* gezählt. Menschen und Menschenaffen stammen nämlich von denselben Vorfahren ab. Vermutlich lebten die ersten Menschen in Afrika. Von allen Lebewesen auf dieser Welt ist der Mensch am höchsten entwickelt. Nur der Mensch kann sein Handeln weit vorausplanen. Tiere können das nicht.
►*Baby* ►*Urmensch*

Meter

Entfernungen werden in Metern (m) gemessen, genauso die Länge, Breite und Höhe von Gegenständen. Weite Strecken gibt man in Kilometern an. 1000 Meter sind ein Kilometer (1 km). Für kleinere Dinge kann man den Meter in 100 Zentimeter (100 cm) unterteilen und einen Zentimeter noch einmal in 10 Millimeter (10 mm). Ein Stecknadelkopf ist etwa einen Millimeter dick.

Milch

Milch ist die erste Nahrung für ►*Säugetiere*. Die Milch von Kühen ist auch ein wichtiges ►*Nahrungsmittel* für die Menschen. Wenn die Kühe gemolken sind, bringen große Tankwagen die Milch in die Molkereien. Dort wird sie für kurze Zeit stark erhitzt und dadurch haltbar gemacht. Man macht daraus Butter, Käse, Joghurt und Milchpulver. Auch die Milch von ►*Schafen* und ►*Ziegen* nutzen die Menschen. ►*Rind*

Muschel

Muscheln sind ►*Weichtiere*. Ihr weicher Körper ist von zwei Kalkschalen umhüllt und geschützt. Einige Arten wie Austern, Miesmuscheln und Jakobsmuscheln schmecken sehr gut. Im Inneren vieler Muscheln können Perlen entstehen. Sie sind als Schmuck begehrt und recht teuer.

Nahrungsmittel

Nahrungsmittel sind wichtig für die menschliche ►*Ernährung*. In Deutschland zählen ►*Milch*, Brot und ►*Kartoffeln* zu den Grundnahrungsmitteln. Sie spielen eine große Rolle in der Ernährung. Für die Menschen in Asien ist der Reis am wichtigsten. ►*Genussmittel* ►*Lebensmittel*

Nektar

In den ►*Blüten* vieler Pflanzen entsteht Nektar. Das ist eine Flüssigkeit, die viel ►*Zucker* und Duftstoffe enthält. ►*Bienen* sammeln ihn und machen daraus Honig. Weil die Duftstoffe von Blüte zu Blüte verschieden sind, unterscheiden sich die Honigsorten im Geschmack.

Nest

Nicht nur ►*Vögel* haben ein Nest. Wespen bauen kugelige Nester aus Pflanzenstoff. Auch Ameisenhaufen und Bienenstöcke sind Nester. Schimpansen errichten in den Bäumen Schlafnester aus Zweigen und Blättern. Ein Nest dient in erster Linie der Aufzucht der Jungen. Der Stichling baut für seine Jungen sogar ein Nest im Wasser. Manchmal wohnen auch die erwachsenen Tiere in ihren Nestern, zum Beispiel Eichhörnchen. Der Igel baut sich ein Winternest. ►*Ameisen*

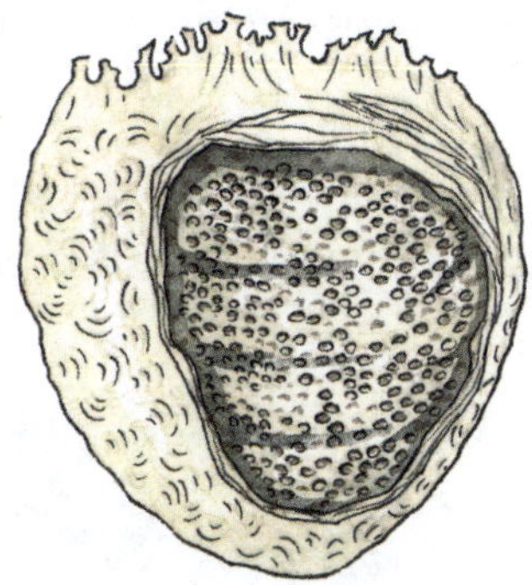

Wespennest

A B C D E F G H I J K L M N O P Q R S T U V W X Y Z

Nikolaustag

Am 6. Dezember ist der Nikolaustag. Er geht zurück auf den griechischen ►*Bischof* Nikolaus. Der heilige Nikolaus soll Wunder vollbracht haben. Er war auch zu allen Menschen sehr gütig und großzügig. Zur Erinnerung daran erfreut der Nikolaus jedes Jahr die Kinder mit Geschenken.

Nuss

Nüsse sind ►*Früchte*, die von einer harten Schale umschlossen sind. Meist enthält jede Nuss nur einen ►*Samen*. Dazu gehören Haselnüsse, ►*Kastanien* und Bucheckern. Manche Frucht, die wir als Nuss kennen, ist gar keine Nuss. So sind Erdnüsse Hülsenfrüchte wie die Erbsen. Selbst die Walnuss gehört nicht zu den echten Nüssen. Sie ist wie die ►*Kirsche* eine Steinfrucht.

Obst

Äpfel und ►*Birnen*, ►*Beeren*, *Südfrüchte*, ►*Nüsse* und viele andere Früchte bezeichnet man als Obst. Obst hat einen hohen Zuckergehalt. Manche Obstsorten lassen sich gut trocknen, zum Beispiel Aprikosen, Datteln und Feigen. Weintrauben werden zu Rosinen getrocknet. Obst ist gesund und enthält sehr viele ►*Vitamine.* ►*Apfel* ►*Banane* ►*Erdbeere* ►*Kirsche*

Ostern

Im ►*Christentum* ist Ostern das älteste und höchste Fest. Am Karfreitag denken die Gläubigen an den Tod von Jesus am Kreuz. Am Ostersonntag feiert man, dass Jesus von den Toten auferstanden ist.

Penis

Männer haben einen Penis. Man sagt auch Glied dazu. Der Penis ist ein äußeres ►*Geschlechtsorgan*. Mit ihm verbunden sind die Hoden, in denen sich die ►*Samenzellen* bilden. Er enthält auch die Harnröhre, über die der Urin abgelassen wird. ►*Scheide*

Pferd

Schon vor 5000 Jahren wurden Pferde als ►*Haustiere* gehalten. Man unterteilt sie nach ihrem Körperbau: Das kräftige, aber träge Kaltblut dient als Zug- und Lasttier. Das Warmblut ist gut zum Reiten. Das Vollblut ist das eleganteste Pferd. Man setzt es bei Pferderennen ein. Ponys sind kleine Pferderassen. Das männliche Pferd heißt Hengst, das weibliche Stute. Das Junge ist ein Fohlen.

Shetlandpony

A B C D E F G H I J K L M N O P Q R S T U V W X Y Z

A B C D E F G H I J K L M N O P Q R S T U V W X Y Z

Pfingsten

Am 50. Tag nach ►*Ostern* wird im ►*Christentum* Pfingsten gefeiert. Es ist der Tag, an dem der Heilige Geist zu den in Jerusalem versammelten Aposteln herabkam. Der Heilige Geist wird immer als weiße Taube dargestellt.

Pflug

Zu den ersten Geräten in der ►*Landwirtschaft* zählte der Pflug. Mit ihm ziehen die Bauern tiefe Furchen in den Acker. Dadurch wird die Erde umgewendet und der Boden aufgelockert.

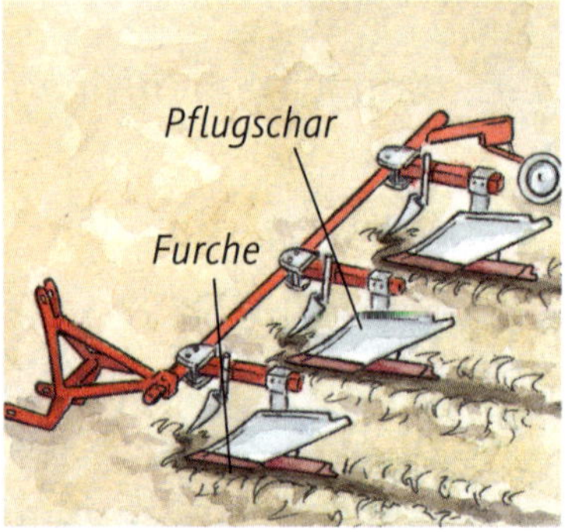

Außerdem zerreißt der Pflug die Wurzeln aller Pflanzen, die nicht wachsen sollen. So wird der Acker für die neue Saat vorbereitet.

Polizei

Die Aufgabe der Polizei ist es, für Ordnung und Sicherheit zu sorgen. Polizisten und Polizistinnen wachen darüber, dass die ►*Gesetze* eingehalten werden, und nehmen Straftäter fest. Kriminalpolizisten verfolgen Verbrecher. Verkehrspolizisten regeln den Verkehr auf den Straßen. Die Wasserschutzpolizei kontrolliert die Schifffahrt.

Post

Briefe, Pakete und andere Sendungen werden von der Post zu ihren Empfängern befördert. Dafür sind Lastkraftwagen, Züge und Flugzeuge im Einsatz. An ihrem Bestimmungsort werden die Briefe und Pakete von den Zustellern zu den Empfängern gebracht. Neben Postämtern gibt es in Läden immer mehr Postagenturen. In allen Poststellen kann man ►*Geld* einzahlen und abheben. Heutzutage bieten auch andere Firmen Postdienste an.

Puppe

Die meisten ►*Larven* von ►*Insekten* spinnen sich am Ende ihrer Entwicklung rundherum mit Fäden ein. Die Fäden werden hart und es entsteht eine Puppe. In ihr ruht die Larve. Die Schutzhülle heißt Kokon. Darin bildet sich die endgültige Gestalt des Tieres aus. Zum Schluss befreit sich das erwachsene Tier aus dem Kokon. Aus einer Raupe ist dann zum Beispiel ein schöner ►*Schmetterling* geworden.

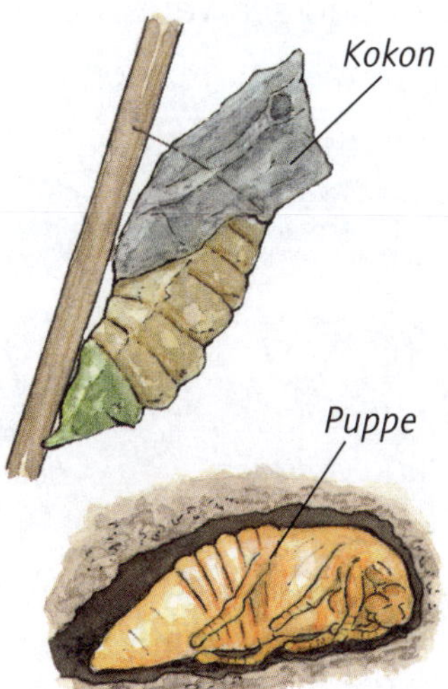

Quelle

Es gibt Stellen, an denen Wasser aus der Erde tritt. Das sind Quellen. Oft entsteht daraus ein ►*Fluss*. Heilquellen sind gesund für den menschlichen Körper, weil sie viele ►*Mineralstoffe* enthalten. Quellen mit warmem oder heißem Wasser sind Thermalquellen. Heiße Springquellen werden Geysire genannt. ►*Kurort*

Geysir

Rad

Die Erfindung des Rades vor etwa 6000 Jahren war ein gewaltiger Schritt für die Menschheit. Schon bald konnte man Wagen bauen und schwere Lasten leichter und schneller fortbewegen. Später wurden Räder auch in Maschinen eingesetzt. ►*Zahnrad*

vor 5000 Jahren

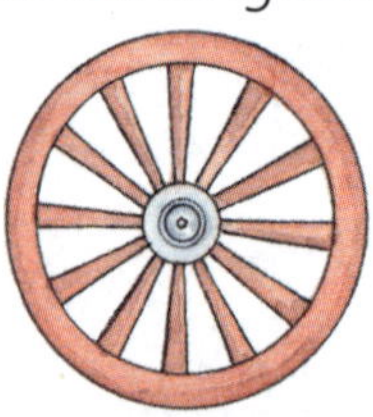

vor 3000 Jahren

heute

Radio

Mit einem Radio kann man Rundfunksendungen hören. Es empfängt Nachrichten und informiert die Menschen über viele Dinge. Manche Radiosender spielen viel Musik. Auch Hörspiele werden gesendet. Die ersten Radiogeräte gab es schon vor über 100 Jahren. Heute können die Menschen überall Radio hören, beim Autofahren, in der Eisenbahn oder beim Wandern. ►*Fernsehen*

Raupe

Die ►*Larven* der ►*Schmetterlinge* heißen Raupen. Als Raupen nehmen Schmetterlinge die meiste Nahrung ihres Lebens auf. Dabei werden sie immer größer und dicker, bis die Haut platzt. Darunter hat sich schon eine neue Haut gebildet. Viermal müssen sie sich häuten. Aus jeder Raupe wird eine ►*Puppe* – wenn sie nicht vorher gefressen wird.

Raupe eines Schmetterlings

Regen

Wenn die Wassertröpfchen in den ►*Wolken* zu schwer werden, fallen sie als Regen wieder auf die Erde herab. Sind es sehr kleine Tropfen, sprechen wir von Niesel- oder Sprühregen. Fallen viele dicke Tropfen, spricht man von einem Platzregen oder Wolkenbruch. Ein Landregen dagegen ist sehr gleichmäßig und hält oft tagelang an. ►*Niederschläge*

Regenwurm

Regenwürmer graben unter der Erde Gänge, in denen sie leben. Wenn es regnet, kommen sie heraus. Sie würden sonst ertrinken. Manchmal geraten sie dabei auf feste Wege oder Straßen und können nicht rechtzeitig zurück in den Boden kriechen. Dann zerstört die Sonne ihr Blut und sie sterben. Ihr Kot ist wertvoller ►*Humus*. Außerdem belüften ihre Gänge den Boden. ►*Wurm*

Reh

Rehe sind sehr scheue Tiere, die vorwiegend in den Wäldern leben. Tagsüber verstecken sie sich meist und gehen erst in der Dämmerung auf die Suche

nach Nahrung. Rehe gehören zu den Hirscharten. Die Böcke tragen ein ►*Geweih*. Das Jungtier wird Kitz genannt, das Weibchen Ricke.

Reisebüro

Ein Reisebüro ist ein Geschäft, das Reisen aller Art verkauft. Hier können Ferienreisen oder Ausflüge, aber auch Fahrkarten oder Übernachtungen in ►*Hotels* gebucht werden. Auch im ►*Internet* gibt es Reisebüros. Man kann sich seine Urlaubsreise dort allein zusammenstellen.

Riechen

Mit der ►*Nase* nehmen wir Gerüche wahr. Riechen gehört zu den fünf Sinnen des Menschen. Es beeinflusst das ►*Schmecken*. Wenn wir erkältet sind, schmecken wir fast nichts. Ein gut duftendes Essen kann uns Appetit auf etwas machen. Oft spüren wir dann sogar Hunger. Gerüche können auch Gefühle in uns auslösen, wenn sie uns an etwas erinnern.

Rind

Hausrinder gehören seit vielen Tausend Jahren zu den ►*Haustieren*. Zuerst wurden sie wegen ihres Fleisches gehalten, später auch als Zugtiere und wegen ihrer ►*Milch*. Sie sind ►*Wiederkäuer*. Das Weibchen heißt Kuh und das Jungtier Kalb. Die männlichen Rinder werden Bulle, Stier oder Ochse genannt.

Ritter

Das Wort Ritter kommt von Reiter. Im ►*Mittelalter* zogen die Ritter zu Pferde für ihre Herrscher in den Krieg. Sie trugen einen Schutzpanzer, die Rüstung. Die Waffen der Ritter waren Schwerter, Lanzen, Wurfspeere und Pfeile. Mit dem Schild wehrten die Kämpfer die Hiebe ihrer Gegner ab. ►*Burg*

A B C D E F G H I J K L M N O P Q R S T U V W X Y Z

A
B
C
D
E
F
G
H
I
J
K
L
M
N
O
P
Q
R
S
T
U
V
W
X
Y
Z

Robbe

Robben sind ►*Raubtiere*, die vorwiegend im Wasser leben. Sie ernähren sich von ►*Fischen*. An Land halten sie sich zum Sonnen auf oder um ihre Jungen zur Welt zu bringen. Manchmal schlafen sie auch an Land. Ein Seehundbaby wird Heuler genannt. Wenn seine Mutter nicht bei ihm ist, heult es.

Rose

Rosen zählen zu den schönsten Blumen. Man kennt über 15 000 Sorten. Die meisten duften sehr gut. Aber alle Rosen haben Stacheln, die auf den Stängeln sitzen. Die Stacheln der Rose kann man leicht abstreifen. Im Gegensatz dazu sind Dornen feste, verholzte Pflanzenteile. So hat ein Kaktus Dornen anstelle von ►*Blättern*. Sie verdunsten viel weniger Wasser als Blätter.

Sage

Sagen erzählten sich die Menschen früherer Zeiten. Sie sagten sich Geschichten weiter und schmückten sie dabei immer mehr aus. Darin geht es um Götter, Helden, Teufel, Hexen und Drachen und wundersame Geschehnisse. Anders als bei ►*Märchen* werden bei Sagen der Ort und die Zeit genannt, zu der sie spielen. Manchmal tauchen darin berühmte Menschen auf, die es tatsächlich gab.

Schaf

Heidschnucke

Schafe sind ►*Säugetiere* und leben in Herden. Viele tragen Hörner, manchmal aber nur die Männchen. Der Mensch hält schon seit 12000 Jahren Schafe, weil er von ihnen ►*Wolle*, ►*Milch* und Fleisch bekommt. Das Jungtier heißt Lamm, das männliche Tier Widder, Bock oder Hammel. ►*Haustier*

Scheide

Frauen haben eine Scheide. Sie ist ein Teil der ►*Geschlechtsorgane*. Bei der Geburt kommt das ►*Baby* durch diese Körperöffnung auf die Welt. Dabei dehnt sich die Scheide sehr weit aus. Auf Lateinisch heißt die Scheide Vagina. ►*Penis*

Schlange

Schlangen sind ►*Reptilien* ohne Beine. Es gibt Würgeschlangen, die ihre Beute umschlingen und erwürgen. Giftschlangen wie die ►*Kreuzotter* dagegen beißen mit ihren Giftzähnen zu. Alle Schlangen verschlingen ihre Beute im Ganzen.

Riesenschlange

Schmecken

Schmecken gehört zu den fünf Sinnen des Menschen. Zusammen mit dem ►*Riechen* entscheidet das Schmecken darüber, was wir gern essen oder trinken und was wir nicht mögen. Wir schmecken nur vier Geschmacksrichtungen: süß, salzig, sauer und bitter. ►*Zunge*

Schmetterling

Apollofalter

Schmetterlinge gehören zu den schönsten ►*Insekten*. Sie durchlaufen verschiedene Entwicklungsstufen: ►*Ei*, ►*Raupe*, ►*Puppe* und ausgewachsenes Tier. Die meisten Schmetterlinge ernähren sich von ►*Nektar*.

Diesen saugen sie mit ihrem langen Rüssel aus den ►Blüten. Daher sind sie wie die ►*Bienen* wichtig für die ►*Bestäubung*. Die bunten Tagfalter fliegen bei Sonnenlicht, die Nachtfalter sind abends unterwegs.

Schnecke

Schnecken sind ►*Weichtiere*. Die meisten leben im Meer. Fast alle Schnecken tragen ein Haus auf dem Rücken. In das ziehen sie sich bei Gefahr zurück oder suchen darin Schutz vor Hitze und Kälte. Nacktschnecken wie die Rote und Schwarze Wegschnecke haben kein Schneckenhaus.

Nacktschnecke

Weinbergschnecke

Schnee

Wenn in den ►*Wolken* die Wassertröpfchen gefrieren, entstehen Schneekristalle. Sie haben wunderschöne, gleichmäßige Formen. Mehrere kleben zusammen und bilden Schneeflocken, die vom Himmel fallen. Schnee ist eine feste Form der ►*Niederschläge*.

Schneeglöckchen

Zu den ersten Blumen im Frühling gehören die Schneeglöckchen. Sie entwickeln sich aus einer ►*Zwiebel*. Schneeglöckchen wachsen meist schon, wenn noch ►*Schnee* liegt. Ihre eigene Wärme lässt um sie herum den Schnee schmelzen. Oft wird die Frühlingsknotenblume mit dem Schneeglöckchen verwechselt.

Schule

In Deutschland gibt es eine Schulpflicht. Jedes Kind muss etwa im 6. Lebensjahr zur Schule gehen und darf frühestens mit 15 Jahren die Schule verlassen. Die Eltern können bestraft werden, wenn ihr Kind nicht in der Schule erscheint.

Schülerlotse

Schülerlotsen helfen Schülern auf dem Schulweg, Straßen sicher zu überqueren. Sie achten darauf, dass die Schüler nicht plötzlich auf die Fahrbahn und möglicherweise vor ein Auto laufen. Außerdem geben sie den Autofahrern Zeichen, damit diese anhalten.

Schwalbe

Schwalben gehören zur Familie der ►*Singvögel*. Sie bauen ihre ►*Nester* aus Lehm, den sie mit Speichel

Mehlschwalbe

Rauchschwalbe

befeuchten. Das Nest der Mehlschwalbe ist kugelig und geschlossen und hat ein Schlupfloch. Die Rauchschwalbe hat ein oben offenes Nest. Die Schwalben leben nur im Sommer bei uns. Sie sind ►*Zugvögel* und fliegen im Herbst nach Afrika.

Schwein

Zu den ältesten ►*Haustieren* gehört das Hausschwein. Seine Vorfahren, die ►*Wildschweine*, leben noch heute in unseren Wäldern. Im Sommer suhlen sich die Schweine gern in Schlamm. Das schützt sie vor Sonne und Hitze. Schweine sehen schlecht, aber sie haben einen guten Geruchssinn. Das Weibchen heißt Sau, das Männchen Eber. Die Jungtiere nennt man Ferkel.

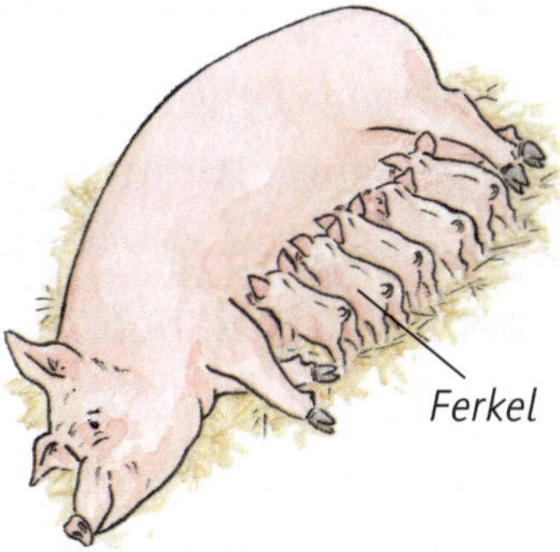
Ferkel

A B C D E F G H I J K L M N O P Q R S T U V W X Y Z

Sehen

Zu den fünf Sinnen des Menschen gehört auch das Sehen. Wir benutzen dafür unsere ►*Augen*. Mit den Augen und den ►*Ohren* finden wir uns in unserer Umgebung zurecht. Je länger wir etwas anschauen, desto genauer wird unser Bild davon. Dieses Bild entsteht im Gehirn. ►*Hören*

Sekunde

Jeder Tag hat 24 Stunden und jede Stunde (Std.) hat 60 Minuten (Min.) Die Minute kann man noch einmal in 60 Sekunden (Sek.) einteilen. Stunden, Minuten und Sekunden dienen dazu, die Zeit zu messen. Im Sport wird bis auf Hundertstelsekunden genau die Zeit gestoppt.

Sicherheitsgurt

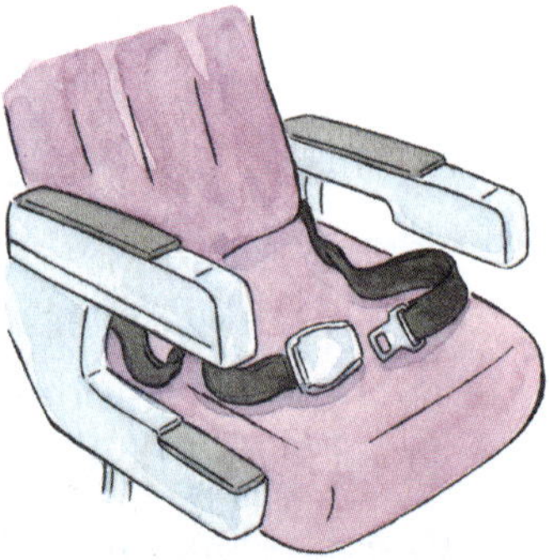

Mit einem Sicherheitsgurt schnallen wir uns in ►*Autos*, ►*Bussen* oder ►*Flugzeugen* am Sitz fest. Bei einem Unfall kann man dann nicht gegen etwas Hartes oder aus dem Fahrzeug herausgeschleudert werden. Kleine Kinder brauchen besondere Kindersitze – passend zu ihrer Größe. Es ist Pflicht, sich immer anzuschnallen.

Sonnenblume

In der Mitte der Sonnenblume reifen viele ►*Samen*. Diese Kerne sind für ►*Vögel* ein begehrtes Futter. Die schöne Blume stammt aus Amerika. Als sie nach Europa kam, war sie wie die ►*Kartoffel* zunächst eine Zierpflanze in Gärten. Heute baut man Sonnenblumen auf Feldern an. Aus ihren Kernen wird Öl gepresst. Außerdem dient sie als Futterpflanze für das Vieh.

Sonnenuhr

Wenn die ►*Sonne* scheint, können wir an einer Sonnenuhr die Zeit ablesen. Meist ist es ein Stab, der seinen Schatten auf ein Zifferblatt wirft. Der Schatten wandert mit dem Stand der Sonne über die Ziffern und zeigt so die Zeit an. ►*Uhr*

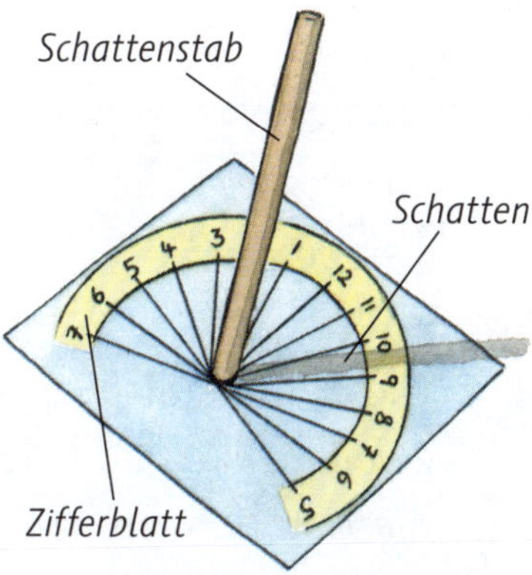

Sparbuch

Wer Geld gespart hat, kann es zu einer ►*Bank* bringen und auf ein Sparbuch einzahlen. Dann bekommt er ►*Zinsen* dafür. Die Einzahlungen und Zinsen werden im Sparbuch notiert. Vom Sparbuch kann man sich auch ►*Geld* auszahlen lassen, zum Beispiel 100 Euro. Das nennt man „Geld abheben".

Storch

Störche gehören zu den Schreitvögeln und sind Fleischfresser. Alle haben einen langen Hals, einen langen Schnabel und lange Beine. Bei uns gibt es vor allem den Weißstorch. In einigen Gegenden trifft man auch noch den seltenen Schwarzstorch an. Beide gehören zu den ►*Zugvögeln.*

Weißstorch

Schwarzstorch

Straße

Die größten Straßen sind die ►*Autobahnen*. Die zweitwichtigsten heißen Bundesstraßen, die wie die Autobahnen nummeriert sind. Im täglichen Sprachgebrauch verwendet man dafür Abkürzungen, zum Beispiel A 1 für Autobahn Nummer 1 oder B 17 für Bundesstraße Nummer 17. Diese Nummern stehen auch auf Schildern am Straßenrand.

Straßenbahn

In Großstädten sind Straßenbahnen wichtige ►*Verkehrsmittel*. Sie fahren auf Schienen. Die ersten Straßenbahnen wurden von Pferden gezogen. Heute werden Straßenbahnen elektrisch betrieben. Den Strom dazu erhalten sie aus Leitungen über der Straße.

Pferdebahn

Supermarkt

Ein Supermarkt verkauft vor allem ►*Lebensmittel*, von denen er eine große Auswahl anbietet. So finden wir hier das Angebot vieler kleiner Lebensmittelgeschäfte unter einem Dach. In großen Supermärkten gibt es auch Elektroartikel, Bekleidung und andere Waren.

Tanne

Die Tanne ist ein immergrüner ►*Nadelbaum*. Sie wird bis zu 75 m hoch und 600 Jahre alt. Ihre Zapfen stehen im Gegensatz zur ►*Fichte* aufrecht. Tannen vertragen die Verschmutzung der Umwelt nur schlecht. Darum sind sie in einigen Gebieten stark geschädigt.

Tasten

Unsere ►*Haut*, vor allem an Händen, Füßen und Lippen, kann tasten oder fühlen. Wir können dadurch die Form von Dingen erkennen und ob die Oberfläche rau oder glatt ist. Der Tastsinn gehört zu den fünf Sinnen des Menschen, mit denen er sich in der Welt zurechtfindet. ►*Hören* ►*Riechen* ►*Schmecken* ►*Sehen*

Taube

Manche Menschen halten sich Tauben als ►*Haustiere* wegen ihres Fleisches oder als Brieftauben. Diese finden auch aus 1000 Kilometer Entfernung wieder nach Hause. Wenn man einer Brieftaube eine Kapsel mit einer Nachricht ans Bein bindet, bringt sie diese sicher zurück. In den Städten leben heute viele verwilderte Tauben. Man empfindet sie als Plage. Sie übertragen Krankheiten und verschmutzen Gebäude.

Tierstaat

Manche Insekten wie ►*Ameisen* oder ►*Bienen* bilden Tierstaaten. Darin leben die Nachkommen einer oder mehrerer Königinnen. Ein solcher Staat ist die höchste Form des Zusammenlebens von Tieren. Alle Arbeiten sind genau aufgeteilt. ►*Bienenvolk*

Tomate

Die Tomaten stammen von den ►*Indianern* Südamerikas. Es gibt verschiedene Formen und Farben: Fleischtomaten, Strauchtomaten und Eiertomaten. Wir kennen meist rote Tomaten, es gibt aber auch grüne, gelbe und weiße. Man isst die ►*Früchte*, in denen sich die ►*Samen* befinden. Die Tomate ist eine ►*Beere*.

Traktor

Kaum ein ►*Bauernhof* kommt ohne Traktor oder Schlepper aus. Er ist als Zugmaschine im Einsatz und zieht zum Beispiel den ►*Pflug* über die Felder. Ein Traktor kann auch verschiedene ►*Landmaschinen* antreiben, zum Beispiel den Düngerstreuer oder die Ballenpresse. Bevor es Traktoren gab, mussten Zugtiere wie Pferde und Ochsen die schweren Arbeiten verrichten. ►*Dünger*

Treibhaus

Man bezeichnet ein Gewächshaus oft auch als Treibhaus. Darin wachsen Pflanzen. Das Haus ist aus Glas, damit die Sonnenstrahlen hereinfallen können. Außerdem hat es meist eine Heizung. Und es gibt eine künstliche ►*Bewässerung* für die Pflanzen. So gedeihen Blumen und ►*Gemüse* das ganze Jahr über.

Uhr

Eine Uhr misst die Zeit und zeigt sie an. Als Zeitmesser verwendete man zuerst Sanduhren oder Kerzen mit Nägeln, die beim Abbrennen herunterfielen. Uhren mit ►*Zahnrädern* entstanden im ►*Mittelalter*. Sie müssen immer wieder aufgezogen werden. Moderne Quarzuhren zählen Schwingungen, die gleichmäßig mit einer ►*Batterie* erzeugt werden. Auf diese Weise messen sie die Zeit. ►*Sonnenuhr*

Verdauung

Unser ►*Körper* zerlegt die aufgenommene Nahrung in ihre Bestandteile. Danach wandelt er sie in Stoffe um, die er verwerten kann. Diesen Vorgang nennt man Verdauung. Daran sind ►*Magen* und ►*Darm* beteiligt. Was nicht verwertet wird, scheidet der Körper als Urin und Kot aus. ►*Stoffwechsel*

Versandhaus

Wie ein ►*Kaufhaus* oder ein ►*Supermarkt* verkauft auch ein Versandhaus Waren. Es verschickt dazu ►*Kataloge*. Darin sind die einzelnen Waren fotografiert und beschrieben. Auch im ►*Internet* gibt es Versandfirmen. Die bestellten Waren darf man innerhalb von 14 Tagen zurückschicken.

Wal

Wale sind ►*Säugetiere*, die im Meer leben. Zum Atmen müssen sie regelmäßig auftauchen. Sie atmen durch ein Blasloch im Kopf. Beim Ausatmen entsteht durch die warme Atemluft ein Dampfstrahl. Daran erkennt man Wale schon von Weitem. Sie leben gesellig und verständigen sich in einer eigenen Sprache. Auch Delfine sind Wale.

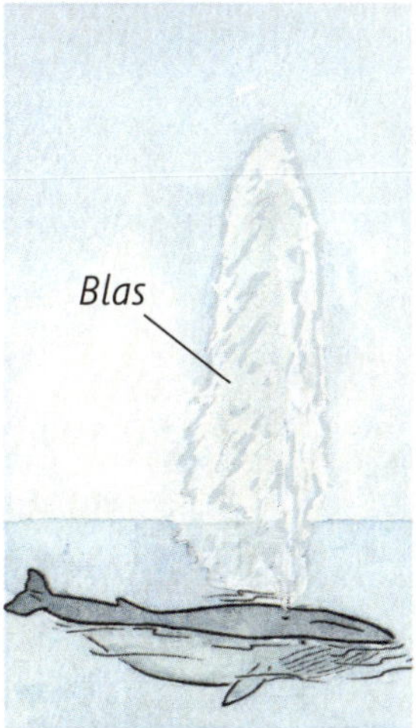

Wald

Bei uns gibt es Laubwälder vor allem mit Buchen und Eichen oder Nadelwälder mit ►*Tannen* und ►*Fichten*. In Mischwäldern wachsen ►*Laubbäume* und ►*Nadelbäume*. Ein gesunder Wald ist aus vier Schichten aufgebaut. Diese Schichten teilen wir nach der Höhe ein, die von den Pflanzen erreicht wird: Unten auf dem Boden wachsen ►*Moose*, darüber die ►*Kräuter*, dann die ►*Sträucher* und die ►*Bäume*.

Wasser

Über zwei Drittel der Erde sind von Wasser bedeckt. Alle Lebewesen brauchen Wasser zum Leben. Deshalb müssen wir achtsam damit umgehen. In einigen Gebieten der Erde gibt es so wenig Wasser, dass die Menschen Durst leiden müssen. Weil auch

Tiere und Pflanzen unter der Trockenheit leiden, kommt es dort immer wieder zu Hungersnöten. Wo es kein Wasser gibt, entstehen ►*Wüsten*.

Wasserrad

Wasserräder treiben Maschinen mit Hilfe von Wasserkraft an. Dazu fließt das Wasser von oben her auf breite Schaufeln und dreht das Rad. Ein Wasserrad kann aber auch von unten her bewegt werden. Dann tauchen die Schaufeln in fließendes Wasser ein, zum Beispiel in einen Bach oder einen Fluss. Früher wurden Mühlen mit Hilfe von Wasserrädern betrieben. ►*Zahnrad*

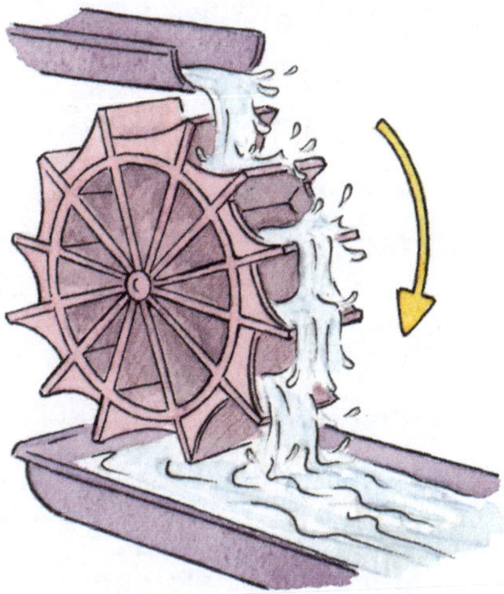

Weihnachten

Vom 24. bis zum 26. Dezember feiert das ►*Christentum* die Geburt von Jesus Christus. Wir nennen das Fest „Weihnachten". Das bedeutet geweihte oder heilige Nächte. Auch viele Menschen, die keine Christen sind, feiern Weihnachten und beschenken sich gegenseitig. In manchen Ländern gibt es nur einen Weihnachtstag, den 25. Dezember.

Wellensittich

Zu den beliebtesten Vögeln unter den ►*Haustieren* zählt der Wellensittich. Er ist ein kleiner Papagei, der heute in vielen Farben gezüchtet wird. Seinen Namen hat er von der wellenförmigen Zeichnung am Rücken. In ►*Australien* leben Wellensittiche in großen Schwärmen. Man sollte sie deshalb nie allein halten.

Werkzeug

Mit Werkzeugen werden Arbeiten leichter oder überhaupt erst möglich. Die ersten Werkzeuge stellte der ►*Urmensch* aus Steinen her wie den Faustkeil und die Sichel. Heute sind Werkzeuge meist aus Eisen oder Stahl und es gibt viele Elektrowerkzeuge. Affen und einige Vögel verwenden Äste und Steine als Werkzeuge.

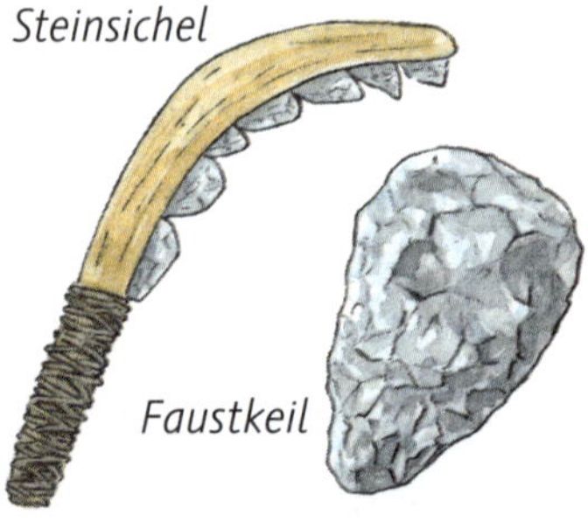

Wetter

Wind und ►*Regen*, ►*Eis* und ►*Schnee*, Hitze und Kälte sind Erscheinungen des Wetters. Das Wetter spielt sich im unteren Teil der Luftschicht um die Erde ab.

Ohne diese Luftschicht wäre es auf der Erde am Tag glühend heiß. In der Nacht würde es unvorstellbar kalt. ►*Niederschläge* ►*Wolke* ►*Wettervorhersage*

Wiederkäuer

Das ►*Rind*, das ►*Schaf*, die ►*Ziege* und andere Tiere sind Wiederkäuer. Diese Pflanzenfresser würgen ihr Futter wieder hoch, nachdem sie es geschluckt haben. Sie kauen es dann noch einmal durch, um es besser verdauen zu können.

Wildschwein

Die Wildschweine werden bei uns viel gejagt. Jäger nennen sie Schwarzwild. Wildschweine richten oft großen Schaden auf den Feldern an. Das Männchen heißt Eber oder Keiler, das Weibchen Bache. Das Jungtier wird Frischling genannt. ►*Schwein*

Wolke

Die ►*Sonne* erwärmt die ►*Luft* am Boden. Die warme Luft enthält viel Feuchtigkeit. Sie steigt in höhere Luftschichten auf. Dort ist es viel kälter und die Luft kühlt ab. Sie kann nun nicht mehr so viel Feuchtigkeit speichern. Es bilden sich winzige Wassertröpfchen – und Wolken entstehen. ►*Regen* ►*Niederschläge*

A B C D E F G H I J K L M N O P Q R S T U V W X Y Z

Zahnarzt

Der Zahnarzt behandelt kranke ►*Zähne*. Damit es dazu gar nicht erst kommt, muss man sein ►*Gebiss* pflegen. Morgens und abends müssen die Zähne gründlich geputzt werden. Man sollte regelmäßig zum Zahnarzt gehen. Er entdeckt vielleicht ein winziges Loch im Zahn, bevor es größer wird und wehtut.

Zahnrad

In vielen Maschinen greifen Zahnräder ineinander. Sie übertragen Kraft und Drehbewegungen. Die Gangschaltung eines ►*Fahrrads* hat mehrere verschiedene Zahnräder. Ein kleines Zahnrad bewegt das Rad bei einer Umdrehung weiter als ein großes. Dafür muss man aber kräftiger treten. ►*Wasserrad*

Gangschaltung

Zeitschrift

Zeitschriften nennt man auch Illustrierte. Sie bringen längere Berichte, zum Beispiel über Länder, Tiere, Kunst, Autos oder Fußball. Im Unterschied zu ►*Zeitungen* enthalten Zeitschriften meist viele Bilder.

Zeitung

Es gibt Tageszeitungen und Wochenzeitungen. Sie unterrichten ihre Leser über Ereignisse in aller Welt.

In einer Tageszeitung stehen die Nachrichten vom Tag zuvor. Daneben findet man in der Zeitung Berichte über Sport und ►*Kultur* sowie einen Anzeigenteil. Heimatzeitungen berichten von Ereignissen aus der näheren Umgebung. ►*Inserat*

Ziege

Die meisten Ziegen tragen ►*Hörner*. Sie sind ►*Säugetiere* und ►*Wiederkäuer*. Ziegen können gut klettern. Einige Arten wie der Alpensteinbock leben im Hochgebirge. Die Hausziege gehört zu den ältesten ►*Haustieren*. Das Männchen heißt Bock, das Weibchen Geiß und ein Jungtier Zicklein.

Steinbock

Edelziege

Euter

Zoo

Ein zoologischer Garten ist ein Tiergarten oder Tierpark. Man nennt ihn kurz Zoo. Dort kann man viele Tiere sehen, die bei uns nicht vorkommen. Zoos bemühen sich sehr darum, dass es Nachwuchs bei Tierarten gibt, die vom Aussterben bedroht sind.

Übungen 2

Wie arbeite ich mit Abc und Lexikon?

Vielleicht arbeitest du mit diesem Lexikon schon, seit du in der 1. oder 2. Klasse bist. Dann kennst du das Buch ja bereits und brauchst die nachfolgenden Übungen nicht mehr zu machen. Sie können dir aber helfen, dich im Sachlexikon schnell zurechtzufinden.

Wie man mit dem Sachlexikon arbeitet

Auf den Seiten 2 und 3 stehen Hinweise, wie das Sachlexikon aufgebaut ist. Schau dort nach, wenn dir etwas unklar ist. Dort ist auch erklärt, was die roten und blauen Pfeile bedeuten und was es mit den Zeichen auf sich hat. Präge dir die Zeichen ein, damit du die Begriffe immer leicht den richtigen Sachbereichen zuordnen kannst. Auf der Seite 318 findest du eine Karte mit den Erdteilen. Dort kannst du nachschauen, wenn du dich über einen Kontinent näher informieren willst.
Wer mehr Informationen zu einem Thema sucht, findet dazu Anleitungen auf den Seiten 314 bis 317. Dort stehen auch ein paar Tipps für die schnelle Suche im Internet.

1. Übung: Das Abc trainieren

- Ordne die folgenden Wörter nach ihren Anfangsbuchstaben und unterstreiche diese:

  Collage, Hebel, Abitur, Gesetz, Kraftwerk, Farn, Blut, Glas

- Ordne die folgenden Wörter nach ihren Anfangsbuchstaben und unterstreiche diese:

  Koralle, Geografie, Stickstoff, Dampf, Nikotin, Labor, Motor

- Ordne die Wörter beider Listen zusammen nach dem Alphabet.
- Schlage nun alle Wörter in deinem Lexikon nach und notiere die Seitenzahlen, auf denen du sie gefunden hast.

- Zähle die Seitenzahlen zusammen. Wenn du alles richtig gemacht hast, muss die Zahl 2500 herauskommen.

- Blättere Teil 2 deines Lexikons von A bis K durch und schreibe alle Körperteile heraus. Wenn du zehn findest, bist du spitze!
  Blättere Teil 2 deines Lexikons von L bis Z durch und schreibe alle Begriffe heraus, die mit dem Thema „Wasser" zu tun haben.
  Wer findet mehr als zehn?

2. Übung: Das Abc mit dem Sachlexikon trainieren

Auf jeder Seite deines Lexikons findest du außen am Rand einen Streifen mit dem Alphabet. Du siehst, dass auf dem Abc-Streifen jeweils ein Buchstabe farbig markiert ist.

- Suche alle Seiten von Teil 2, auf denen das F, das G, das M, das V und das Z markiert sind.
- Suche das erste Wort mit A, mit B, mit C.
- Suche das erste Wort mit I, mit K, mit L.
- Auf welcher Seite steht das erste Wort mit M?
- Auf welcher Seite steht das erste Wort mit Z?
- Auf welchen Seiten stehen die Wörter, die mit Pi anfangen?
- Welches Wort steht vor Antarktis, vor Gletscher, vor Zyklus?
- Welches Wort steht nach Bibel, nach Flug, nach Ventil?
- Welches Wort steht zwischen Wasserkreislauf und Wasserspiegel?
- Wie viele Wörter mit dem Anfangsbuchstaben M findest du?
- Wie viele Wörter mit dem Anfangsbuchstaben Z findest du?
- Wie viele Wörter mit dem Anfangsbuchstaben C findest du?
- Warum steht Bundesland vor Bundespräsident?
- Warum steht Flug vor Flughafen?

- Suche möglichst schnell die folgenden Begriffe und notiere die Zahlen der Seiten, auf denen du die Begriffe gefunden hast:
  - Auf welchen Seiten stehen Gen, Test, Licht, Küste?
  - Auf welchen Seiten stehen Kurzschluss, Mission, Niere?
  - Auf welchen Seiten findest du Wirbeltier, Film, Ableger?
- Zähle die Seitenzahlen zusammen, die du notiert hast.

  Wenn du alles richtig gemacht hast, erhältst du die Zahl 2000.

3. Übung: Verweise aufsuchen

- Blättere in Teil 2, suche drei Wörter mit dem roten Pfeil, also mit Verweisen auf Teil 1, und schlage diese Wörter nach.
- Blättere in Teil 2, suche fünf Wörter mit dem blauen Pfeil, also mit Verweisen auf Teil 2, und suche diese Wörter dort.

4. Übung: Farbsymbole zuordnen

Die farbigen Zeichen unter jedem Begriff geben an, zu welchem Bereich der Begriff gehört. Die fünf Bereiche findest du auf Seite 3.

- Suche fünf Wörter, die zum Bereich Technik gehören.
- Suche fünf Wörter, die zum Bereich Naturwissenschaft gehören.
- Suche fünf Wörter, die zum Bereich Raum gehören.

- Zu welchen der fünf Bereiche gehören folgende Wörter:
  - Afrika – Astronaut – Ausweis?
  - Betrieb – Fastenzeit – Flussregulierung?
  - Geografie – Gummi – Immunsystem – Jahr – Kohle?
  - Medien – Mumie – Museum – Säure?
  - Schrift – Ultraschall – Verkehrszeichen?

▶ Male die Zeichen von Seite 3 ab und schreibe unter jedes Zeichen den richtigen Begriff. Wenn zwei oder drei Zeichen angegeben sind, musst du den Begriff jedes Mal unter das entsprechende Zeichen schreiben. Wenn du alles richtig gemacht hast, müssen am Schluss unter jedem der fünf Bereiche sechs Begriffe stehen.

5. Übung: Informationen aus Bildern gewinnen – Partnerübung

Blättere das Lexikon durch und suche zehn Begriffe mit Bildern.
Lies den Text aber nicht!

- Versuche, das Bild deinem Partner zu erklären.
- Lies nun den Text! Kannst du das Bild jetzt besser erklären?

6. Übung: Informationen aus Texten gewinnen

▶ Aus welcher Sprache kommt das Wort „Labor"?

▶ Wie viele Nagetiere gibt es?

▶ Wie kann man Pflanzen durch Ableger vermehren?

▶ Was tut der Staat für Obdachlose?

▶ Was leistet die Wissenschaft „Meteorologie"?

▶ Was gehört zur Hygiene?

▶ Was geschieht bei der Krankheit „Krebs" im Körper?

▶ Unter welchem Begriff könnte man nachschauen, wenn man

- etwas über eine Gerichtsverhandlung wissen will?
- etwas über Schneelawinen wissen will?
- wissen will, was eine Bienenkönigin ist?

Abgas

Bei jeder ►*Verbrennung* entweichen Abgase in die Luft. Die meisten erzeugen Autos, Flugzeuge und Kohlekraftwerke. Große Mengen ►*Gase* strömen auch aus Schornsteinen von Fabriken und Wohnhäusern. Viele Abgase sind giftig und enthalten feinste Staubteilchen. Sie schädigen die Umwelt, verändern das ►*Klima* und machen die Menschen krank. Um die Abgase zu entgiften und zu verringern, baut man ►*Katalysatoren* in Autos ein und entwickelt schadstoffarme ►*Motoren*. Schornsteine werden mit ►*Filtern* ausgestattet.

Abgeordneter

Abgeordnete sind Vertreter des Volkes im ►*Parlament*. Sie werden in geheimer ►*Wahl* von den ►*Bürgern* gewählt. Im Parlament entscheidet der oder die Abgeordnete bei einer Abstimmung über die ►*Politik* und die ►*Gesetze* des Landes. ►*Demokratie*

Abitur

Im Gymnasium kann man am Ende der Schulzeit das Abitur ablegen. Das ist eine Abschlussprüfung. Wer das Abitur bestanden hat, kann an einer ►*Universität* studieren. ►*Schule*

Ableger

Viele Pflanzen lassen sich auch anders als durch ►*Samen* vermehren: Man biegt einen Zweig nach unten und bedeckt den Ableger mit Erde. Wenn sich ►*Wurzeln* gebildet haben, kann man die Tochterpflanze von der Mutterpflanze abtrennen. Oft genügt es, einen Seitentrieb abzuschneiden und in die Erde zu stecken. Manche Pflanzen treiben auch Ausläufer.

Absenker — *Steckling* — *Ausläufer*

A B C D E F G H I J K L M N O P Q R S T U V W X Y Z

Abwasser

In Haushalten und Fabriken werden täglich große Mengen Wasser verbraucht. Dieses benutzte Wasser ist Abwasser. Im Abwasser der Haushalte finden sich Waschmittel, aber auch alles, was in die Toilette gespült wird. Industrieabwässer enthalten häufig ►*Säuren* und andere chemische Stoffe. Die Abwässer fließen in die ►*Kläranlage* und werden dort gereinigt. Es ist streng verboten, sie in Bäche oder Flüsse zu leiten.

Ader

Adern sind Blutgefäße. In ihnen wird das ►*Blut* durch den Körper transportiert. Man unterscheidet Schlagadern oder Arterien und Blutadern oder Venen. In den Arterien fließt sauerstoffreiches hellrotes Blut. In den Venen strömt dunkelrotes Blut. Es ist mit ►*Kohlendioxid* beladen. Die Adern enden in feinen Haargefäßen oder Kapillaren. Auch ►*Blätter* haben Adern. Darin fließen Wasser und Nährstoffe. ►*Blutkreislauf.*

Adoption

Der lateinische Begriff „Adoption" bedeutet „Annahme an Kindes statt". Wer ein Kind adoptiert, nimmt es als sein eigenes an. Das Kind erhält den Familiennamen der neuen Eltern und hat die gleichen Rechte wie ein leibliches Kind. Es gibt verschiedene Gründe für eine Adoption. Manchmal sind die leiblichen Eltern tot oder sie können sich nicht um ihr Kind kümmern. ►*Pflegekind*

Afrika

Afrika ist der zweitgrößte ►*Kontinent*. Es ist dreimal so groß wie ►*Europa* und hat etwa 900 Millionen Einwohner. Die größten Länder sind Sudan und Algerien. Afrika ist trocken und heiß. Es gibt ►*Wüsten*, ►*Regenwälder* und Grasländer, die ►*Savannen*. Hohe ►*Gebirge* hat Afrika kaum, doch ist der Kilimandscharo fast 6000 m hoch. Der Nil, der längste Fluss der Erde, ist 6671 km lang. Die bekanntesten Tiere Afrikas sind Löwe, Giraffe, Gorilla, Zebra und Elefant. KARTE siehe S. 318.

Alge

Algen sind einfache Pflanzen, die im Wasser schweben oder auf dem Grund von Seen und Meeren wachsen. Sie besitzen wie alle Pflanzen ►*Chlorophyll*, das bei einigen Arten von anderen Farbstoffen überdeckt ist. Danach unterscheidet man Grünalgen, Braunalgen und Rotalgen. Manche Meeresalgen, die Tange, werden bis zu 200 m lang. Die kleinsten Algen bestehen nur aus einer einzigen ►*Zelle*. ►*Einzeller*

Blasentang

Alkohol

Reiner Alkohol ist eine farblose, leicht brennbare Flüssigkeit, die giftig ist. Er entsteht bei der ►*Gärung* von Säften, die ►*Zucker* oder ►*Stärke* enthalten. Der Alkoholgehalt von Getränken wird in ►*Prozent* angegeben. Schnaps hat 40 Prozent Alkohol oder mehr. Für den Körper ist zu viel Alkohol schädlich. Er zerstört ►*Zellen* im Gehirn und schädigt die ►*Leber*. Wer oft und viel Alkohol trinkt, wird davon abhängig und ist alkoholkrank. ►*Sucht*

Allah

Die ►*Muslime* nennen ihren Gott Allah. Er ist für sie der Schöpfer der Welt, den sie verehren und anbeten. ►*Islam* ►*Moschee*

Allergie

Eine Allergie ist eine Überempfindlichkeit des Körpers gegen bestimmte Stoffe. Diese werden über die Atemluft, die ►*Haut* oder mit dem Essen aufgenommen. Man kann etwa gegen Blütenstaub, Tierhaare, Bienengift, einzelne Lebensmittel oder ►*Medikamente* allergisch sein. Wenn ein Allergiker mit solchen Stoffen in Berührung kommt, muss er niesen, bekommt Hautausschlag oder Atemnot. Auch Tiere haben Allergien.

Alpen

Die Alpen sind das höchste ►*Gebirge* in Europa. Sie sind etwa 1200 km lang und 150 bis 300 km breit. Österreich, Schweiz, Liechtenstein, Deutschland, Frankreich, Italien und Slowenien haben Anteil an den Alpen. Der höchste ►*Berg* der Alpen ist der Montblanc (▼mohblah) in Frankreich. Er ist 4807 m hoch. Der höchste deutsche Alpengipfel ist die Zugspitze mit 2962 m Höhe.

Altertum

Das Altertum ist ein Abschnitt der ►*Geschichte*. Es begann mit der Erfindung der ►*Schrift* vor ungefähr 5000 Jahren. Etwa 500 vor Christus folgte das klassische Altertum, auch Antike genannt. In dieser Zeit herrschten die Griechen und Römer. 500 Jahre nach Christi Geburt ging das Römische Reich unter und das ►*Mittelalter* begann. ►*Zeitrechnung*

Amateur

Ein Amateur beschäftigt sich mit Sport oder anderen Dingen nur in seiner Freizeit. So ist für einen Amateurfotografen das Fotografieren ein Hobby. Ein Amateurfußballer treibt seinen Sport aus Spaß. Er darf für sein Fußballspiel kein Geld annehmen. Tut er das, ist er ein ►*Profi*.

Amerika

Amerika besteht aus den beiden Erdteilen ►*Nordamerika* und ►*Südamerika*. Diese sind durch Mittelamerika miteinander verbunden. Mittelamerika ist kein eigener Erdteil, sondern nur eine schmale, bis zu 700 km breite Landbrücke. Man bezeichnet Mittel- und Südamerika zusammen auch als Lateinamerika, weil hier nicht Englisch, sondern Spanisch und Portugiesisch gesprochen werden. Diese Sprachen sind aus dem Lateinischen hervorgegangen. KARTE siehe S. 318.

Amphibie

Amphibien oder Lurche leben sowohl im Wasser als auch an Land. Die meisten beginnen ihr Leben als ►*Larve* im Wasser.

Nach einer ►*Metamorphose* gehen sie an Land. Im Wasser atmen sie mit ►*Kiemen*, an Land mit ►*Lungen*. ►*Frösche*, Kröten, Salamander und Molche zählen zu den Amphibien.

Antarktis

Die Antarktis umfasst das Polargebiet am ►*Südpol* und besteht aus Festland, ►*Inseln* und dem Südpolarmeer. Das Festland heißt Antarktika und zählt als eigener ►*Kontinent*. Die Antarktis ist von einer bis zu 3000 m dicken Eisschicht bedeckt. Durch die ►*Klimaerwärmung* schmilzt das ►*Eis* immer mehr ab. In der Antarktis leben ►*Robben*, Pinguine und andere Seevögel. Die einzigen Menschen dort sind die Wissenschaftler in den Polarstationen. ►*Arktis* KARTE siehe S. 318.

Äquator

Der Äquator teilt die Erde in eine nördliche und eine südliche Halbkugel. Er ist rund 40 000 km lang. Damit ist er der längste ►*Breitengrad* auf dem ►*Globus*. Je näher die Breitengrade an den Polen liegen, umso kürzer sind sie. Der Äquator ist nur eine gedachte Linie. Jeder Punkt auf dieser Linie ist vom ►*Nordpol* und vom ►*Südpol* gleich weit entfernt. Rund um den Äquator liegen die ►*Regenwälder* der Erde. ►*Tropen*

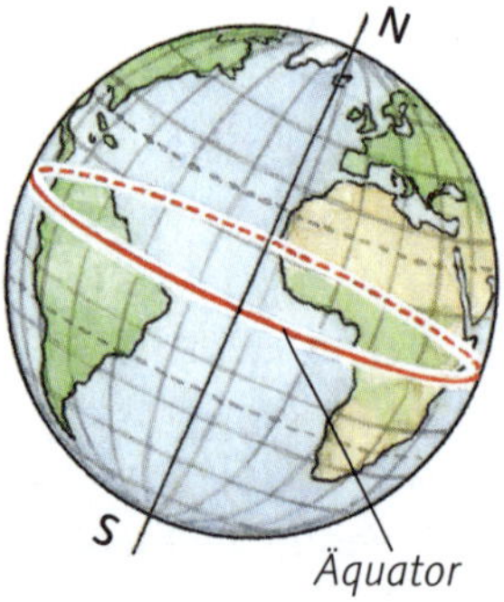

Arbeitgeber

Wer einem anderen Menschen Arbeit gibt und ihn dafür bezahlt, ist ein Arbeitgeber. Er schließt dann mit dem ►*Arbeitnehmer* einen Arbeitsvertrag ab. Darin ist genau festgelegt, wie lange der Arbeitnehmer zu arbeiten hat und wie er dafür bezahlt wird.

Arbeitnehmer

Ein Arbeitnehmer ist durch einen Arbeitsvertrag verpflichtet, für seinen ►*Arbeitgeber* zu arbeiten. Dafür erhält er ein regelmäßiges ►*Einkommen* und bezahlten Urlaub. Er hat auch eine Arbeitslosen-, Kranken-, Renten- und Pflegeversicherung. Für diese ►*Versicherungen* zahlt er nur den halben Beitrag, die andere Hälfte übernimmt der Arbeitgeber.

Archiv

In einem Archiv werden wichtige Unterlagen aufbewahrt und so geordnet, dass man sie schnell wiederfindet. Das Archiv verwaltet ein Archivar oder eine Archivarin. Zum Beispiel werden in einer Rundfunkanstalt Film- und Tonaufnahmen archiviert. In Ämtern gibt es Archive mit Schriftstücken und Akten. Heute werden viele ►*Dokumente* auch fotografiert und auf Mikrofilmen oder ►*Chips* gespeichert. Das spart Platz.

Arktis

Zur Arktis gehören das Nordpolarmeer mit vielen ►*Inseln* und die nördlichsten Gebiete von ►*Asien*, ►*Europa* und ►*Amerika*. Das Meer ist fast das ganze Jahr von ►*Eis* bedeckt. Durch die ►*Klimaerwärmung* schmilzt das Eis immer mehr ab. Unter dem Eis lagern viele ►*Bodenschätze*. In der Arktis gibt es Eisbären, Eisfüchse, Rentiere und Wölfe. Hier leben mehrere Völker, die man ►*Eskimos* nennt. KARTE siehe S. 318.

Artenschutz

Mit dem Artenschutz sollen wild lebende Tier- und Pflanzenarten in ihrer natürlichen Umgebung geschützt werden. Dazu gibt es Gesetze und Verordnungen. Wer dagegen verstößt, wird bestraft. Außerdem werden jährlich sogenannte „Rote Listen“ herausgegeben. Darin sind alle Tier- und Pflanzenarten aufgeführt, die besonders vom Aussterben bedroht sind. ►*Geschützte Pflanzen* ►*Geschützte Tiere*

Asien

Asien ist der größte ►*Kontinent*. Es ist über viermal so groß wie ►*Europa*. Zwei Drittel aller Menschen leben in Asien. Die größten Länder sind Russland, China und Indien. Asien erstreckt sich von der ►*Arktis* bis zum ►*Äquator*. Es hat große ►*Wüsten*, ►*Steppen* und ►*Regenwälder*. Der Himalaja ist das höchste ►*Gebirge* der Welt mit Gipfeln über 8000 m. Der Mount Everest ist 8841 m hoch. Der längste Fluss, der Jangtse in China, ist 6300 km lang. Die bekanntesten Tiere Asiens sind Tiger, Kamel, Elefant und Orang-Utan. KARTE siehe S. 318.

Astronaut

Die amerikanischen Raumfahrer heißen Astronauten. Der Begriff kommt von Aeronaut und bedeutet „Luftschiffer“. Der erste Astronaut auf dem ►*Mond* war Neil Armstrong. Er betrat 1969 diesen ►*Himmelskörper*. ►*Kosmonaut* ►*Raumstation* ►*Weltraum*

Astronomie

Die Astronomie oder Sternenkunde ist eine der ältesten Wissenschaften. Schon vor 6000 Jahren befassten sich Astronomen mit der Anordnung, Bewegung und Beschaffenheit von ►*Sternen* und ►*Planeten*. Heute erforschen Wissenschaftler den ►*Weltraum* mit riesigen ►*Teleskopen*.

Asylbewerber

Menschen, die in ihrer Heimat wegen ihrer ►*Religion*, ihrer politischen Meinung oder aus anderen Gründen verfolgt werden, können in einem fremden Land um Asyl bitten. Erkennt sie das Land als ►*Flüchtlinge* an, dürfen sie dort bleiben. Sie haben aber nicht dieselben Rechte wie die Staatsbürger des Landes, das sie aufgenommen hat. ►*Staatsbürgerschaft*

Atlas

Ein Atlas ist ein Buch mit ►*Landkarten*, Seekarten oder Himmelskarten. Ende des 16. Jahrhunderts fasste der Kartograf Gerhard Mercator alle damals bekannten Landkarten in einem Buch zusammen und nannte es Atlas. Seither heißen solche Kartensammlungen Atlanten. Ein Autoatlas zeigt Straßen und oft auch ►*Stadtpläne* großer Städte. In einem Geschichtsatlas sieht man die Entstehung der ►*Staaten* im Lauf der Jahrhunderte.

Atmosphäre

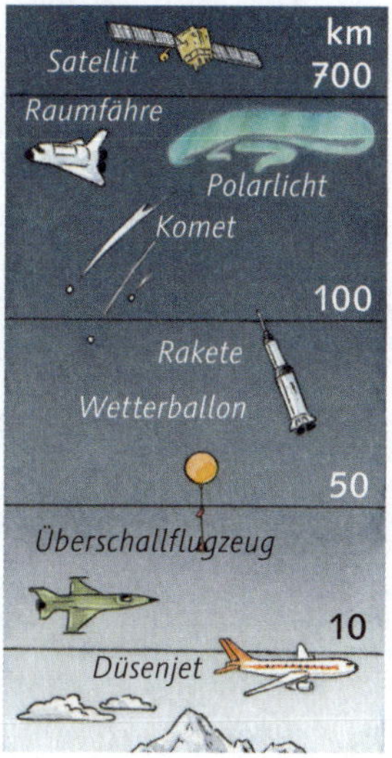

Die Erde ist von einer Lufthülle aus mehreren Schichten umgeben. Man nennt sie Atmosphäre. Sie schützt uns vor zu starken Sonnenstrahlen. In höheren Schichten enthält die Atmosphäre immer weniger Luftteilchen und geht in etwa 700 km Höhe in den luftleeren ►*Weltraum* über. Das ►*Wetter* spielt sich in der unteren Schicht der Atmosphäre ab. Flugzeuge fliegen über den ►*Wolken* in etwa 10 km Höhe. ►*Satelliten* umkreisen die Erde in 500 bis 800 km Höhe. ►*Luft* ►*Ozon*

Atom

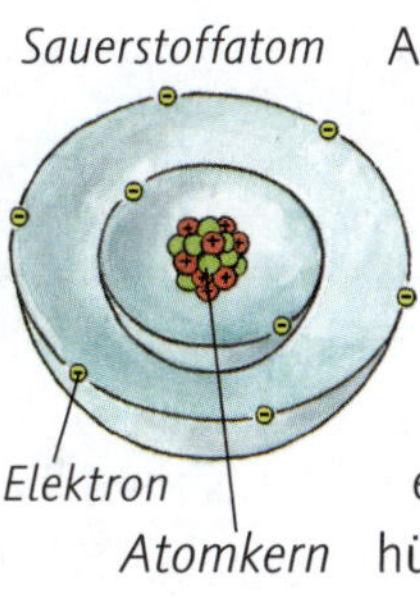

Alle Dinge dieser Welt bestehen aus Atomen. Der Begriff kommt aus dem Griechischen und bedeutet „unteilbar". Erst Ende des 19. Jahrhunderts entdeckte man, dass Atome aus noch kleineren Teilchen aufgebaut sind. Im Atomkern befinden sich Protonen, die elektrisch positiv geladen sind. In der Atomhülle dagegen kreisen Elektronen, die elektrisch negativ geladen sind. Da jedes Atom gleich viele Protonen und Elektronen besitzt, heben sich die Ladungen gegenseitig auf und das Atom ist elektrisch neutral. Im Kern gibt es auch noch eine bestimmte Anzahl von Neutronen. Diese haben keine elektrische Ladung. ►*Kernenergie*

Aufforstung

Einen ►*Wald*, der von Menschen planmäßig angelegt und gepflegt wird, nennt man Forst. Man gewinnt dort ►*Holz*. Wenn ein Waldstück kahl geschlagen wird, muss man es wieder aufforsten. Dazu pflanzte man früher vor allem ►*Fichten* und Kiefern, die schnell wachsen. Wo nur Bäume einer Sorte stehen, können sich Schädlinge rasch ausbreiten. Deshalb pflanzt man heute verschiedene Arten von ►*Laubbäumen* und ►*Nadelbäumen* und erhält so einen gesunden Mischwald.

Auftrieb

Der Auftrieb ist die Kraft, durch die ein Körper aus dem Wasser gedrückt wird. Ein Holzklotz schwimmt auf dem Wasser, weil der Auftrieb größer ist als das ►*Gewicht* des Klotzes. Ein gleich großer Klotz aus Eisen dagegen geht unter. Der Auftrieb reicht nicht, um ihn hochzudrücken. Der Eisenklotz ist schwerer als das Gewicht des Wassers, das er verdrängt. Ob ein Körper im Wasser schwimmt oder sinkt, hängt nicht nur von seinem Gewicht, sondern auch von seiner Form ab. Schiffe sind innen hohl und verdrängen mehr Wasser, als sie selbst wiegen. Deshalb gehen sie nicht unter. Auftrieb gibt es auch in der Luft. ►*Flug*

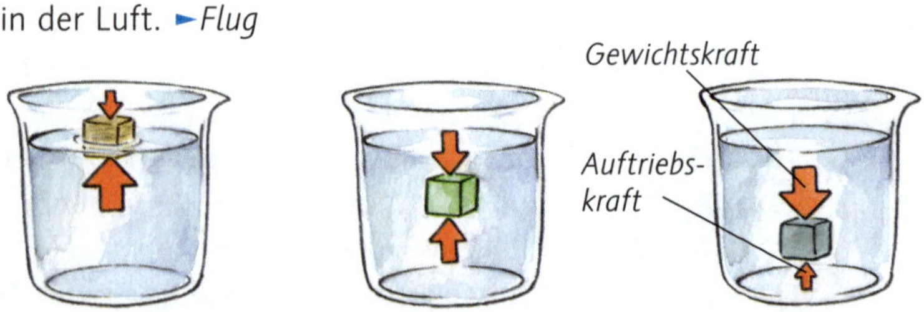

schwimmen *schweben* *sinken*

Auge

Das Auge ist das ►*Sinnesorgan* zum Sehen. Es besteht aus dem Augapfel, den wir mit Hilfe von Muskeln bewegen. Beim Sehen gelangen Lichtstrahlen von einem Gegenstand durch die Pupille in die ►*Linse*. Diese bildet den Gegenstand auf der Netzhaut ab. In der Netzhaut liegen Millionen Sinneszellen, die Hell und Dunkel sowie Farbe unterscheiden. Das Bild auf der Netzhaut steht auf dem Kopf. Es wird vom Sehnerv an das ►*Gehirn* weitergeleitet. Dort werden die Sinneseindrücke zu dem aufrecht stehenden Bild umgedreht, das wir „sehen". Wir sehen also genau genommen nicht mit den Augen, sondern mit dem Gehirn. ►*Fotografie*

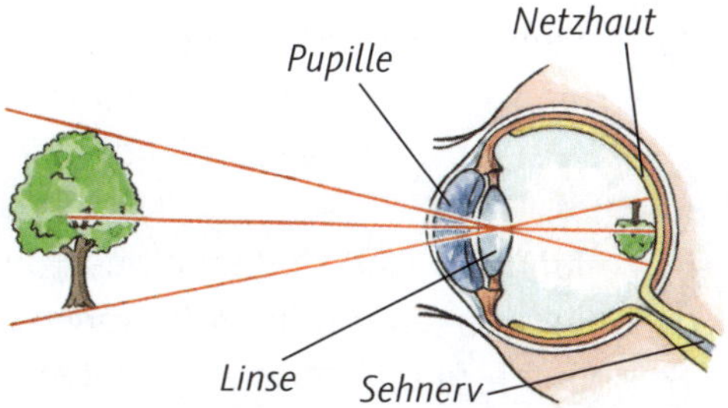

Australien

Australien ist der kleinste ►*Kontinent*. Es hat zwei Drittel der Größe ►*Europas*, aber nur ein Viertel so viele Einwohner wie ►*Deutschland*. Der ganze Erdteil besteht aus dem Staat Australien. Das Land ist flach und sehr trocken. Im Innern gibt es ►*Wüsten* und ►*Savannen*, im Osten ►*Regenwälder*. Nur wenige Flüsse durchziehen das Land. Die meisten Australier leben an der ►*Küste*. Die bekanntesten Tiere Australiens sind Känguru, Schnabeltier und Emu. KARTE siehe S. 318.

Ausweis

Mit einem Ausweis kann eine Person nachweisen, wer sie ist. Diese ►*Urkunde* wird von einer ►*Behörde* ausgestellt und gestempelt. Sie enthält ein Foto des Ausweisinhabers und seine Unterschrift. Auch der Reisepass ist ein Ausweis. Man muss ihn bei der Einreise in fremde Länder außerhalb der ►*EU* vorzeigen.

Azubi

Azubi ist die Abkürzung für Auszubildender. Azubis sind Jungen und Mädchen, die nach dem Schulabschluss in einem Beruf ausgebildet werden. Früher nannte man sie Lehrlinge.

Bahnhof

Bahnhöfe sind Haltestationen an Eisenbahnstrecken. Für den Reiseverkehr hat man Personenbahnhöfe mit Bahnsteigen. Auf Güter- und Containerbahnhöfen werden Waren und ►*Container* auf Eisenbahnwaggons verladen. Dort gibt es Laderampen und fahrbare ►*Kräne*. Auf Rangierbahnhöfen (▼ranschierbahnhöfen) werden die Züge zusammengestellt. Man unterscheidet Durchgangsbahnhöfe und Sack- oder Kopfbahnhöfe. Durchgangsbahnhöfe liegen an der Strecke. Die Züge fahren in der gleichen Richtung weiter, in der sie eingefahren sind. In Kopfbahnhöfen enden die Gleise. Der Zug fährt in entgegengesetzter Richtung wieder aus dem Bahnhof heraus.

Bakterie

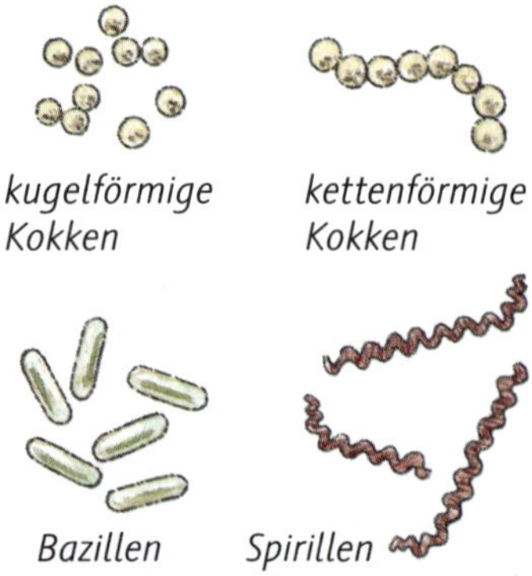

Bakterien sind Kleinstlebewesen, die aus einer ►*Zelle* bestehen. Man sieht sie nur unter einem ►*Mikroskop*. Sie haben die Form von Kugeln, Spiralen oder Stäbchen und kommen in der Luft, im Wasser, im Boden und in anderen Lebewesen vor. Die Bakterien spielen eine wichtige Rolle im Kreislauf der Natur. Sie zersetzen zum Beispiel abgefallenes Laub und tote Tiere. Sie sorgen für die Fruchtbarkeit des Bodens. Sie helfen bei der ►*Verdauung* und bei der Herstellung von Käse und Joghurt. Manche rufen auch Krankheiten hervor wie Erkältungen, Keuchhusten oder Scharlach. ►*Infektion* ►*Virus*

Ballaststoff

Unsere Nahrung enthält auch Ballaststoffe, die unser Körper nicht verdauen kann. Trotzdem sind sie wichtig, weil sie die Essensportionen vergrößern und wir länger daran kauen. Dadurch wird die Nahrung besser zerkleinert und ist leichter zu verdauen. Ballaststoffe sorgen außerdem für regelmäßigen und weichen Stuhlgang. Sehr ballaststoffreich sind ►*Obst*, ►*Gemüse* und Vollkornbrot. Wer abnehmen will, sollte viel davon essen. So wird er satt, ohne zu viele ►*Kalorien* zu sich zu nehmen. ►*Darm* ►*Verdauung*

Bank

Banken und Sparkassen handeln mit Geld. Sie verwalten das Geld ihrer Kunden, die bei ihnen ein ►*Konto* haben. Sie verleihen auch Geld. Wer von einer Bank Geld leiht, nimmt einen ►*Kredit* auf. Für das geliehene Geld muss man aber ►*Zinsen* bezahlen.

Barometer

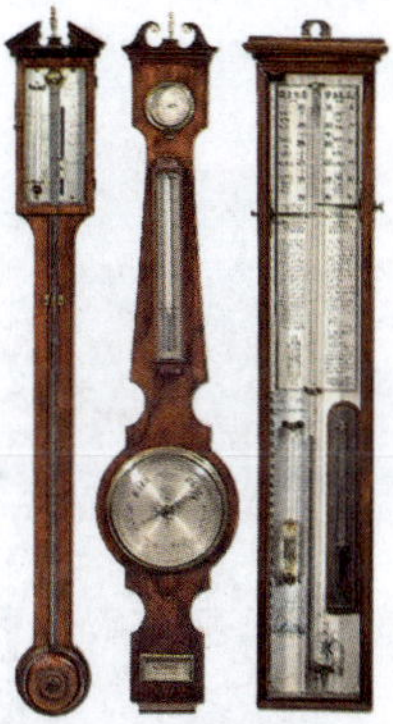

Barometerformen

Mit einem Barometer wird der ►*Luftdruck* gemessen. Dazu dient zum Beispiel ein U-förmiges Glasröhrchen, das mit ►*Quecksilber* gefüllt ist. Das lange Teil des Röhrchens ist oben verschlossen und über dem Quecksilber luftleer. Das kurze Teil ist offen. Wenn der Luftdruck steigt und auf das offene Ende drückt, steigt das Quecksilber im Röhrchen. Das ►*Wetter* wird schön. Nimmt der Luftdruck ab, sinkt das Quecksilber und das Wetter wird schlecht. Heute misst man den Luftdruck meist mit einem Dosenbarometer. Das ist ein luftleeres Gehäuse. Wenn die Luft die dünne Dosenwand zusammendrückt, wird ein Zeiger bewegt. Die Stärke des Luftdrucks liest man an einer ►*Skala* ab.

Batterie

Eine Batterie speichert elektrische ►*Energie*. Damit kann man Taschenlampen und andere Geräte betreiben. Verbindet man die Pole der Batterie durch einen Draht, dann hat man einen ►*Stromkreis*. Schaltet man ein Lämpchen dazwischen, dann leuchtet es, bis die Batterie leer ist. Der Strom in der Batterie entsteht durch Umwandlung von chemischen Stoffen, die zum Teil giftig sind. Leere Batterien müssen deshalb auf den Sondermüll. Batterien, die man wieder aufladen kann, heißen Akkumulatoren oder kurz Akkus. Die Autobatterie ist ein solcher Akku. Er lädt sich beim Fahren immer wieder auf.

Baumwolle

Baumwollfeld

Baumwollpflanzen wachsen auf großen ►*Plantagen* in warmen Ländern. In den walnussgroßen Früchten liegen ►*Samen* mit langen weißen Fäden. Wenn die reife Frucht aufplatzt, quillt der Samenbausch hervor. Die Samenwolle wird gepflückt, gesponnen und gewebt. Beim Anbau und Verarbeiten von Baumwolle setzt man viele chemische Stoffe ein. Deshalb sollte man neue Baumwollkleidung waschen, bevor man sie anzieht.

Bauplan

Baupläne geben an, wie ein Bauwerk ausgeführt werden soll. Sie werden von Architekten in genauem ►*Maßstab* gezeichnet. Das geschieht meist mit Hilfe von Computerprogrammen. Der Bauplan eines Hauses zeigt den ►*Grundriss* mit der Aufteilung und Größe der Zimmer. Der Aufriss zeigt das Haus von vorn und von den Seiten. Baupläne müssen vor dem Bau vom Bauamt genehmigt werden.

Baustoff

Baustoffe sind Materialien, die zum Bauen verwendet werden. Es gibt natürliche Baustoffe wie Kies, Sand, ►*Kalk*, ►*Holz*, Gips und Steine. Künstliche Baustoffe sind ►*Beton*, ►*Stahl*, Leichtmetall, ►*Glas* und ►*Kunststoffe*. Oft werden Bauteile vorgeformt. Aus Lehm brennt man Backsteine und Dachziegel. Aus Zement macht man Betonsteine und Röhren. Für Fertighäuser stellt man Wände aus Gips und Betonplatten her.

Beamter

Polizisten, Berufssoldaten, Richter und viele Lehrer zählen zu den Beamten. Sie werden vom Staat auf Lebenszeit angestellt. Für ihren Dienst erhalten sie ein Gehalt und im Alter eine Pension. Beamte leisten einen ►*Eid*, gehorsam gegenüber Vorgesetzten zu sein und ihr Amt gewissenhaft auszuüben.

Befruchtung

Bei der Befruchtung verschmilzt eine männliche ►*Samenzelle* mit einer weiblichen ►*Eizelle*. Die befruchtete Eizelle teilt sich danach immer wieder und entwickelt sich zum ►*Embryo*. Beim Menschen und bei den meisten

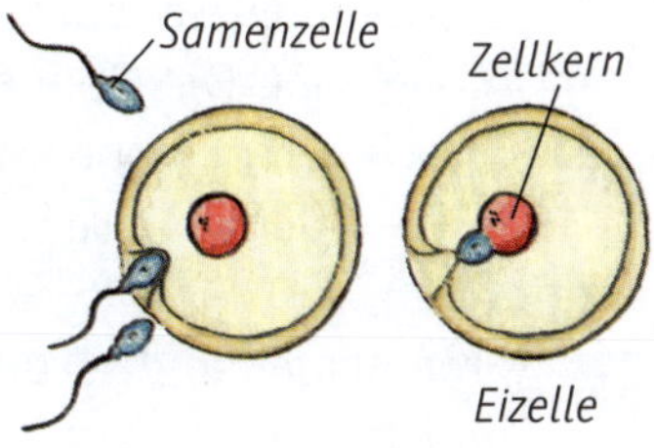

Tieren geschieht die Befruchtung mit Hilfe der ►*Geschlechtsorgane* im Körper. Einige Tiere wie ►*Frösche* und ►*Fische* haben eine Befruchtung der ►*Eier* außerhalb des Körpers. Bei Samenpflanzen erfolgt sie nach der ►*Bestäubung*.

Behinderung

Jemand kann eine körperliche oder geistige Behinderung haben. Diese ist entweder angeboren oder durch eine Krankheit oder einen Unfall entstanden. Wer bei einem Unfall

A B C D E F G H I J K L M N O P Q R S T U V W X Y Z

ein Bein verloren hat, ist körperbehindert. Körperbehinderte besuchen ganz normale Schulen. Geistig Behinderte können manches nicht so schnell begreifen wie andere. Kinder mit einer geistigen Behinderung besuchen häufig eine besondere Schule, in der sie zusätzlich gefördert werden. Ist die geistige Behinderung nicht so stark, gehen sie oft in eine normale Klasse. ►*Down-Syndrom*

Behörde

Eine Behörde ist eine Dienststelle des Staates oder der ►*Gemeinde*. Man sagt dazu auch Amt. Jede Behörde hat bestimmte Aufgaben. Beim Einwohnermeldeamt sind alle Einwohner eines Ortes im ►*Computer* erfasst. Das Schulamt überwacht den Unterricht und die Erziehung an ►*Schulen*. Das Jugendamt kümmert sich um Kinder und Jugendliche bis zum 18. Lebensjahr. ►*Beamter*

Bergbahn

Bergbahnen befördern Menschen und Lasten rasch aus dem Tal auf einen Berggipfel. Die Luftseilbahn hat Kabinen oder Gondeln. Diese laufen mit Rollen auf einem dicken Tragseil aus ►*Stahl*. Die Gondeln werden mit einem Zugseil von einer Maschine nach oben gezogen. Bei Sesselbahnen sind die Sitze fest mit dem Tragseil verbunden, das über zwei Spulen läuft.

Bergformen

Erhebungen in der Landschaft sind Hügel oder ►*Berge*. Sie haben die Form von spitzen Kegeln, runden Kuppen oder flachen Tafeln. Äußere Kräfte wie Wasser und Wind formen die Berge. Weiches ►*Gestein* wird abgetragen, härteres bleibt stehen. Man unterscheidet bei einem Berg den Fuß, den Hang

A B C D E F G H I J K L M N O P Q R S T U V W X Y Z

und den Scheitel oder Gipfel. Die Höhe wird immer senkrecht zur ►*Meereshöhe* gemessen. Ragt ein Berg in einer 1000 m hohen ►*Ebene* 2000 m auf, dann ist er tatsächlich 3000 m hoch. ►*Erosion* ►*Gebirge* ►*Vulkan*

Bergwerk

In einem Bergwerk werden ►*Bodenschätze* abgebaut. Liegen diese nur wenige Meter unter der Erdoberfläche wie zum Beispiel die Braunkohle, dann tragen riesige Schaufelradbagger die Erdoberfläche ab. Man nennt das Tagebau. Lagern Bodenschätze tiefer wie zum Beispiel Steinkohle, gräbt man einen senkrechten Förderschacht in die Erde. Von dem Schacht werden waagrechte Stollen zu den Kohlelagern, den Flözen, vorangetrieben. In dem Förderschacht wird die abgebaute ►*Kohle* von einem Aufzug nach oben gebracht. Da die Bergleute dabei unter der Erde arbeiten, spricht man von Untertagebau. Auch ►*Diamanten*, Gold und viele ►*Erze* werden oft unter Tage abgebaut.

Bestäubung

Bei der Bestäubung wird Blütenstaub von einer ►*Blüte* auf die andere übertragen. Das geschieht durch ►*Insekten*, Wind oder Wasser. Der Blütenstaub heißt auch Pollen und ist der männliche ►*Samen*. Gelangt er auf die Narbe einer fremden Blüte, dann wird die ►*Befruchtung* eingeleitet. Die Pollenkörner treiben nun einen langen Schlauch von der Narbe durch den

Griffel der Blüte nach unten und verschmelzen mit der ►*Eizelle* im Fruchtknoten. Die befruchtete Pflanze kann jetzt ►*Früchte* und ►*Samen* bilden.

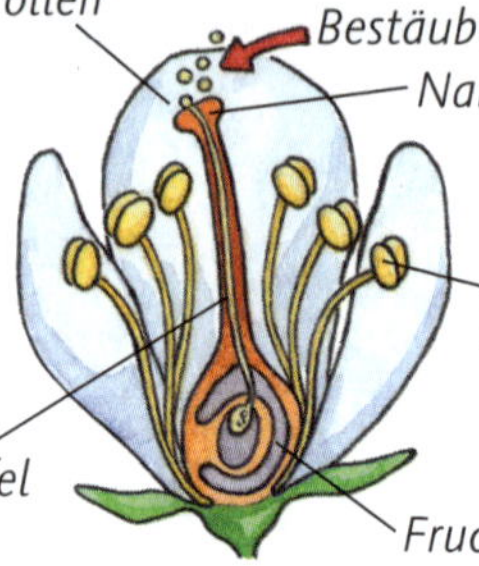

Beton

Beton ist unser wichtigster ►*Baustoff*. Er besteht aus Zement, Sand, Kies und Wasser. Diese Stoffe werden zusammen in der Betonmischmaschine zu einem dicken Brei verrührt. Dann wird der Betonbrei zwischen Holzbretter gegossen und ist nach kurzer Zeit steinhart. Beton hält sehr hohe Belastungen aus. Oft verstärkt man ihn noch durch Gitter und Stäbe aus ►*Stahl*. Mit Stahlbeton baut man Hochhäuser und ►*Brücken*.

Betrieb

Jedes Unternehmen, das etwas herstellt oder aber eine ►*Dienstleistung* erbringt, nennt man Betrieb. Das kann eine große Möbelfabrik, eine Tischlerei oder auch ein Büro sein.

Betriebsrat

Hat ein ►*Betrieb* mindestens 5 Angestellte, dann können die Mitarbeiter einen Betriebsrat wählen. Dieser vertritt die ►*Arbeitnehmer* und bespricht mit dem ►*Arbeitgeber* deren Wünsche und Forderungen und alle Maßnahmen im Betrieb.

Bevölkerung

Die Einwohner eines Landes, eines Gebietes oder einer ►*Stadt* nennt man Bevölkerung. Ihre Größe wird durch regelmäßige Volkszählungen festgestellt. Im Jahr 2009 hatte Deutschland über 80 Millionen Einwohner, die deutsche Hauptstadt Berlin 3,4 Millionen. Gegenwärtig leben fast 7 Milliarden Menschen auf der Erde. Im Jahr 2025 wird die Weltbevölkerung voraussichtlich fast 9 Milliarden Menschen betragen.

Bewässerung

Wenn es nicht genug regnet, müssen die Felder bewässert werden. Dazu wird das Wasser aus Bächen, Flüssen und Seen in Röhren oder in Gräben auf die Äcker geleitet. Oder man sammelt das ► *Grundwasser* in ► *Brunnen* und pumpt es auf die Felder. Durch künstliche Bewässerung ist sogar in Wüstengebieten der Anbau von Pflanzen möglich.

Bibel

Die Bibel ist für das ► *Christentum* und das ► *Judentum* eine Sammlung der wichtigsten religiösen Texte. Sie umfasst viele Schriften. Man nennt die Bibel auch Heilige Schrift. Sie besteht aus zwei Teilen. Im Alten Testament stehen Geschichten aus der Zeit vor Christi Geburt. Das Neue Testament erzählt das Leben Jesu. Für die Juden enthält nur das Alte Testament das Wort Gottes. ► *Judentum* ► *Religion*

Bibliothek

Aus einer öffentlichen Bibliothek kann jeder Bücher und meist auch Hörbücher, ► *Videos* und ► *DVDs* für eine bestimmte Zeit entleihen. Dafür benötigt man einen Bibliotheksausweis. Die Titel und Nummern der ausgeliehenen Bücher und der Name des Entleihers werden im ► *Computer* gespeichert. Gibt man ein Buch zu spät zurück, muss man eine Nachgebühr bezahlen. Seltene und wertvolle Bücher darf man nur im Lesesaal der Bibliothek benutzen.

Bienenvolk

Honigbienen sind ► *Haustiere* unter den ► *Insekten*. Bis zu 100000 ► *Bienen* leben in einem Bienenstock und bilden einen ► *Tierstaat*. Jedes Bienenvolk hat eine Königin. Sie legt als Einzige bis zu 3000 Eier am Tag. Die Arbeitsbienen stellen die größte

Bienenwabe

A B C D E F G H I J K L M N O P Q R S T U V W X Y Z

Gruppe. Sie bauen die Waben aus Wachs und halten den Stock sauber. Sie sammeln Blütenstaub und ►*Nektar* und machen daraus Honig. Sie füttern die Königin und die ►*Larven*. Nur die Arbeiterinnen haben einen Giftstachel. Außerdem gibt es ein paar hundert Männchen, die Drohnen. Diese sind nur dazu da, die Königin zu befruchten. Danach sterben sie.

Biobauer

Landwirte, die Lebensmittel im Einklang mit der Natur herstellen, sind Biobauern oder Ökobauern. Sie betreiben biologischen oder ökologischen Landbau. Dabei verzichten sie weitgehend auf chemischen ►*Dünger* und ►*Pflanzenschutzmittel*, denn diese belasten die Natur. Zudem könnten sie in die ►*Lebensmittel* gelangen und so den Menschen schädigen. Die Tiere werden im biologischen Landbau artgerecht gehalten und gefüttert. Die auf diese Weise hergestellten Lebensmittel werden ständig kontrolliert und mit einem Bio-Siegel gekennzeichnet. ►*Massentierhaltung*

Biologie

Die Biologie ist die ►*Wissenschaft* von den Lebewesen. Sie untersucht, wie Menschen, Tiere und Pflanzen aufgebaut sind, wie sie sich verhalten und wie sie sich entwickelt haben. Heute beschäftigt sich die Biologie auch damit, wie die Lebewesen in ihrer Umwelt überleben können.

Biotop

Ein Biotop ist ein begrenzter Lebensraum, in dem ganz bestimmte Tiere und Pflanzen vorkommen. Ein Bach, ein See, eine Wiese oder ein Wald sind Biotope. Die Lebewesen in einem Biotop bilden eine Lebensgemeinschaft. Sie hängen voneinander ab und dienen sich gegenseitig als Futter oder haben einen Nutzen voneinander. ►*Naturschutz*

Blut

Der Mensch hat je nach Gewicht 5 bis 6 Liter Blut im Körper. Es besteht aus den roten und den weißen Blutkörperchen sowie den Blutplättchen. Das flüssige Blutplasma transportiert die ►*Nährstoffe* im Körper. Die roten Blutkörperchen versorgen alle ►*Zellen* des Körpers mit ►*Sauerstoff*. Sie bringen das ►*Kohlendioxid* aus den ►*Zellen* zur ►*Lunge*, die es ausatmet. Die weißen Blutkörperchen machen Krankheitserreger unschädlich. Die Blutplättchen verschließen kleine Wunden mit einer Kruste. Das Blut wird im Knochenmark gebildet. ►*Blutkreislauf* ►*Knochenbau*

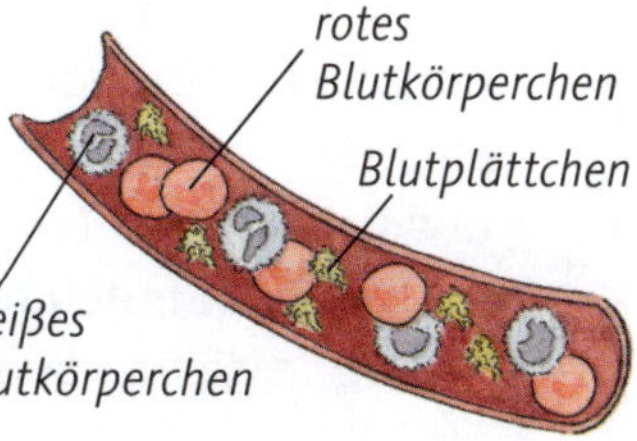

Blutkreislauf

Das ►*Blut* kreist ständig in unseren ►*Adern*. Die linke Hälfte des ►*Herzens* pumpt das Blut in die Arterien. Es enthält ►*Sauerstoff* und ist hellrot. Die Arterien enden in den feinen Haargefäßen. Durch deren dünne Wände gibt das Blut den Sauerstoff an den Körper ab. Die Haargefäße der Venen nehmen ►*Kohlendioxid* auf. Das Blut wird dadurch dunkelrot und fließt in den Venen in die rechte Herzhälfte zurück. Von dort wird es in die ►*Lunge* gepumpt. In der Lunge wird Kohlendioxid ausgeatmet und Sauerstoff eingeatmet. Das Blut fließt von der Lunge nun wieder in die linke Herzhälfte und der Kreislauf beginnt von vorn. Das Herz pumpt etwa 60- bis 80-mal in der Minute. Den Herzschlag fühlt man als ►*Puls* am Handgelenk oder an der Halsschlagader.

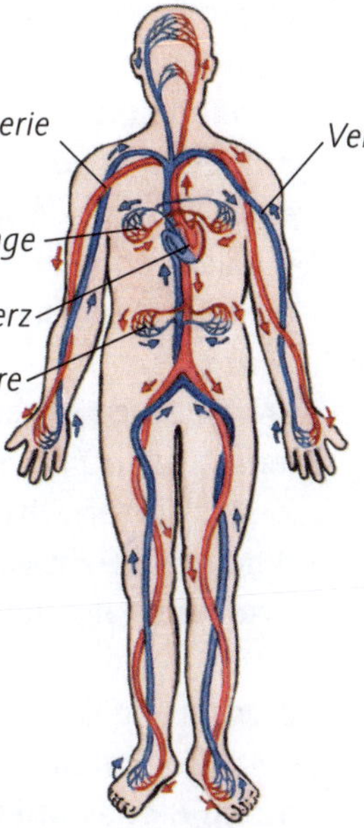

A B C D E F G H I J K L M N O P Q R S T U V W X Y Z

A
B
C
D
E
F
G
H
I
J
K
L
M
N
O
P
Q
R
S
T
U
V
W
X
Y
Z

Bodenschätze

Bodenschätze sind ►*Rohstoffe*, die in der Erde lagern. Dazu gehören ►*Kohle*, ►*Erze* und ►*Salz*. Sie werden in ►*Bergwerken* abgebaut. ►*Erdöl* und ►*Erdgas* holt man durch Bohrung aus der Tiefe der Erde und sogar aus dem Meeresgrund. Die Rohstoffe dienen der ►*Industrie* zur Herstellung verschiedener Produkte. Kohle, Erdöl und Erdgas liefern auch ►*Energie*.

Brandschutz

Es gibt zwei Arten von Brandschutz. Der vorbeugende Brandschutz soll dafür sorgen, dass gar kein ►*Feuer* entstehen kann. Der abwehrende Brandschutz hat die Aufgabe, bei einem Brand Leben zu retten, das Ausbreiten der ►*Flammen* zu stoppen und das Feuer schnell zu löschen. Jedes größere Gebäude muss Fluchtwege für den Fall eines Brandes haben. Brandschutzwände und Eisentüren sollen das Übergreifen eines Feuers auf andere Gebäudeteile verhindern. Rauchmelder geben Alarm, wenn ein Feuer ausbricht. Manche Menschen bauen auch in ihrer Wohnung Rauchmelder ein.

Breitengrad

Breitengrade sind gedachte Linien auf der Erdkugel. Sie verlaufen quer um den ►*Globus* und werden zu den Polen hin immer kürzer. Der längste Breitengrad ist der ►*Äquator* mit rund 40000 km Länge. Breiten- und ►*Längengrade* bestimmen zusammen die genaue Lage eines Ortes auf der Erde.

Brennstoff

Brennstoffe können fest, flüssig oder gasförmig sein. Sie geben beim Verbrennen ►*Energie* in Form von Wärme ab. Zu den festen Brennstoffen zählen ►*Kohle*, Koks, ►*Holz* und ►*Torf*. Flüssige Brennstoffe wie Dieselöl, Heizöl und Benzin gewinnt man aus ►*Erdöl*. ►*Erdgas* ist ein Gemisch aus verschiedenen brennbaren Gasen. Alle Brennstoffe, die ►*Kohlenstoff* enthalten, sind vor langer Zeit aus Pflanzen oder Tieren entstanden. Man bezeichnet sie auch als fossile Brennstoffe.

Brille

Brillen haben besonders geschliffene ►*Linsen*, die Sehfehler ausgleichen. Kurzsichtige sehen in der Nähe scharf, in der Ferne aber verschwommen. Sie brauchen eine Brille mit nach innen gewölbten Gläsern. Weitsichtige sehen ferne Gegenstände scharf, haben aber Mühe beim Lesen. Sie brauchen eine Brille mit nach außen gewölbten Gläsern. Viele Menschen tragen auch Kontaktlinsen aus Kunststoff, die direkt auf dem ►*Auge* sitzen.

Browser

Fast alle Begriffe rund um den ►*Computer* kommen aus dem Englischen. Browser (▼brauser) ist von „to browse" (▼tu braus) abgeleitet, was „durchblättern" bedeutet. Mit Hilfe eines Browsers kann man an seinem Computer das ►*Internet* wie ein Buch durchblättern und Texte, Bilder und Musik herunterladen. Bekannte Browser sind zum Beispiel Firefox (▼feierfox), Opera und Internet Explorer.

Brunnen

In Brunnen wird ►*Grundwasser* aus dem Boden geholt. Wenn es nicht sehr tief liegt, gräbt man einen Schacht und mauert ihn aus. Am Grund des Brunnens sammelt sich das Wasser und kann mit Eimern geschöpft und hochgezogen werden. Oft muss man sehr tief bohren, um auf Wasser zu stoßen. Dazu treibt man ein Stahlrohr mit Löchern bis zum Grundwasserspiegel. Das eingedrungene saubere Grundwasser wird dann mit einer elektrischen Pumpe nach oben befördert.
►*Trinkwasser*

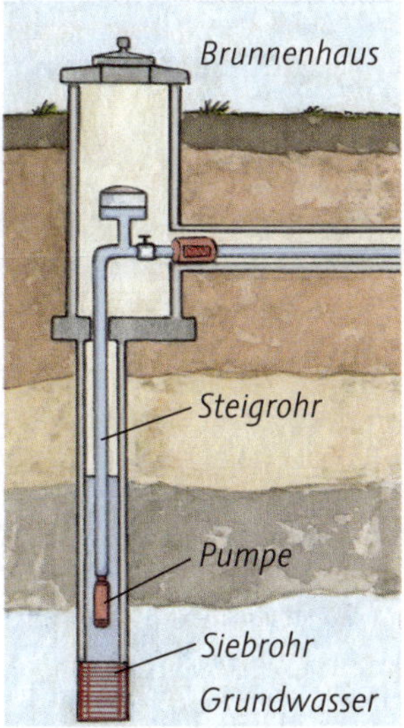

A B C D E F G H I J K L M N O P Q R S T U V W X Y Z

Buddhismus

Der Buddhismus ist eine der großen ►*Religionen* der Welt. Ihr Begründer war ein indischer Prinz, der dem Luxusleben entsagte und als Wanderprediger seine Lehre verkündete. Er nannte sich Buddha, was „Erwachter“ heißt. Buddhisten kennen keine Gottheiten. Sie glauben wie die Anhänger des ►*Hinduismus* daran, dass sie nach dem Tod immer wieder geboren werden. Um diesem Kreislauf zu entkommen, muss man sich von allen Wünschen trennen. Erst dann ist man frei und kann auch wahres Mitgefühl mit anderen Menschen entwickeln. Buddhisten denken deshalb sehr viel über das Leben nach.

Bundeskanzler

Der Bundeskanzler leitet die Bundesregierung und bestimmt die ►*Minister*. Für dieses Amt wird alle vier Jahre ein Mann oder eine Frau gewählt. Der Kanzler kann sich beliebig oft zur Wahl stellen.

Bundesland

Deutschland hat 16 Bundesländer. Das sind der Größe nach: Bayern, Niedersachsen, Baden-Württemberg, Nordrhein-Westfalen, Brandenburg, Mecklenburg-Vorpommern, Hessen, Sachsen-Anhalt, Rheinland-Pfalz, Sachsen, Thüringen, Schleswig-Holstein, Saarland, Berlin, Hamburg und Bremen. Jedes Bundesland hat seine eigene ►*Regierung* und macht eigene Gesetze, die nur in den jeweiligen Ländern gelten, zum Beispiel Schulgesetze. Gesetze, die für alle Länder gelten, erlässt die ►*Bundesregierung*.

Bundespräsident

Das Staatsoberhaupt der Bundesrepublik Deutschland ist der Bundespräsident. Alle fünf Jahre wird ein Mann oder eine Frau für dieses Amt gewählt. Der Bundespräsident kann nur einmal wiedergewählt werden. Seine Amtszeit dauert also höchstens zehn Jahre.

Bundesregierung

Die deutsche Bundesregierung ist die ►*Regierung* der ►*Bundesrepublik Deutschland*. Sie hat ihren Sitz in der deutschen Hauptstadt Berlin. ►*Parlament*

Bundesrepublik Deutschland

Die Bundesrepublik Deutschland (BRD) wurde 1949 gegründet. Die Hauptstadt war damals Bonn. Gleichzeitig bestand die Deutsche Demokratische Republik (DDR) mit der Hauptstadt Ostberlin. Am 3. Oktober 1990 löste sich die DDR auf und wurde Teil der Bundesrepublik Deutschland. Seitdem hat Deutschland 16 ►*Bundesländer* und die Hauptstadt ist Berlin.

Bundestag

Der Bundestag ist das ►*Parlament* der ►*Bundesrepublik Deutschland*. Er hat seinen Sitz in Berlin, der Hauptstadt Deutschlands. Die Mitglieder des Bundestages heißen Bundestagsabgeordnete. Die ►*Abgeordneten* werden alle vier Jahre von den wahlberechtigten Bürgerinnen und ►*Bürgern* in einer geheimen ►*Wahl* gewählt.

Bundeswehr

Die Bundeswehr soll Deutschland in einem Krieg verteidigen. Sie besteht aus dem Heer, der Luftwaffe und der Marine. Alle männlichen Bürger müssen 9 Monate Grundwehrdienst in der Bundeswehr leisten. Wer nicht Soldat werden will, kann Zivildienst leisten. Er muss dann zum Beispiel in einem Krankenhaus oder Altenheim arbeiten. Männer und Frauen können aber auch freiwillig Berufssoldat werden.

Bürger

Im ►*Mittelalter* hießen die Bewohner einer ummauerten Stadt Bürger. Sie lebten im Schutz einer ►*Burg* und hatten besondere Rechte. Heute ist jeder ein Bürger des Landes, dessen ►*Staatsbürgerschaft* er besitzt. Zu den Bürgerrechten gehört das Wahlrecht. Wer über 18 Jahre alt ist, darf zur ►*Wahl* gehen.

Bürgermeister

Die Bürgermeister werden von den Bürgerinnen und ►*Bürgern* gewählt. Sie leiten die Verwaltung einer ►*Gemeinde* und sind Vorsitzende des Gemeinderats oder des ►*Stadtrats*. Großstädte haben einen Oberbürgermeister und oft weitere Bürgermeister für bestimmte Aufgaben.

Burgformen

Höhenburg

Wasserburg

Im ►*Mittelalter* dienten Burgen der Verteidigung. Sie wurden an Orten errichtet, an denen man vor Feinden geschützt war. Höhenburgen lagen auf steilen Bergen. Niederungsburgen standen auf dem flachen Land. Wasserburgen baute man in einen See oder Fluss. Die Burgen waren von Mauern umgeben. Lag davor ein Wassergraben, dann konnte man nur über eine Zugbrücke in die Burg gelangen. Jede Burg besaß einen Turm, den Bergfried. Daran schloss sich meist das Wohnhaus des Burgherrn an. Im Burghof gab es einen ►*Brunnen*, damit die Bewohner bei einer Belagerung genug Wasser hatten.

CD

CD ist die Abkürzung für Compact Disc. Eine CD dient der digitalen Speicherung von Musik, Sprache, Bildern und Filmen. Auf der Unterseite der CD sind Milliarden winziger Vertiefungen, die Pits. Sie bilden eine Spirale, deren Windungen zusammen 5 km Länge haben. Ein ►*Laserstrahl* liest die Pits und wandelt sie in Töne und Bilder um. ►*CD-ROM* ►*DVD*

CD-ROM

Die CD-ROM ist eine Weiterentwicklung der ►*CD* für den Einsatz am ►*Computer*. Mit einer CD-ROM können ►*Daten* aller Art auf den Computer übertragen werden. Umgekehrt ist es möglich, ►*Dateien* vom Computer auf einer CD-ROM zu speichern. Auch Computerspiele gibt es auf CD-ROMs.

Chatroom

Chatroom (▼tschettruum) kommt aus dem Englischen und bezeichnet „einen Ort, an dem man plaudert". Darunter versteht man die Möglichkeit, im ►*Internet* mit anderen Menschen in Verbindung zu treten und sich zu unterhalten. Man schickt sich dabei gegenseitig kurze Botschaften. Die Menschen in den Chatrooms kennen sich meist nicht persönlich. Es ist deshalb nicht klug, den Fremden zu viel von sich zu erzählen. Man sollte sich mit Menschen aus einem Chatroom nur treffen, wenn man weiß, mit wem man es zu tun hat.

Chemie

Die Chemie befasst sich mit der Zusammensetzung und Zerlegung von Stoffen. Die meisten Stoffe bestehen aus verschiedenen Grundstoffen oder Elementen. Man kennt über hundert chemische Elemente. Die Chemiker bezeichnen diese Grundstoffe mit Buchstaben, zum Beispiel O für ►*Sauerstoff*, S für ►*Schwefel* oder E für ►*Eisen*. Ein wichtiger Grundstoff ist der ►*Kohlenstoff* (C). Er kommt in allen Stoffen vor, die von Lebewesen stammen.

Chip

„Chip" (▼tschipp) ist englisch und bedeutet „Splitter, Stückchen". In der ►*Elektronik* sind Chips winzige Bauteile, die Vorgänge steuern und kontrollieren. Man kann darauf sehr viele ►*Daten* speichern. Chips finden sich in allen elektronischen Geräten wie ►*Computern*, Registrierkassen, Haushaltsmaschinen, Autos und ►*Robotern*. Auch ►*Kreditkarten* funktionieren mit einem Chip.

Chlorophyll

Das griechische Wort bedeutet Blattgrün. Damit wird der grüne Farbstoff der Pflanzen bezeichnet. Pflanzen stellen damit bei der ►*Fotosynthese* ihre Nährstoffe selbst her.

Chor

In einem Chor singen Menschen gemeinsam. Das tun sie in ihrer Freizeit oder als Beruf. Oft geben sie öffentliche ►*Konzerte*. Es gibt gemischte Chöre, in denen Frauen und Männer gemeinsam singen, aber auch Frauen-, Männer- und Kinderchöre. Meist werden die Sänger von Musikern mit Instrumenten begleitet. Kleinere Chöre mit besonders geschulten Stimmen singen auch „a capella", das heißt, ohne Begleitung von ►*Musikinstrumenten.*

Christentum

Das Christentum ist eine der fünf großen ►*Religionen* der Welt. Ein Viertel der Menschheit sind Christen und gehören der katholischen, evangelischen oder orthodoxen Kirche an. Nach christlichem Glauben ist Jesus Christus der Sohn Gottes. Er kam auf die Welt, um die Menschen von Sünden zu erlösen. Dafür ist er am Kreuz gestorben. Das wichtigste Gebot für Christen ist die Liebe zu Gott und den Menschen.

Chronik

In einer Chronik werden geschichtliche Ereignisse in ihrer zeitlichen Reihenfolge festgehalten. Eine Schulchronik berichtet über Ereignisse an der Schule von ihrer Gründung bis zum heutigen Tag. Eine Stadtchronik enthält die Stadtgeschichte.

Collage

Für eine Collage (▼kollaasche) ordnet man mehrere Fotos und Zeitungsausschnitte auf einem Papier an und klebt sie auf. Oft werden dafür nur besonders interessante Teile der Fotos verwendet. Man erhält so ein neues Bild. Eine Collage kann man auch aus verschiedenen Gegenständen, zum Beispiel aus Blättern oder Muscheln, anfertigen.

Container

Container (▼kontäjner) sind riesige Stahlbehälter für Güter. Sie haben genau festgelegte Größen und können von LKWs, Eisenbahnen, Schiffen und Flugzeugen befördert werden, ohne dass man die Waren umladen muss. Das erspart Zeit und verbilligt den ►*Transport*. Auf Wertstoffhöfen stehen Container zum Sammeln wiederverwertbarer Abfälle. ►*Bahnhof*

Cyberspace

Cyberspace (▼ßajberspäjß) ist eine vom ►*Computer* erzeugte künstliche Welt. Als Cybernaut hat man das Gefühl, sich in dieser virtuellen Welt zu befinden. Dazu muss man aber durch Geräte mit dem Computer verbunden sein. Ein Datenhelm mit eingebauten Bildschirmen vermittelt dann ein sehr realistisches Bild. Der Computer erkennt zum Beispiel die Richtung, in die wir schauen. Durch Datenhandschuhe werden auch die Bewegungen der Hände übertragen. So kann man scheinbar Dinge berühren und handeln. Es gibt Datenanzüge, die alle Bewegungen des Körpers an den Computer übermitteln. Auch gesprochene Befehle sind dabei möglich. Cyberspace wird bei Computerspielen, aber auch für berufliche Zwecke eingesetzt: Flugzeug- und Weltraumpiloten, Architekten und Ärzte nutzen Cyberspace bei Ausbildung und Forschung.

Datenhelm

Damm

Ein Damm soll vor Überschwemmungen schützen. Vor allem an Meeresküsten werden Dämme errichtet, damit das Land nicht überflutet wird. Man nennt sie ►*Deiche*. Ein ►*Staudamm* sperrt das Wasser eines Flusses ab und dadurch entsteht ein Stausee. Man bezeichnet solche Dämme auch als Talsperren.

Dampf

Wenn Wasser siedet, verdampft es. Es ändert dabei seine ►*Zustandsform* und geht vom flüssigen in den gasförmigen Zustand über. Das ►*Gas* ist unsichtbar und entweicht. Der Dampf vermischt sich aber sofort mit der kühleren Luft und es entstehen winzige Wassertröpfchen. Was man sieht, ist Dunst oder ►*Nebel*. ►*Kondensation* ►*Verdunstung*

Darlehen

In dem Wort Darlehen steckt „leihen". Man bezeichnet damit geliehenes Geld. Statt Darlehen sagt man auch ►*Kredit*.

Darm

Der Darm ist neben dem ►*Magen* das wichtigste ►*Organ* für die ►*Verdauung*. Beim Menschen ist er bis zu 8 m lang und verbindet den Magen mit dem After. Man unterscheidet den 6 m langen Dünndarm und den 2 m langen Dickdarm. Im Dünndarm wird der Speisebrei aus dem Magen weiter verdaut. Die ►*Nährstoffe* gelangen durch die Darmwand ins Blut. Im Dickdarm wird dem wertlosen Rest der Nahrung das Wasser entzogen. Unverdautes wird als Kot durch den After ausgeschieden. Der kurze Blinddarm spielt keine Rolle bei der Verdauung. Wenn er sich entzündet, muss er oft durch eine ►*Operation* entfernt werden.

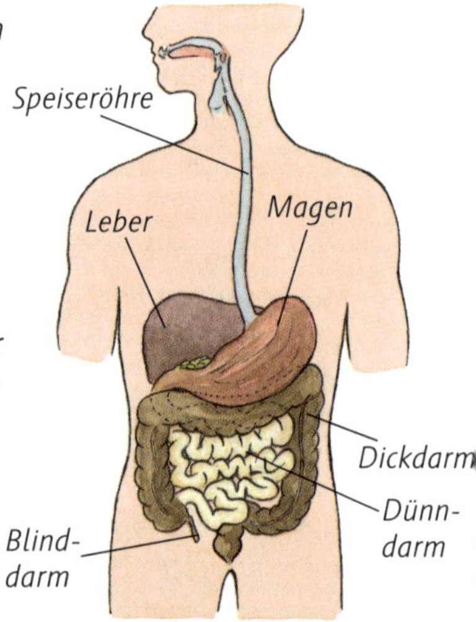

Datei

Informationen werden als Dateien auf dem ►*Computer* gespeichert. Das können Texte, Bilder, Musik und Filme sein. Als Computernutzer gibt man jeder Datei einen Namen. So kann man jederzeit wiederfinden, was man gerade sucht.

Hat man sehr viele Dateien, legt man Ordner mit Namen an. In die Ordner kommen Dateien mit ähnlichen Inhalten.

Daten

Unter Daten versteht man Informationen, die ein ►*Computer* verarbeitet und speichert. Auch wenn man zum Beispiel einen Brief auf dem Computer schreibt, spricht man von Daten. Man kann die Daten als ►*Datei* abspeichern. ►*Datenspeicher*

Datenspeicher

Datenspeicher dienen dem Aufbewahren von ►*Informationen*, Texten, Bildern oder Musik. Zu den ersten Datenspeichern gehörten Filme, Fotos und Schallplatten. Moderne Formen sind ►*CD*, ►*CD-ROM* und ►*DVD*, aber auch ►*Festplatten* und USB-Speicher-Sticks. Ein solcher Stick kann an jedem ►*USB-Steckplatz* eines ►*Computers* angeschlossen werden.

Deich

Deiche sind Aufschüttungen aus Sand, Steinen und Erde an der Meeresküste. Sie schützen das Land vor Überflutung. Ein Deich steigt vom Meer her langsam an. Die höchste Stelle ist die Deichkrone. Sie liegt mehrere Meter über dem höchsten Wasserstand bei Flut. Wenn die Wellen den Deich hinauflaufen, verlieren sie an Gewalt und richten keinen Schaden an. Bei heftigem ►*Sturm* können sie aber mit solcher Wucht aufprallen, dass der Deich bricht. ►*Damm* ►*Ebbe und Flut*

Deich an der Nordsee

Demokratie

Das griechische Wort bedeutet Herrschaft des Volkes. In einem demokratischen ►*Staat* geht alle Macht vom Volk aus. Dazu wählen die ►*Bürger* des Staates die Männer und Frauen,

A B C D E F G H I J K L M N O P Q R S T U V W X Y Z

von denen sie regiert werden wollen. In einer Demokratie haben alle Menschen die gleichen Rechte. Sie können offen ihre Meinung sagen, ihre ►*Religion* frei ausüben oder eine ►*Demonstration* veranstalten. Das Gegenteil einer Demokratie ist eine ►*Diktatur*.

Demonstration

Wenn viele Menschen etwas durchsetzen wollen, machen sie manchmal eine Demonstration. Sie tragen dann Plakate und Spruchbänder mit ihren Forderungen durch die Straßen. Über Lautsprecher und in Sprechchören verkünden sie ihr Anliegen. Demonstrationen sind öffentliche Kundgebungen, zum Beispiel aus Protest gegen einen Krieg oder für höhere Löhne.

Deutschland

Deutschland ist das sechstgrößte Land in ►*Europa*. Mit rund 80 Millionen Einwohnern hat es nach Russland die größte ►*Bevölkerung*. Es ist eines der am dichtesten besiedelten europäischen Länder. ►*Bundesrepublik Deutschland*

Diabetes

Diabetes ist eine Erkrankung des ►*Stoffwechsels*. Für die ►*Verdauung* von ►*Kohlenhydraten* benötigen wir den Stoff Insulin. Bei Diabetes stellt der Körper gar kein oder nicht genug Insulin her. Ein Diabetiker muss sich deshalb Insulin spritzen oder Tabletten einnehmen. Außerdem muss er eine strenge ►*Diät* einhalten und darf vor allem wenig oder gar keinen ►*Zucker* essen. Man spricht daher auch von Zuckerkrankheit.

Diagramm

Das deutsche Wort für Diagramm ist Schaubild. Mit einem Diagramm werden Zahlenmengen miteinander verglichen oder Entwicklungen aufgezeigt. Für die Darstellung eines Diagramms nimmt man meist Kreise oder Säulen.

Verteilung der Wirbeltiere

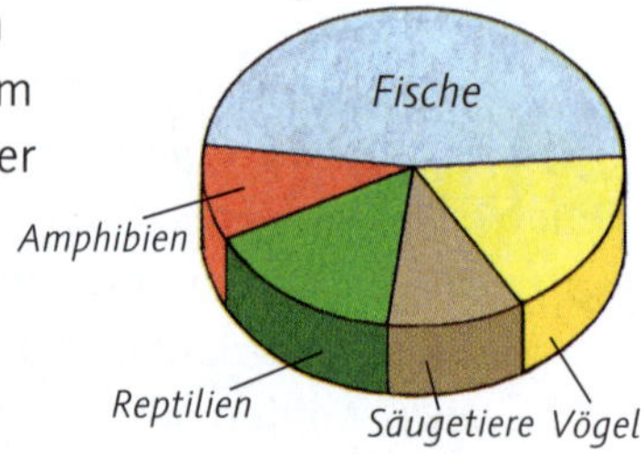

Dialekt

Unter den Menschen, deren Muttersprache Deutsch ist, gibt es verschiedene Dialekte. Diese Mundarten sind abhängig von der Gegend. So spricht man etwa in Leipzig Sächsisch und in Würzburg Fränkisch. Manche Dialekte unterscheiden sich so sehr, dass Menschen aus verschiedenen Gegenden von Deutschland einander kaum verstehen. Es gibt neben der unterschiedlichen Sprechmelodie viele Wörter, die anders sind. So sind Brötchen in Bayern „Semmeln", in Baden „Weckli", in Berlin „Schrippen".

Diamant

Der Diamant besteht aus reinem ► *Kohlenstoff* und ist der härteste Stoff überhaupt. Mit einem Diamant lassen sich alle anderen Stoffe ritzen. Glasklare Diamanten gelten als die wertvollsten ► *Edelsteine* und werden zu Schmuck verarbeitet. Wenn sie geschliffen sind und funkeln, nennt man sie Brillanten (▼ brilljanten). Man holt Diamanten in ► *Bergwerken* vor allem in Südafrika aus der Erde. Künstlich hergestellte Diamanten dienen zum Bohren, Schleifen und Feilen.

Diät

Das lateinische Wort Diät bedeutet eigentlich eine vom Arzt verordnete Kost. Man sagt dazu auch Schonkost. Bei manchen Erkrankungen darf man bestimmte Dinge nicht essen und muss eine Diät einhalten. Heute machen viele Menschen, die zu dick sind, eine Diät. Sie essen dann weniger oder nur eine Auswahl an Nahrungsmitteln, um abzunehmen. ► *Magersucht* ► *Übergewicht*

Dienstleistung

Bei einer Dienstleistung werden keine Waren hergestellt. Ein Dienstleister erledigt Arbeiten zum Nutzen anderer Menschen. Zu den Dienstleistungsberufen zählen zum Beispiel Arzt, Bankberater, Lehrer, Busfahrer, Pfarrer, Polizist, Verkäufer, Friseur, Fitnesstrainer und viele andere.

A B C D E F G H I J K L M N O P Q R S T U V W X Y Z

Diktatur

Die Diktatur ist eine Regierungsform, in der ein einzelner Mensch oder eine kleine Gruppe alle Macht im ►*Staat* hat. Die ►*Bürger* haben dagegen kaum Rechte. Sie können ihre Meinung nicht frei äußern, ohne in Gefahr zu geraten, verhaftet zu werden. ►*Demonstrationen* sind verboten und die ►*Medien* werden streng kontrolliert. In einer Diktatur leben viele Menschen in ständiger Angst vor den Machthabern. Das Gegenteil einer Diktatur ist die ►*Demokratie*.

Diplomat

Diplomaten werden als Vertreter ihrer ►*Regierung* in ein fremdes Land gesandt, um dort alle Angelegenheiten zwischen beiden ►*Staaten* zu regeln. Sie genießen in dem Land diplomatischen Schutz und werden dort weder von der ►*Polizei* verfolgt noch vor ein ►*Gericht* gestellt. Sollten sie aber gegen ►*Gesetze* verstoßen, werden sie des Landes verwiesen.

Discounter

Ein ►*Supermarkt*, der besonders billig ist, ist ein Discounter. In solchen Geschäften werden viele Waren direkt aus dem Karton verkauft. Die Auswahl ist kleiner als in anderen Supermärkten. Wollen Kunden etwa Mehl, bekommen sie beim Discounter oft nur eine Sorte. Dieser kauft große Mengen Mehl ein und erhält vom Hersteller günstigere Preise. Da der Discounter weniger Sorten anbietet, braucht er weniger Platz und spart ►*Miete*. So kann er die Waren günstiger verkaufen als andere Supermärkte.

Diskussion

Wenn Menschen verschiedener Meinung sind, diskutieren sie darüber, wer von ihnen recht hat. Manchmal gibt es am Ende einen ►*Kompromiss*. Gut geführte Diskussionen regen die Menschen zum Nachdenken an und bringen sie oft auch dazu, ihre ursprüngliche Meinung zu ändern. Wichtig ist, dass man die Diskussionsregeln einhält und jeden ausreden lässt.

Display

Unter einem Display (▼displäj) versteht man einen kleinen Bildschirm oder die Anzeige an einem Elektrogerät, zum Beispiel einer Waschmaschine. Auch am Armaturenbrett von Autos gibt es Displays. Die Anzeige erfolgt elektronisch in Ziffern oder Zeichen. Der Bildschirm eines ►*Computers* ist ebenfalls ein Display, man bezeichnet ihn aber als Monitor.

Dock

Ein Dock ist ein Becken aus ►*Beton*, das man mit einem Tor verschließen kann. Darin werden Schiffe repariert oder auch gebaut. Zur Reparatur fährt ein Schiff in das mit Wasser gefüllte Dock ein. Dann wird das Tor geschlossen und das Wasser aus dem Dock gepumpt. Das Schiff steht nun auf dem Trockenen und man kann daran arbeiten. ►*Werft*

Schwimmdock

Dokument

Ein Dokument ist ein Schriftstück, mit dem man etwas beweisen kann. Zu den persönlichen Dokumenten eines Menschen zählen seine Geburtsurkunde, seine Heiratsurkunde, sein Reisepass oder sein ►*Ausweis*. Mit Zeugnissen kann man seine Schul- und Berufsausbildung nachweisen. Ein Computerdokument ist eine ►*Datei*. ►*Urkunde*

Dolmetscher

Ein Dolmetscher wird bei der Verständigung zwischen Menschen gebraucht, die verschiedene Sprachen sprechen. Er übersetzt gesprochene Worte aus einer Sprache in eine andere. Bei Verhandlungen oder Vorträgen spricht er die Reden in der anderen Sprache nach, sobald er die Worte gehört hat. Das

A B C D E F G H I J K L M N O P Q R S T U V W X Y Z

nennt man Simultan-Übersetzung. Übersetzer dagegen bringen Texte aus fremden Sprachen zu Papier. So musste ein Übersetzer die Bücher von „Harry Potter" aus der englischen Sprache ins Deutsche übertragen, damit sie in Deutschland gelesen werden können.

Domain

Domain (▼domäjn) ist ein englisches Wort und bedeutet Reich, Gebiet. Es ist die Bezeichnung für einen Bereich im ►*Internet*. Eine Domain braucht man für eine ►*Website* oder eine E-Mail-Adresse. Man kann sich eine eigene Domain einrichten oder einen ►*Provider* (▼prowaider) benutzen. ►*E-Mail*

Donau

Die Donau ist der zweitlängste Strom ►*Europas*. Sie entsteht aus dem Zusammenfluss der beiden Quellflüsse Brigach und Breg im Schwarzwald. Nach 2850 km mündet die Donau ins Schwarze Meer. Durch Deutschland fließt sie 647 km. Von Ulm an ist die Donau für kleine Lastkähne schiffbar. Ab Kehlheim können auch große Last- und Passagierschiffe auf ihr fahren. Durch den Rhein-Main-Donau-Kanal gelangen Schiffe von der ►*Nordsee* bis ins Schwarze Meer.

Doping

Wer beim Sport unerlaubte Mittel einnimmt, um seine Leistung zu steigern, dopt. Doping verstößt gegen faire Regeln im Wettkampf, weil es dem Gedopten Vorteile bringt. Durch eine Untersuchung des Blutes oder des Urins stellt man fest, ob ein Sportler gedopt hat. Wird er des Dopings überführt, dann wird er vom Wettkampf ausgeschlossen und bestraft. Es gibt viele Dopingmittel. Alle sind schädlich für die Gesundheit und führen manchmal sogar zum Tod. ►*Droge*

Dorf

Dörfer sind kleine Siedlungen, die früher von Bauern angelegt wurden. Man erkennt teilweise noch die alten Dorfformen: Bei Haufendörfern bauten die Siedler ihre Höfe dort, wo ihre

Felder lagen. An wichtigen Verkehrswegen entstanden Straßendörfer. In Runddörfern stehen die Häuser um den Marktplatz mit der Kirche als Mittelpunkt. Heute sind die meisten Dörfer durch Wohnsiedlungen mit Einfamilien- und Reihenhäusern verändert. Viele Dörfer haben auch ►*Gewerbegebiete* ausgewiesen. Dort sind kleine Industriebetriebe und ►*Fabriken* entstanden.

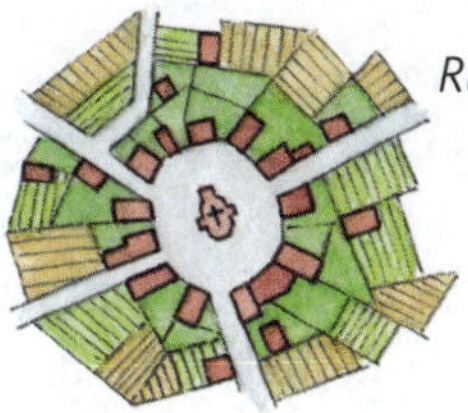

Runddorf

Haufendorf

Download

Das Übertragen von ►*Dateien* aller Art auf einen ►*Computer* wird Download (▼daunloud) genannt. Man kann von einem anderen Computer oder aus dem ►*Internet* downloaden. Der umgekehrte Vorgang heißt Upload (▼applоud).

Down-Syndrom

Das Down-Syndrom (▼daunsündrom) ist eine angeborene Krankheit. Menschen mit Down-Syndrom haben meist schräg stehende Augen, einen hohen Gaumen, eine große Zunge und Fehlstellungen der Zähne. Deshalb fällt ihnen das Sprechen schwer. Dazu kommt eine mehr oder weniger starke geistige ►*Behinderung*. Vom Wesen her sind solche Menschen oft fröhlich. Kinder mit Down-Syndrom besuchen meist Schulen für geistig Behinderte, wo sie sehr gefördert werden können.

Droge

Drogen sind vor allem Rauschgifte wie Haschisch, Heroin oder Kokain. Es gibt auch künstlich hergestellte Drogen, zum Beispiel Speed (▼spied) oder Ecstasy (▼äkßtäsi). Alle wirken auf das Gehirn und erzeugen am Anfang schöne Gefühle, danach aber oft Wahnvorstellungen und Ängste. Das Gefährliche an vielen Drogen ist, dass sie süchtig machen. Wer solche Drogen nimmt, benötigt bald immer mehr und kommt selten wieder davon los. Drogensucht lässt sich nur durch eine Entziehungskur heilen. Doch viele Menschen sterben vorher an Drogenmissbrauch. Auch ►*Alkohol* und ►*Nikotin* sind Drogen. ►*Doping* ►*Sucht*

Druck

Der Druck ist eine ►*Kraft*, die auf eine Fläche einwirkt. Wir spüren zum Beispiel den Druck, wenn wir einen Fahrradreifen aufpumpen. Je mehr ►*Luft* im Reifen ist, desto kräftiger müssen wir pumpen. Die zusammengepresste Luft hat Kraft, die gegen die Pumpe drückt. Presst man ►*Gase* in einem Behälter zusammen, dann steht dieser unter Druck. Wird der Druck zu hoch, dann platzen Reifen oder explodieren Kessel. ►*Luftdruck*

Druckerei

In einer Druckerei werden Bücher, ►*Zeitungen* und ►*Zeitschriften* auf großen Maschinen gedruckt. Die zu druckenden Bilder und Texte kopiert man zuvor auf eine Druckplatte. Die Platte wird in der Druckmaschine mit Druckerfarbe eingefärbt. Dann wird das Papier auf die Druckplatte gepresst und nimmt die ►*Farbe* an. Beim Farbdruck braucht man je eine Druckplatte für Gelb, Rot und Blau. Durch den Übereinanderdruck entstehen alle Farben, auch Schwarz. Meist druckt man aber Schwarz als eigene Farbe dazu. So besteht die Schrift nur aus schwarzer Farbe.

Düne

Dünen sind Hügel aus Sand. An flachen ►*Küsten* und in der ►*Wüste* weht der Wind den Sand zu hohen Dünen auf. Diese Sandhügel ändern ständig ihre Form und ihre Lage. Manche wandern jedes Jahr ein Stück weit. An der Küste bepflanzt man solche Wanderdünen mit Gräsern, damit sie nicht fruchtbares Land verwüsten.

Dünger

Dünger sind Nährstoffe für Pflanzen. Da Pflanzen dem Boden ständig Nährstoffe entziehen, führt man ihm diese in Form von Düngemitteln wieder zu. Natürlicher Dünger ist zum Beispiel Stallmist, Gülle oder ►*Kompost*. Künstlicher Dünger wird chemisch hergestellt. Er enthält alles, was Pflanzen für das Wachstum brauchen. Im Kunstdünger sind aber auch Stoffe, die den Menschen und der Natur schaden. Die Pflanzen speichern diese Stoffe, die dann mit der Nahrung in unseren Körper gelangen. ►*Biobauern* verzichten ganz auf künstliche Düngung.

Düsentriebwerk

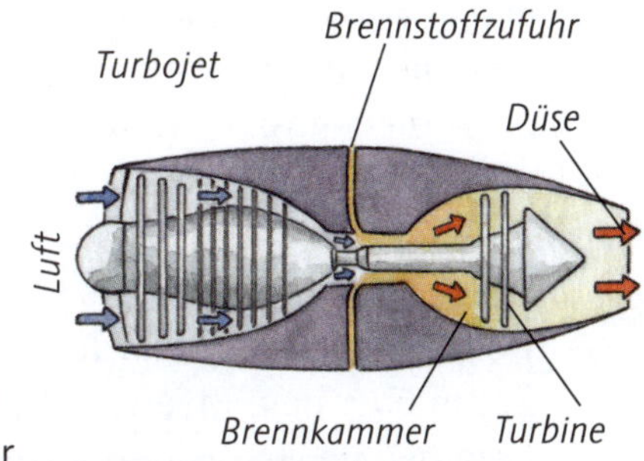

Düsentriebwerke heißen auch Strahltriebwerke. Sie treiben ►*Flugzeuge* an. Dazu wird Luft angesaugt und in der Brennkammer zusammen mit dem Treibstoff verbrannt. Die heißen ►*Abgase* strömen mit hoher Geschwindigkeit nach hinten durch ein enges Rohr aus. Je enger diese Düse ist, desto größer wird die Geschwindigkeit der austretenden Gase. Dabei entsteht ein Rückstoß, der das Flugzeug vorwärtstreibt. Auch ►*Raketen* fliegen so.

DVD

Eine DVD ist eine Weiterentwicklung der ►*CD* und sieht auch genauso aus. Beide werden zur Speicherung von Musik, Filmen und anderen ►*Dateien* verwendet. Auf einer DVD kann man jedoch wesentlich mehr ►*Daten* unterbringen.

Dynamo

Ein Dynamo an einem Fahrrad liefert Strom für die Beleuchtung. Wenn man in die Pedale tritt, dreht sich das Laufrädchen des Dynamos am Fahrradreifen. Dabei wird im

Dynamo ein ►*Magnet* zwischen zwei Spulen bewegt. In den Spulen fließt dadurch elektrischer Strom. Genauso gewinnt man Strom mit ►*Generatoren*. Ein Generator in einem ►*Kraftwerk* ist also nichts anderes als ein großer Dynamo.

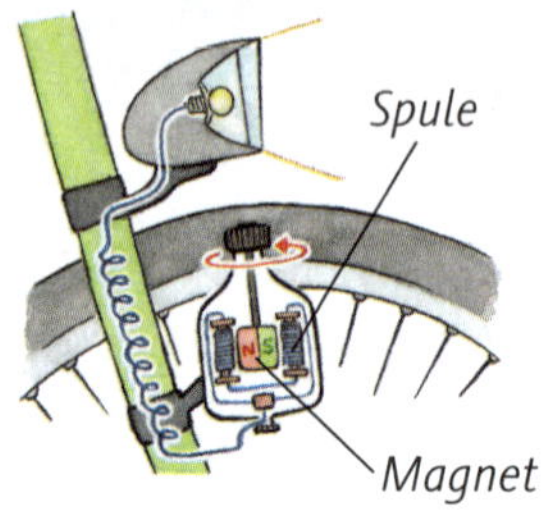

Ebbe und Flut

Ebbe und Flut bezeichnet man auch als Gezeiten. An fast allen ►*Küsten* kann man beobachten, dass das Wasser etwa sechs Stunden lang sinkt. Man sieht dabei immer mehr Strand und es herrscht Ebbe. Bei Flut steigt das Wasser sechs Stunden lang an. Das Steigen und Fallen des Meerwassers wird durch die Anziehungskräfte von Mond und Sonne hervorgerufen, die auf die Erde einwirken. ►*Erdanziehung* ►*Schwerkraft*

Ebene

Eine Ebene ist eine flache Landschaft ohne Berge und Täler. Tiefländer wie die Norddeutsche Tiefebene liegen weniger als 200 m über dem Meeresspiegel. Die Hochebenen in einigen Gebirgen liegen bis zu 3000 m über dem Meer. ►*Bergformen* ►*Meereshöhe* ►*Talformen*

Echo

Schallwellen, die von einem Hindernis zurückgeworfen werden, nennen wir Echo oder Widerhall. Wenn wir vor einer Felswand laut rufen, hören wir kurz darauf ein Echo. Aus der Zeit bis zum Eintreffen des Echos lässt sich die Entfernung zur Felswand berechnen: Der ►*Schall* legt in Luft pro Sekunde 333 m zurück. Hören wir das Echo 2 Sekunden nach dem Ruf, dann läuft der Schall in dieser Zeit hin und zurück. Die Felswand ist also 333 m weit entfernt. Schiffe nutzen das beim Echolot. Aus der Zeit zwischen Aussenden des Schalls und Empfangen des Echos berechnet das Echolot den Abstand zum Meeresgrund oder zu einem Fischschwarm. ►*Ultraschall*

Edelmetall

Die wichtigsten Edelmetalle sind Gold, Silber und Platin. Sie sind selten und teuer und man macht daraus Schmuck oder Münzen. Edelmetalle werden von Luft und Wasser nicht angegriffen und setzen darum keinen ►*Rost* an. Deshalb überzieht man zum Beispiel Essbestecke mit Silber.

Ehe

Wenn ein Mann und eine Frau nach dem ►*Gesetz* miteinander verheiratet sind, führen sie eine Ehe. Sie gründen damit eine ►*Familie*. Die Ehe wird auf dem ►*Standesamt* geschlossen. Viele Brautpaare geben sich vor einem ►*Pfarrer* in der Kirche zusätzlich das Eheversprechen. Wird die Ehe aufgelöst, dann erfolgt eine ►*Scheidung* durch das Familiengericht. Heute leben viele Paare auch in einer Lebensgemeinschaft und sind nicht miteinander verheiratet.

Eid

Ein Eid ist ein feierliches Versprechen. Der Bundeskanzler legt zum Beispiel einen Amtseid ab, in dem er verspricht, sein Amt gewissenhaft auszuüben und Schaden vom deutschen Volk abzuwenden. ►*Beamte* und Soldaten leisten einen Diensteid. Bei den ►*Olympischen Spielen* gibt es den olympischen Eid. Damit verspricht ein Sportler als Stellvertreter für alle anderen, fair und den Regeln entsprechend zu kämpfen. Zeugen vor ►*Gericht* werden vereidigt, wenn ihre Aussage für das Urteil über einen Angeklagten wichtig ist. Sie schwören damit, die Wahrheit zu sagen. Sprechen sie die Unwahrheit, dann leisten sie einen Meineid und werden mit Gefängnis bestraft.

Einkommen

Das Geld, das jemand einnimmt, ist sein Einkommen. Arbeiter erhalten einen Lohn für ihre Tätigkeit. ►*Beamte* und Angestellte bekommen ein Gehalt. Freiberuflich Tätige wie Ärzte, Anwälte oder Schriftsteller bekommen Honorar. Die Bezahlung von Künstlern nennt man Gage (▼gahsche).

Einzeller

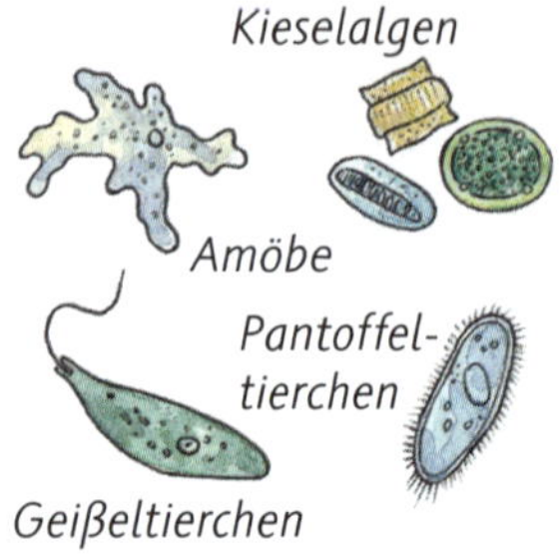

Einzeller sind Lebewesen, die aus einer einzigen ►*Zelle* bestehen. Viele kann man nur unter dem ►*Mikroskop* erkennen. Dazu zählen ►*Bakterien*. Unter den einzelligen Pflanzen finden sich zahlreiche ►*Algen*. Es gibt auch einzellige ►*Pilze*. Zu den einzelligen Tieren gehören zum Beispiel das Geißeltierchen und das Pantoffeltierchen. Besonders viele Einzeller schweben im ►*Plankton* der Meere.

Eis

Eis ist eine ►*Zustandsform* des Wassers. Bei 0° Celsius geht Wasser vom flüssigen in den festen Zustand über. Es gefriert. Dabei dehnt es sich aus. Deshalb zerspringt eine mit Wasser gefüllte Flasche beim Gefrieren. Da Eis leichter ist als Wasser, schwimmen auch Eisschollen als Treibeis auf Flüssen, Meeren und Seen und gehen nicht unter.

Eisberg

Eisberge schwimmen in den Meeren der ►*Arktis* und ►*Antarktis*. Sie brechen in riesigen Stücken von den ►*Gletschern* ab. Oder sie entstehen aus dicken Eisschollen im Wasser, die zu Packeis zusammengeschoben werden. Eisberge bestehen aus Süßwasser und treiben oft weit in die ►*Ozeane* hinaus. Dort bilden sie eine Gefahr für die Schiffe. Denn der weitaus größte Teil eines Eisbergs liegt unsichtbar unter der Wasseroberfläche. Nur seine Spitze ragt heraus. ►*Eis*

Eisberg im Atlantischen Ozean

Eisen

Eisen ist das am häufigsten verwendete ►*Metall*. Man gewinnt es aus ►*Erz*, das man in ►*Bergwerken* aus der Erde holt. Es wird im ►*Hochofen* aus dem Erz geschmolzen. Wegen seiner Härte wird Eisen für die Herstellung von Fahrzeugen, Maschinen und Werkzeugen benutzt. Allerdings setzt Eisen ►*Rost* an. Aus Eisen wird ►*Stahl* erzeugt und man kann auch ►*Magnete* damit herstellen.

Eiszeit

In der Geschichte der Erde gab es mehrere Eiszeiten. Durch sinkende Temperaturen breiteten sich die ►*Gletscher* über weite Teile der Erde aus. Auch Deutschland war vor 12000 Jahren noch größtenteils von Gletschereis bedeckt. Die Gletscher verschoben große Massen ►*Gestein* und veränderten so die Landschaft. In der Eiszeit lebten sehr große ►*Säugetiere* mit dickem Fell wie das Mammut, das Wollnashorn und der Höhlenbär.

Wollnashorn

Eiweiß

Eiweiß ist der wichtigste Baustoff des Körpers. Es kann durch keinen anderen Stoff ersetzt werden. Mit einem Fremdwort nennt man Eiweiße auch Proteine. Eier, Fleisch, Fisch, ►*Milch* und Milchprodukte sowie Erbsen, Bohnen und Linsen enthalten viel Eiweiß. Wenn der Mensch zu wenig Eiweiß bekommt, wird er krank. In vielen Ländern der Erde herrscht Eiweißmangel. Die Menschen sind dort unterernährt.

Eizelle

Die weiblichen Geschlechtszellen bei Mensch, Tier und Pflanze heißen Eizellen. Sie sind viel größer als die männlichen ►*Samenzellen*. Die menschlichen Eizellen entstehen in den Eierstöcken der Frau und sind nicht einmal so groß wie ein

Stecknadelkopf. Die größten Eizellen sind die ►*Eier* der Vögel und der ►*Reptilien*. Aus einer befruchteten Eizelle entwickelt sich ein neues Lebewesen. ►*Befruchtung* ►*Geschlechtsorgane*

Elbe

Der größte deutsche Fluss nach Donau und Rhein ist die Elbe. Sie entspringt in der Tschechischen Republik und ist rund 1100 km lang. Die Elbe fließt 727 km weit durch Deutschland und mündet hinter Hamburg in die ►*Nordsee*.

Elektrizität

Elektrizität ist eine Form von ►*Energie*. Sie kann zum Beispiel ein Bügeleisen aufheizen, eine Lampe zum Leuchten bringen oder einen Elektromotor bewegen. Den elektrischen Strom kann man nur an seinen Wirkungen erkennen, sehen kann man ihn nicht. Elektrizität gewinnt man in ►*Kraftwerken* oder auf chemischem Weg aus einer ►*Batterie*. ►*Stromkreis*

Elektronik

Die Elektronik beschäftigt sich mit dem Leiten und der Steuerung von elektrischem Strom. Dazu gehört auch die EDV, die elektronische Datenverarbeitung. Sie benutzt elektrischen Strom zur Übertragung von ►*Daten*. Alles rund um den ►*Computer* ist Teil der Elektronik. ►*Elektrizität*

E-Mail

Ein Brief, der auf einem ►*Computer* geschrieben und über das ►*Internet* versendet wird, heißt E-Mail (▼i-mäjl). Das ist die Abkürzung für „electronic mail", was elektronische Post heißt. E-Mails können auch Anhänge haben, zum Beispiel ►*Dateien* oder Bilder. Wie bei der Briefpost braucht man eine Adresse. Den ersten Teil seiner E-Mail-Adresse kann der Besitzer selbst bestimmen. Er kann seinen richtigen Namen verwenden oder einen Fantasienamen erfinden. Danach kommt ein @-Zeichen (▼et-Zeichen). Am Ende steht der Name der ►*Domain*. Wer zum Beispiel an die Bundesregierung schreiben möchte, sendet seine E-Mail an: InternetPost@Bundesregierung.de.

Die letzten Buchstaben geben meist das Land an, in dem der Besitzer der E-Mail-Adresse wohnt. So steht „de" für Deutschland. Es gibt auch Abkürzungen wie „com" oder „net", die auf der ganzen Welt verwendet werden.

Embryo

In den ersten 3 Monaten der ►*Schwangerschaft* nennt man das im Mutterleib heranwachsende Kind Embryo. Er entsteht aus einer befruchteten ►*Eizelle* in der ►*Gebärmutter*. Nach 3 Monaten hat der Embryo bereits menschliche Gestalt angenommen und heißt nun Fetus. Dieser besitzt alle ►*Organe*. Auch bei Säugetieren spricht man von Embryos. ►*Geburt*

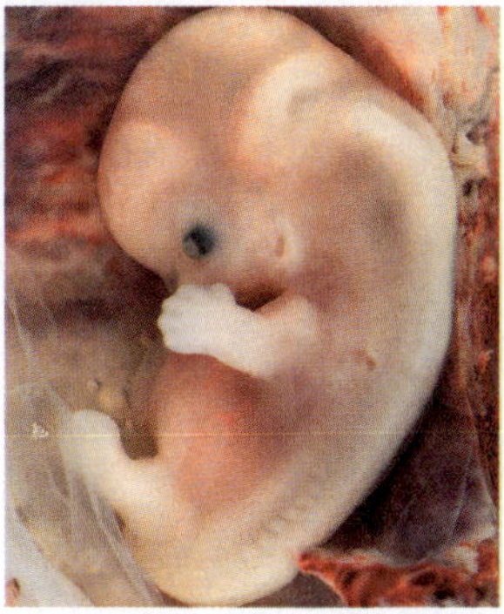

Kind im Mutterleib

Energie

Energie ist die Fähigkeit, Arbeit zu leisten. Fließendes Wasser hat Energie und kann ein ►*Wasserrad* antreiben. ►*Erdöl* hat Energie und kann beim Verbrennen Wärme abgeben. Energie lässt sich nicht erzeugen, aber man kann ihre verschiedenen Formen ineinander umwandeln. Zum Beispiel erhitzt man in vielen ►*Kraftwerken* mit Wärmeenergie Wasser, das verdampft. Der ►*Dampf* bewegt ►*Turbinen*, und der ►*Generator* wandelt die Bewegungsenergie in elektrische Energie um. Unsere größte Energiequelle ist die ►*Sonne*.

Entsorgung

Müll muss entsorgt werden. Das heißt, er muss so beseitigt werden, dass er der Umwelt nicht schadet. Das geschieht auf ►*Mülldeponien* oder in ►*Müllverbrennungsanlagen*. ►*Papier*, ►*Glas*, ►*Plastik* und ►*Metall* werden getrennt gesammelt und wiederverwertet. Besonders schwierig ist die Entsorgung von Müll, der gefährliche Stoffe enthält. Zu solchem Sondermüll gehören ► *Batterien*. Leere Batterien werden in den Geschäften gesammelt und in Verwertungsanlagen in ihre Bestandteile zerlegt. Radioaktiven Abfall packt man in Fässer und lagert ihn in alten Salzbergwerken ein. ► *Radioaktivität*

Entwicklungshilfe

Viele arme Länder in der Welt erhalten von reichen Ländern Entwicklungshilfe. Diese Hilfe besteht meist aus Geld, mit denen die armen Länder ► *Nahrungsmittel* kaufen oder Schulen und Krankenhäuser errichten können. Die reichen Länder schicken auch Entwicklungshelfer in diese Länder, damit sie dort Fachleute ausbilden und den Menschen beim Aufbau von ► *Landwirtschaft* und ► *Industrie* helfen.

Entzündung

Mit einer Entzündung wehrt sich der Körper gegen eine Schädigung. Diese kann durch eingedrungene ► *Bakterien*, eine Verletzung oder durch chemische Stoffe entstehen. Im betroffenen Körperteil erweitern sich die Blutgefäße. Die Haut rötet sich und es kommt zu einer schmerzhaften Anschwellung. Oft hat man dabei ► *Fieber*. An der entzündeten Stelle sammeln sich weiße Blutkörperchen. Sie beseitigen geschädigte ► *Zellen* und Krankheitserreger. Diese werden vom ► *Blut* abtransportiert und im Körper abgebaut. Sind es zu viele, werden sie als Eiter ausgeschieden. ► *Infektion*

Erdachse

Die Erdachse ist eine gedachte Linie, die den ► *Nordpol* mit dem ► *Südpol* verbindet. Jeden Tag dreht sich die Erde einmal um diese Achse. Dabei wird jeweils nur ein Teil von der ► *Sonne* beschienen. So entstehen Tag und Nacht. Gleichzeitig bewegt sich die Erde einmal im Jahr um

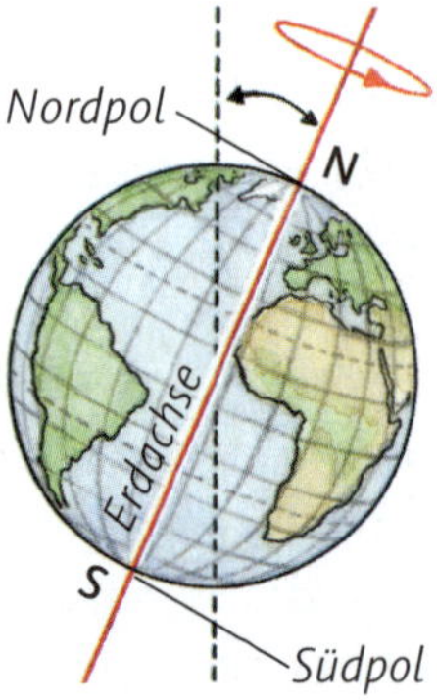

die Sonne. Da die Erdachse leicht schräg zur Erdumlaufbahn steht, fallen die Sonnenstrahlen unterschiedlich steil auf der Erde ein. So entstehen die ►*Jahreszeiten*.

Erdanziehung

Durch die Erdanziehung werden alle Körper von der Erde angezogen und auf ihr festgehalten. Weil es diese Kraft gibt, kann man auf der Erde gehen und schwebt nicht in der Luft. Hochgeworfene Gegenstände fallen wieder zu Boden. Man nennt diese Anziehungskraft auch ►*Schwerkraft*. ►*Flugzeuge* müssen sie beim ►*Flug* überwinden.

Erdaufbau

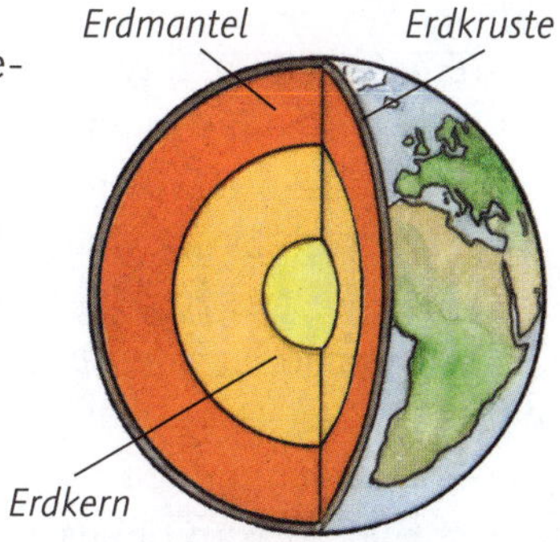

Die Erde ist schalenförmig aufgebaut. Die feste Außenhaut, auf der wir leben, ist die Erdkruste. Sie ist bis zu 40 km dick. Im Vergleich zum Erddurchmesser, der 12 000 km misst, ist das nur wenig. Auf die Erdkruste folgt der 3000 km dicke Erdmantel. Er besteht aus geschmolzenem ►*Gestein*. Das Innerste der Erde ist der Erdkern aus glühendem Eisen und Nickel. Er ist bis zu 7000° Celsius heiß.

Erdbeben

Die Erdkruste besteht aus riesigen Platten, die sich ständig verschieben. Dabei kann ein gewaltiger Druck entstehen und es kommt zu einem Erdbeben. Die Erschütterung ist manchmal so stark, dass der Erdboden aufbricht und Häuser einstürzen. Das Beben geht von einem Erdbebenherd aus. Die Stelle darüber heißt Epizentrum. Von dort laufen die Erdbebenwellen in alle Richtungen durch die Erdkruste. Jährlich gibt es über 500 000 Erbeben. Die meisten sind so schwach, dass man sie nur mit sehr empfindlichen Geräten messen kann. Einige richten aber große Schäden an und kosten viele Menschenleben.

Erde

Die Erde ist ein ►*Planet* der Sonne. Sie entstand vor etwa 5 Milliarden Jahren aus einer glühenden Gaswolke, die sich zu einer Gaskugel verdichtete. Als diese langsam abkühlte, bildete sich die feste Erdkruste. Bis vor einer Milliarde Jahren war die Erde noch von einem riesigen Meer bedeckt. Im Laufe von vielen Jahrmillionen falteten sich ►*Gebirge* auf und es entstand eine zusammenhängende Landmasse. Diese brach vor 200 Millionen Jahren auseinander und die ►*Kontinente* bewegten sich langsam in ihre heutige Lage. ►*Erdaufbau*

Erdgas

Erdgas entstand wie auch das ►*Erdöl* aus abgestorbenen Lebewesen. Es sammelte sich als Blase in Hohlräumen der Erdkruste. Wenn man eine solche Blase anbohrt, steigt das Gas durch Druck von selbst zur Erdoberfläche. Erdgas liefert uns ►*Energie* zum Heizen. Es ist nicht giftig und verbrennt fast ohne schädliche ►*Abgase.* ►*Methan*

Erdöl

Erdöl entstand vor Millionen von Jahren aus abgestorbenen Pflanzen und Tieren, die durch Sandschichten von Luft abgeschlossen wurden. Dieses Öl lagert in der Erdkruste. Um es zutage zu fördern, bohrt man oft Tausende Meter tief in die Erde. Auf dem Meer hat man künstliche Bohrinseln mit Bohrtürmen errichtet. Erdöl ist ein wichtiger ►*Rohstoff* für die chemische Industrie. In ►*Pipelines* und mit ►*Tankern* gelangt es in die ►*Raffinerien.*

Bohrinsel

A B C D E F G H I J K L M N O P Q R S T U V W X Y Z

Erdwärme

Im Innern der Erdkruste ist es sehr heiß. Diese Wärme kann man nutzen. Dazu wird Wasser in die Tiefe gepumpt, das sich dort aufheizt. Danach pumpt man es wieder nach oben, wo es zum Heizen oder zur Stromerzeugung genutzt wird. Es gibt auch heiße ► *Quellen*, die man direkt anzapfen kann.

Erdwärmekraftwerk

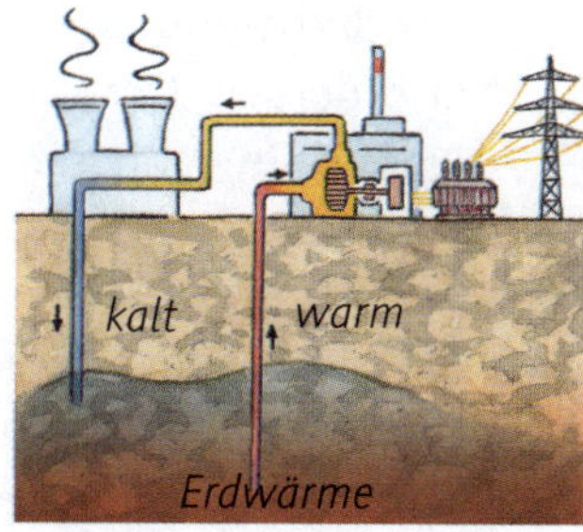

Ernährung

Mit Essen und Trinken führen wir dem Körper ► *Nährstoffe* zu. Damit wir uns gesund ernähren, muss die Kost ausgewogen und abwechslungsreich sein. Wir sollten also nicht nur beliebte Gerichte wie Pommes frites (▼pommfrits) und Hamburger (▼hembörger), sondern auch frisches ► *Obst* und ► *Gemüse* essen. Diese enthalten lebenswichtige ► *Vitamine* und ► *Mineralstoffe*. Wer durch falsche Ernährung krank geworden ist, muss eine ► *Diät* einhalten. ► *Übergewicht*

Erosion

Durch Erosion ändert sich die Erdoberfläche ständig. Hitze und Kälte, Wind, Wasser und Eis arbeiten am ► *Gestein* und zerkleinern es zu Geröll, Sand und Staub. Dabei werden hohe, schroffe ► *Berge* flacher und runder. ► *Flüsse* graben sich immer tiefer in das Gestein, Meereswellen reißen an der ► *Küste* Teile des Landes los. Das abgetragene zerkleinerte Gestein wird woanders wieder abgelagert. Dadurch versanden Flüsse und Seen oder ► *Dünen* entstehen. ► *Bergformen* ► *Sediment* ► *Talformen*

Erste Hilfe

Erste Hilfe ist vor allem bei Unfällen, aber auch bei einer plötzlichen Erkrankung zu leisten. Man muss dann einem Verletzten oder einem Kranken sofort helfen, bis der Notarzt eintrifft. Dazu sind oft Blutungen zu stillen und Verbände anzulegen. Bei Bewusstlosigkeit ist vielleicht sogar ein Wiederbelebungsversuch durch Mund-zu-Mund-Beatmung erforderlich. Oft kann diese Hilfe lebensrettend sein. Wie man Erste Hilfe richtig leistet, kann man in Kursen beim ►*Roten Kreuz* oder bei ►*Rettungsdiensten* lernen.

Erz

Metalle wie ►*Eisen* und Kupfer kommen in ►*Gesteinen* der Erdkruste vor. Solche Gesteine nennt man Erze. Es sind meist Verbindungen aus verschiedenen Stoffen. Um das reine ►*Metall* herauszulösen, müssen die Erze besonders aufbereitet werden. Aus Eisenerz schmilzt man im ►*Hochofen* Eisen. Manche ►*Edelmetalle* wie Gold findet man in der Natur in reiner Form.

Eskimo

Als Eskimos bezeichnen viele Menschen die Ureinwohner der ►*Arktis*. Einige Völker nennen sich „Inuit", was „Menschen" bedeutet. Früher waren die Eskimos Jäger und Fischer und wohnten in Schneehäusern, den Iglus. Heute leben die meisten der Ureinwohner in festen Häusern und haben andere Berufe. Viele arbeiten zum Beispiel in Fischfabriken, im Bergbau oder auf Bohrinseln.

Europa

Europa ist der zweitkleinste ►*Kontinent* und etwa 25-mal so groß wie Deutschland. Nach ►*Asien* leben hier die meisten Menschen, nämlich rund 800 Millionen. Die größten Länder sind Russland, die Ukraine und Frankreich. Europa erstreckt sich von der ►*Arktis* bis an das Mittelmeer, durch das es von ►*Afrika* getrennt ist. Im Osten hängt es mit Asien zusammen. Die ►*Alpen* sind das höchste Gebirge Europas, die längsten Flüsse sind die Wolga mit 3700 km und die ►*Donau* mit 2850 km. Zu den bekanntesten Tieren zählen Rentiere, Hirsche, Füchse und Wölfe. ►*Europäische Union* KARTE siehe S. 318.

Europäische Union/EU

Die Europäische Union (EU) ist ein Staatenverbund vieler europäischer Länder. Ziel ist das Zusammenwachsen der Länder in ►*Europa*. Die Menschen in der EU haben viele Vorteile von dem Zusammenschluss: Jeder EU-Bürger darf in jedes Land der EU einreisen. Erwachsene dürfen überall studieren, arbeiten oder Geschäfte eröffnen. Waren aus den europäischen Ländern sind überall erhältlich. Die Zusammenarbeit bringt allen Fortschritte in ►*Wissenschaft* und Technik. In vielen Ländern der EU wurde auch der Euro als gemeinsames Zahlungsmittel eingeführt.

Expedition

Eine Expedition ist eine Reise, die Forscher unternehmen, um Neues zu entdecken. Oft führen Expeditionen in unwegsame, einsame Gegenden. So gab und gibt es noch immer Expeditionen zum ►*Nordpol* oder ►*Südpol*.

Experiment

Das Wort Experiment ist lateinisch und bedeutet Versuch. In Naturwissenschaften wie ►*Chemie* oder ►*Physik* macht man viele Experimente. Man will damit herausfinden, ob ein Naturgesetz auch wirklich stimmt. Viele Naturgesetze haben die Wissenschaftler erst durch Experimente entdeckt.

Explosion

Wenn sich explosive Stoffe wie Benzin oder Schießpulver entzünden, entstehen große Mengen heißer ►*Gase*. Diese dehnen sich plötzlich sehr stark aus und es kommt zu einem lauten Knall. Bei einer Gasexplosion kann ein ganzes Haus in die Luft fliegen. Ein Dampfkochtopf kann explodieren, wenn der ►*Druck* in dem geschlossenen Gefäß zu groß wird.

Export

Export bedeutet Ausfuhr und ist ein Teil des ►*Handels*. Dabei werden bei uns hergestellte Waren in andere Länder gebracht und verkauft. Auch ►*Dienstleistungen* werden exportiert, indem beispielsweise Ingenieure im Ausland arbeiten. Deutschland exportiert einen großen Teil seiner Produkte wie Autos und Maschinen. ►*Import*

Fabrik

Schuhfabrik

In Fabriken werden Waren in großer Menge schnell und billig hergestellt. Für eine solche Massenproduktion braucht man Fabrikhallen, ►*Maschinen* und Arbeitskräfte. Eine Schuhfabrik zum Beispiel produziert eine große Anzahl Schuhe am Tag. Arbeiterinnen und Arbeiter am ►*Fließband* führen an jedem Schuh bestimmte Handgriffe aus. Der Schuh wird so in kleinen Arbeitsschritten fertiggestellt. Das spart Zeit und Kosten. Fabriken, die eine hohe Stückzahl produzieren, arbeiten meist vollautomatisch. Die Maschinen werden nur von wenigen Arbeitskräften kontrolliert. ►*Produktion*

Fachwerkhaus

Fachwerkhäuser baut man in Skelettbauweise. Man errichtet ein Holzgerüst aus senkrechten Säulen, waagrechten Riegeln und schrägen Streben. Die Zwischenräume des Skeletts füllt man mit Lehm, Ziegeln oder anderem Baumaterial. Bei der modernen Skelettbauweise besteht das Gerüst aus ►*Stahl* oder aus Stahlbeton. ►*Beton*

Altes Fachwerkhaus

Farbenspektrum

Das weiße ►*Licht* besteht aus sieben unterschiedlichen ►*Farben*. Man kann sie besonders gut an einem ►*Regenbogen* sehen. Die Farben entstehen durch die verschiedenen Wellenlängen des Lichts, das von Wassertröpfchen oder einem Glaskörper gebrochen wird. Man bezeichnet sie als Spektralfarben. Alle Gegenstände erscheinen in der Farbe, die sie zurückwerfen. Das Gras nimmt alles Licht bis auf den grünen Anteil auf. Es wirft also nur das grüne Licht zurück. Wird kein Licht zurückgeworfen, erscheint ein Gegenstand schwarz.

Spektralfarben

Farn

Farne sind blütenlose Blattpflanzen und gehören zu den ältesten Pflanzen der Erde. Sie vermehren sich durch ►*Sporen*, die sich in Kapseln auf der Blattunterseite bilden. Vor Jahrmillionen gab es riesige Wälder aus Baumfarnen. Als sie abstarben, versanken sie im Sumpf und wurden zu ►*Kohle*. ►*Moos*

Fastenzeit

Am Aschermittwoch beginnt die christliche Fastenzeit. Sie dauert 40 Tage bis ►*Ostern*. In dieser Zeit essen gläubige Christen weniger und verzichten teilweise auf Fleisch. Manche Menschen fasten auch aus Gesundheitsgründen oder weil sie zu dick sind. Sie halten dann eine ►*Diät* ein. Fromme ►*Muslime* fasten im Monat ►*Ramadan*.

Fernsehbild

Das ►*Fernsehen* überträgt Bilder mit Hilfe von elektrischem Strom. Die Fernsehkamera tastet die Bilder ab und zerlegt sie in einzelne Bildpunkte. Die Punkte breiten sich als Signale von der Sendeantenne wellenförmig aus oder werden durch Kabel übertragen. Die Fernsehantenne fängt die Signale auf. Diese werden im Fernseher in sichtbare Bilder umgewandelt. Damit das Bild nicht flimmert, sendet man pro Sekunde mindestens 13 Millionen Signale. Jede Sekunde entstehen 25 Bilder. Dabei leuchten rote, grüne und blaue Punkte auf dem Bildschirm auf. Moderne Fernseher haben doppelt so viele Bildpunkte.

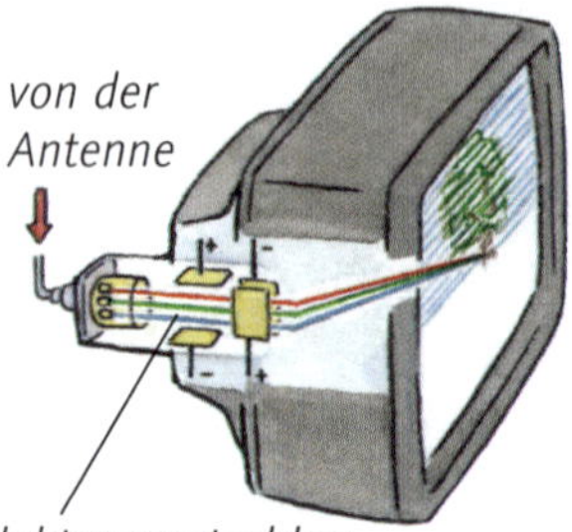

Festplatte

Alle ►*Computer* speichern ►*Daten* auf Festplatten. Anders als die anderen ►*Datenspeicher*, wie beispielsweise ►*CDs*, sind diese fest in das Gehäuse eines PCs eingebaut. Schreibköpfe beschreiben die Platten magnetisch mit ►*Informationen*. Sie werden von einem Lesekopf entziffert und sind am Bildschirm wieder lesbar.

Fett

Fett ist ein wichtiger ►*Nährstoff*. Es liefert dem Körper ►*Energie*, der damit Kraft und Wärme erzeugt. Wir essen tierische und pflanzliche Fette. Tierische Fette sind vor allem Butter und Schweineschmalz. Pflanzenfette und Öle gewinnt man durch Auspressen von Nüssen, Samen oder Oliven. Wenn man zu viel Fett isst, speichert es der Körper und man wird dick.

Fieber

Krankheitserreger wie ►*Bakterien* und ►*Viren* bekämpft der Körper mit Fieber. Er erhöht seine ►*Temperatur* und kann mehr Abwehrzellen bilden. Außerdem gehen viele Krankheitserreger am Fieber zugrunde. Leichtes bis mittleres Fieber stärkt also das ►*Immunsystem*. Fieber ab 42 Grad ist aber lebensgefährlich.

Film

Ein Film ist ein durchsichtiger Kunststoffstreifen, der mit einer lichtempfindlichen Schicht überzogen ist. Wird der Filmstreifen beim Fotografieren belichtet, dann bildet sich der aufgenommene Gegenstand durch Lichtstrahlen auf dem Film ab. Nach dem Entwickeln des Films kann man den Gegenstand sehen und davon beliebig viele Papierbilder herstellen. Bei Filmaufnahmen bewegt sich der Film in der Kamera automatisch weiter und es werden 24 Bilder pro Sekunde aufgenommen. Beim Vorführen des Films erscheinen die Einzelbilder als zusammenhängende Bewegung. Das Auge kann nämlich nicht mehr als 18 Bilder in der Sekunde einzeln unterscheiden.

Filter

Filter halten Teilchen von Flüssigkeiten oder ►*Gasen* zurück. Durch die feinen Poren eines Kaffeefilters läuft nur der gebrühte Kaffee, das Kaffeepulver bleibt hängen. In Schornsteinen fangen Filter Ruß und andere Feststoffe aus den ►*Abgasen* auf. Auch ►*Licht* kann man filtern. So lassen Farbfilter nur bestimmte Lichtstrahlen in einen Fotoapparat einfallen. Filter in Rundfunk- und Fernsehgeräten halten störende Geräusche ab.

Fisch

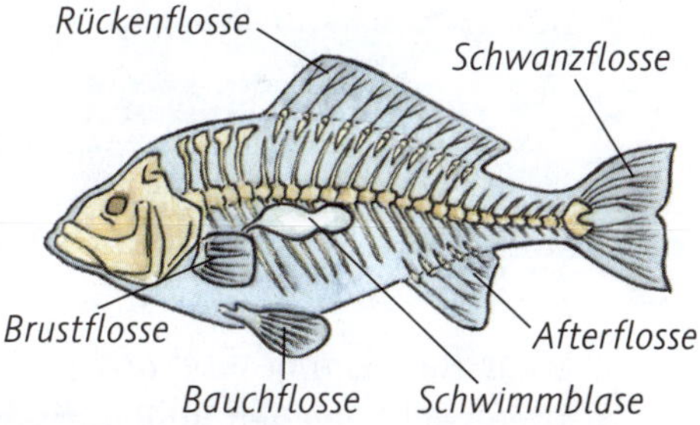

Fische sind ►*Wirbeltiere*, die dem Leben im Wasser ganz besonders angepasst sind. Mit der gasgefüllten Schwimmblase halten sie sich schwebend im Wasser. Mit den Flossen bewegen sie sich vorwärts. Damit ihr Körper gut durch das Wasser gleitet, besitzt er eine ►*Stromlinienform*. Schuppen bedecken den Fischkörper wie Dachziegel. Sie sind mit Schleim überzogen, um den Widerstand im Wasser noch weiter zu verringern. Bis auf wenige Ausnahmen atmen alle Fische durch ►*Kiemen*. Durch sie nehmen sie ►*Sauerstoff* aus dem Wasser auf.

A
B
C
D
E
F
G
H
I
J
K
L
M
N
O
P
Q
R
S
T
U
V
W
X
Y
Z

Fischfang

Viele ►*Fische* des Meeres und des Süßwassers schmecken gut und werden deshalb gefangen. In der Hochseefischerei fängt man vor allem Kabeljau, Rotbarsch und Scholle mit dem Schleppnetz. Diese sackartigen Netze werden von Fangschiffen über den Meeresboden oder auch durch das Wasser geschleppt und dann zugezogen. Der Fang wird meist an Bord der Schiffe verarbeitet und eingefroren. Beim Heringsfang verwendet man Ringwaden. Diese Netze sind bis zu 2000 m lang und reichen 200 m tief. Sie hängen wie ein runder Vorhang im Wasser, den man unten zuzieht. Dann ist darin ein Fischschwarm gefangen. Der Fischfang ist für die Ernährung der Menschheit von großer Bedeutung. Weite Teile der Meere sind aber bereits leer gefischt.

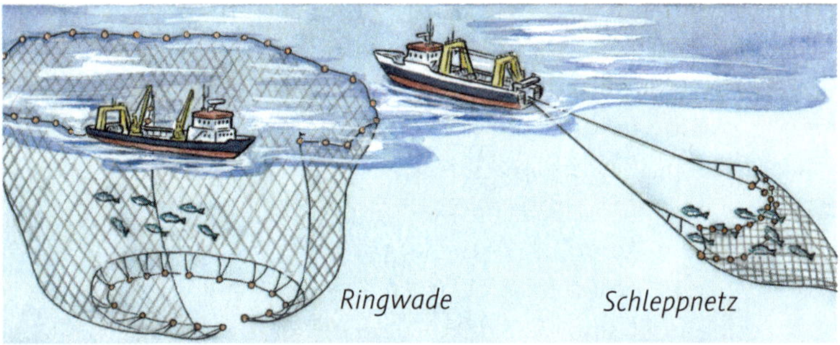

Fitness

Fitness ist die körperliche und geistige Leistungsfähigkeit eines Menschen. Um gesund und fit zu bleiben, muss man sich vor allem viel bewegen. In Fitness-Studios kann man gezielt seinen Körper trainieren. Genauso wichtig ist es, sein Denken zu trainieren und sich durch Denkaufgaben im Kopf fit zu halten.

Flamme

Bei jedem ►*Feuer* sieht man Flammen. Zündet man eine Kerze an, dann schmilzt das Wachs und steigt im Docht auf. Am Ende des Dochts entstehen verschiedene ►*Gase*. Diese strahlen bei der ►*Verbrennung* Licht und Wärme ab. Am Rand gelangt der meiste Sauerstoff an die Flamme. Dort ist sie am heißesten. Der gelbe Kegel in der Mitte strahlt am hellsten. Hier verbrennen Kohlenstoffteilchen und glühen dabei auf.

Flaschenzug

Der Flaschenzug ist eine einfache ►*Maschine*. Man kann damit sehr schwere Lasten ohne allzu großen Kraftaufwand heben. Ein Flaschenzug besteht aus mindestens zwei Rollen und einem Seil. Die eine Rolle ist zum Beispiel an einem Balken befestigt, die andere Rolle liegt lose im Seil. Hängt man nun eine Last an die lose Rolle und zieht an dem Seil, dann bewegt sich die Last nach oben. Je mehr Rollen man hat, desto mehr Seil muss man ziehen, aber man braucht dafür weniger ►*Kraft*.

Flechte

Flechten auf Felsen

Lebensgemeinschaften von ►*Pilzen* und ►*Algen* oder ►*Bakterien* heißen Flechten. Es gibt sie in vielen, oft leuchtenden Farben. Flechten wachsen auf Felsen, an Bäumen oder auf der Erde. Das Zusammenleben bringt Pilzen und Algen Vorteile. Die Pilze umgeben die Algen wie ein schützender Mantel. Die Algen scheiden Nährstoffe für die Pilze aus. Dadurch können Flechten karge Landschaften bewohnen. Sie sind die ersten, die sich nach einem Waldbrand oder einem Vulkanausbruch auf der verbrannten Erde ansiedeln. Im Laufe der Zeit sammelt sich um diese Flechten herum neue Erde. So schaffen sie den Boden für andere Pflanzen.

Fließband

Fließband in einer Autofabrik

In vielen ►*Fabriken* werden große Mengen gleicher Waren am Fließband produziert. Der Arbeitsvorgang bis zur Fertigstellung des Produkts ist dabei in viele kleine Schritte zerlegt. So rückt zum Beispiel beim Bau eines Autos das Fahrgestell auf einem laufenden Band ständig weiter. An jedem Arbeitsplatz wird immer nur ein Teil eingebaut. Fließbandarbeit ist sehr ermüdend. Man muss stets dieselben Handgriffe machen und gleichmäßig schnell arbeiten. Deshalb setzt man für viele Arbeiten ►*Roboter* ein. Diese arbeiten vollautomatisch und werden von ►*Computern* gesteuert. ►*Produktion*

Flüchtling

Flüchtlinge sind heimatlos. Sie verließen ihr Land, weil dort ►*Krieg* herrschte oder weil sie verfolgt und aus ihrer Heimat vertrieben wurden. Sie flüchten dann in fremde Länder. Dort erhalten sie in Flüchtlingslagern eine einfache Unterkunft. Die Flüchtlinge dürfen nicht abgewiesen werden, wenn ihnen in ihrem Land Gefahr droht. Sie stehen unter Schutz, bis sie heimkehren können oder Asyl erhalten. ►*Asylbewerber*

Flug

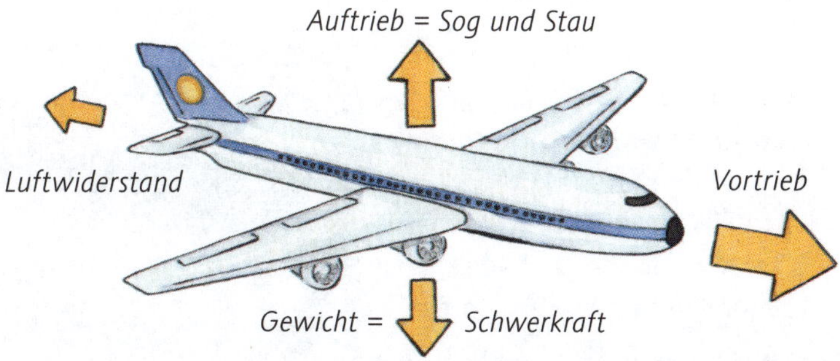

Damit ein ►*Flugzeug* vom Boden abheben kann, muss an den Flügeln ein starker ►*Auftrieb* entstehen. Das geschieht durch die gewölbte Form der Tragflächen. Wenn der Auftrieb mindestens so groß ist wie das ►*Gewicht* des Flugzeugs, bleibt es in der Luft. Um vorwärtszufliegen, muss das Flugzeug den Luftwiderstand überwinden. Dafür sind die ►*Propeller* oder die ►*Düsentriebwerke* da. Sie erzeugen einen Vortrieb, der das Flugzeug vorwärts bewegt. Der Vortrieb muss größer sein als der Luftwiderstand. Durch verschiedene Höhen-, Seiten- und Querruder wird das Flugzeug gesteuert.

Flughafen

Zu einem Flughafen gehören Start- und Landebahnen, Kontrolltürme für die Flugüberwachung sowie Gebäude für die Abfertigung der Fluggäste. Am Rande des Flugfeldes stehen Hallen, in denen die Flugzeuge gewartet und repariert werden. Auf dem größten deutschen Flughafen in Frankfurt am Main sind 70000 Menschen beschäftigt. Hier starten und landen stündlich über 100 Verkehrsflugzeuge. Pro Woche werden etwa 1 Million Fluggäste abgefertigt. ►*Radar*

Flusslauf

Einen ►*Fluss* kann man in mehrere Abschnitte einteilen: Das erste Drittel ab der ►*Quelle* ist der Oberlauf. Dann folgt der Mittellauf. Das letzte Drittel ist der Unterlauf. Der Fluss endet mit der Mündung ins Meer. Lange, breite Flüsse sind Ströme.

Flussregulierung

Bei einer Flussregulierung wird der Wasserlauf begradigt oder verkürzt. Man baut Staustufen und ►*Wehre* in den Fluss, um den Wasserstand zu heben. Teilweise zwingt man den Fluss in ein neues Flussbett. Dadurch wird er oft schiffbar. Die Ufer befestigt man durch einen ►*Damm*. Das verringert die Gefahr einer Überschwemmung. Durch solche Eingriffe sinkt aber oft das ►*Grundwasser* ab.

Staustufe in einem Fluss

Forschung

Wissenschaftler betreiben Forschung. Sie haben zum Beispiel ►*Chemie*, ►*Medizin* oder ►*Physik* studiert und arbeiten an Forschungsinstituten oder einer ►*Universität*. Dort machen sie ►*Experimente*, vergleichen die Ergebnisse und werten sie mit ►*Computern* aus. So gewinnen sie neue Erkenntnisse. Durch Forschungen in der Medizin hat man die Ursachen von vielen Krankheiten entdeckt und konnte sie dadurch heilen. Die Wissenschaftler treffen sich regelmäßig auf Kongressen. Das sind Zusammenkünfte, bei denen die Forscher ihre Erkenntnisse austauschen. ►*Wissenschaft*

Fortpflanzung

Die Vermehrung von Pflanzen und Tieren nennt man Fortpflanzung. Die meisten Lebewesen pflanzen sich mit Hilfe der ►*Geschlechtsorgane* fort. Kommt es zu einer ►*Befruchtung*, dann entsteht ein neues Lebewesen. Das ist die geschlechtliche Fortpflanzung. Einfache Lebewesen wie zum Beispiel ►*Korallen* oder ►*Einzeller* vermehren sich ungeschlechtlich durch Teilung von ►*Zellen*. Viele Pflanzen können sich ungeschlechtlich durch Ausläufer oder ►*Ableger* vermehren.

Fotografie

Zum Fotografieren braucht man einen Fotoapparat und einen ►*Film*. Der Fotoapparat besitzt eine Blende und ein Objektiv aus einer oder mehreren ►*Linsen*. Die Blende entspricht der Pupille des ►*Auges*. Sie regelt die Menge des einfallenden Lichts. Das Objektiv arbeitet wie die Augenlinse. Es wirft die Lichtstrahlen von einem Gegenstand auf den Film und bildet ihn dort ab. In Digitalkameras werden die Bilder elektronisch auf einem ►*Chip* gespeichert. Man kann sie sofort auf dem ►*Display* betrachten.

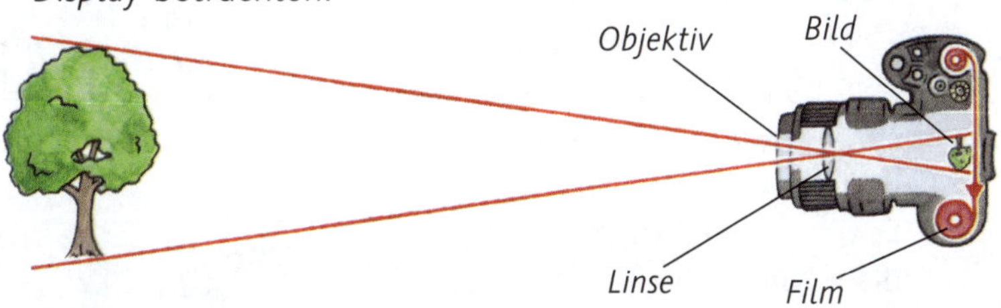

Fotosynthese

Pflanzen gewinnen mit Hilfe der Fotosynthese ihre Nährstoffe selbst. Dazu dient das ►*Chlorophyll*, der grüne Farbstoff in den ►*Blättern*. Es speichert Sonnenenergie, mit der Pflanzen aus ►*Kohlendioxid* und Wasser ►*Zucker* herstellen können. Wenn es gelingen würde, die Fotosynthese nachzumachen, ließe sich genug Nahrung für alle Menschen erzeugen.

Frieden

Menschen und Völker, die in Frieden miteinander leben, lösen Meinungsverschiedenheiten ohne Anwendung von Gewalt. Ist das nicht möglich, kommt es zum Streit. Wenn ►*Staaten* miteinander streiten, kann es ►*Krieg* geben. Kriege werden erst beendet, wenn ein Gegner besiegt ist und aufgibt. Das nennt man Kapitulation. Danach schließen die ehemaligen Feinde einen Friedensvertrag. Die ►*Vereinten Nationen* versuchen Kriege zwischen den Völkern durch Verhandlungen zu verhindern und Streit zu schlichten.

Frost

Bei ►*Temperaturen* unter 0° Celsius gibt es Frost. Dann gefriert Wasser zu ►*Eis* und der Boden wird steinhart. Da sich Wasser beim Gefrieren ausdehnt, kann es den Straßenbelag sprengen und es kommt zu Frostaufbrüchen. Damit bei Frost das Kühlwasser im Auto nicht gefriert und den Kühler zerreißt, gibt man ein Frostschutzmittel hinzu. Das Wasser gefriert dann erst bei sehr niedriger Temperatur.

Fruchtformen

Früchte dienen der Vermehrung von Pflanzen. Sie bilden sich aus dem Fruchtknoten, der nach der ►*Befruchtung* anschwillt. Jede Frucht ist ein Behälter für ►*Samen*. Es gibt Schließfrüchte, zu denen die ►*Nuss*, die ►*Kirsche* oder die ►*Tomate* zählen. Hier bleibt der Samen in der reifen Frucht. Öffnungsfrüchte geben den Samen frei, wenn sie reif sind. Ihr Samen befindet sich in einer Kapsel wie beim Mohn, in einem Balg wie beim Rittersporn oder einer Hülse wie bei Erbse und Bohne. Der ►Raps hat eine Schote.

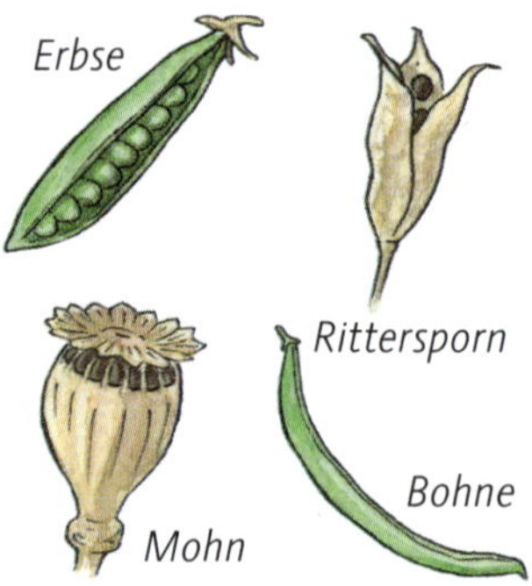

Furt

Eine Furt ist eine flache Stelle in einem ►*Fluss*, an der man ihn leicht überqueren kann. Als es noch nicht viele ►*Brücken* gab, waren Furten wichtige ►*Verkehrsknotenpunkte*. Hier fuhren Pferdefuhrwerke und Postkutschen durch den Fluss. An Furten entstanden zahlreiche ►*Städte*. Städtenamen wie Frankfurt, Fürth oder Erfurt erinnern daran.

Gärung

Bei der alkoholischen Gärung entsteht aus zuckerhaltigen Säften ►*Alkohol*. Dafür sorgen Hefen. Das sind ►*Pilze*, die nur aus einer einzigen ►*Zelle* bestehen. Es gibt auch noch andere

Formen der Gärung. Bei der Milchsäuregärung lassen ►*Bakterien* Milchsäure entstehen. Das nutzt man bei der Herstellung von saurer Sahne, Käse oder Sauerkraut. Auch das Grünfutter im ►*Silo* wird durch Gärung haltbar gemacht.

Gas

Gase bestehen aus Teilchen, die sich frei im Raum bewegen. Die meisten Gase sind unsichtbar wie ►*Luft*. Gase, die leichter sind als Luft, steigen nach oben. Man kann damit Ballone füllen. Durch Wärme dehnen sich Gase stark aus. Deshalb darf man Gasbehälter niemals erhitzen, das führt zu einer ►*Explosion*. ►*Druck* ►*Heißluftballon* ►*Zustandsform*

Gebärmutter

Die Gebärmutter ist ein etwa birnengroßer Hohlmuskel im Bauch der Frau. Hier nistet sich die befruchtete ►*Eizelle* ein und das ►*Baby* beginnt zu wachsen. Dabei dehnt sich die Gebärmutter immer mehr aus und die Frau bekommt einen dicken Bauch. ►*Embryo* ►*Schwangerschaft*

Gebirge

Wenn sich Platten in der Erdkruste verschieben und auffalten, entstehen ►*Gebirge* wie die ►*Alpen*. Sie sind ein noch junges Faltengebirge. Ihre steilen Gipfel wurden durch Wind und Wetter erst wenig abgetragen. Die höchsten Gipfel der Alpen sind über 4000 m hoch. Man spricht von einem Hochgebirge. Mittelgebirge wie der Harz sind Millionen Jahre älter. Ihre Gipfel sind kaum höher als 1000 m. Hier zerbrachen Schollen der Erdkruste und wurden gehoben. ►*Bergformen*

Gebühr

Für ►*Dienstleistungen* öffentlicher Ämter und Einrichtungen muss man bezahlen. Wer zum Beispiel einen ►*Ausweis* oder Führerschein benötigt, muss dafür eine Gebühr entrichten. Der Empfang von Rundfunk und Fernsehen ist gebührenpflichtig. Das Abstellen des Autos an einer Parkuhr kostet Parkgebühr.

Geburt

Nach 9 Monaten verlässt das Kind den Mutterleib. Bei der Geburt zieht sich die ►*Gebärmutter* stark zusammen und presst das Kind durch den Geburtskanal. Normalerweise kommt es mit dem Kopf voran aus der ►*Scheide*. Die Hebamme hilft der Mutter bei der Geburt. Sie durchtrennt die Nabelschnur, durch die das ►*Baby* mit dem ►*Blutkreislauf* der Mutter verbunden war. Man nennt die Geburt daher auch Entbindung. ►*Schwangerschaft*

Geflügelfarm

Auf Geflügelfarmen werden ►*Hühner*, Truthühner, Gänse und Enten aufgezogen. Vor allem Hühner sind oft zu Tausenden in großen Hallen untergebracht. Man nennt das Bodenhaltung. Das Futter kommt auf Förderbändern in die Halle, Trinkwasser fließt ständig nach. Die Tiere legen ihre Eier in Nester an den Wänden. Man kann sie von außen einsammeln. Tierschützer lehnen diese Tierhaltung ab. Besser ist die Freilandhaltung, bei der die Hühner Auslauf haben. ►*Massentierhaltung*

Bodenhaltung von Hühnern

Gefrierpunkt

Jede Flüssigkeit gefriert bei einer bestimmten ►*Temperatur* und wird fest. Der Gefrierpunkt von Wasser liegt bei 0° Celsius, der von Alkohol erst bei –114° Celsius. Deshalb verwendet man zum Beispiel Alkohol und nicht Wasser zur Messung von Temperaturen. ►*Schmelzpunkt* ►*Zustandsform*

Gehirn

Das Gehirn ist das Zentrum des Nervensystems. Unser Denken, ►*Fühlen* und Handeln werden vom Gehirn gesteuert. Alles,

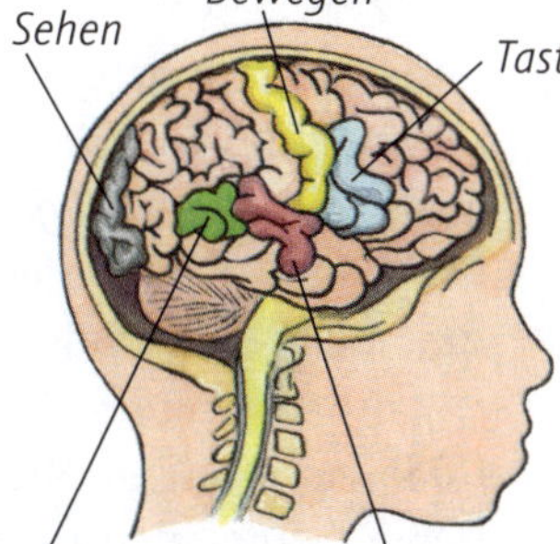

was wir sehen, hören, tasten, riechen und schmecken, läuft als Reiz über ►*Nerven* zum Rückenmark in der Wirbelsäule und weiter zum Gehirn. Umgekehrt gibt das Gehirn über das Rückenmark und die Nerven Befehle an den Körper, was dieser tun soll. Wenn wir zum Beispiel einen Gegenstand ergreifen wollen, werden die nötigen Bewegungen von uns bewusst gesteuert. Wir denken darüber nach und der Befehl dazu kommt vom Gehirn an die Hand. Das geschieht blitzschnell und wir können auf ein plötzliches Ereignis sofort reagieren. Die ►*Verdauung* und die Tätigkeit von ►*Organen* regelt das Gehirn, ohne dass wir nachdenken. Es geschieht unbewusst. Verschiedene Bereiche des Gehirns übernehmen ganz bestimmte Aufgaben.

Gelenk

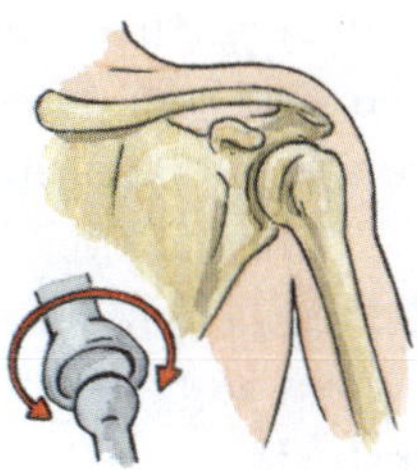

Kugelgelenk

Scharniergelenk

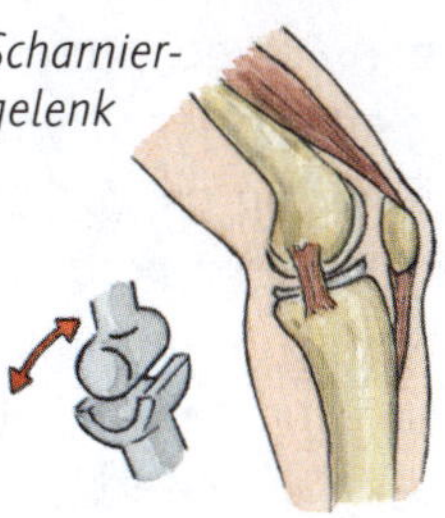

Gelenke verbinden ►*Knochen* so miteinander, dass sie sich bewegen lassen. Unser ►*Skelett* hat verschiedene Gelenke. Das Schultergelenk ist ein Kugelgelenk. Die Kugel des Oberarmknochens sitzt in einer Schale aus Knochen, der Gelenkpfanne. Dadurch sind Bewegungen in alle Richtungen möglich. Das Kniegelenk ist ein Scharniergelenk. Es erlaubt nur Bewegungen in eine Richtung. Wir können das Bein beugen oder strecken. Andere Gelenke ermöglichen das Drehen des Halses oder das Bewegen der Finger.

Gemeinde

Alle Bürgerinnen und ►*Bürger* eines Ortes bilden eine Gemeinde. Die Bürger wählen die Mitglieder des Gemeinderats und den ►*Bürgermeister*. Der Bürgermeister ist das Oberhaupt der Gemeinde und der Vorsitzende des Gemeinderats. Die Gemeindeverwaltung hat ihren Sitz im Rathaus. Hier beraten und entscheiden Bürgermeister und Gemeinderat gemeinsam über alle Angelegenheiten der Gemeinde. Wird vom Gemeinderat zum Beispiel der Bau einer Turnhalle beschlossen, dann führt die Gemeindeverwaltung diesen Beschluss aus.

Gen

Gene sind winzige Teilchen in den ►*Zellen*. Sie tragen alle Merkmale eines Lebewesens in sich und werden bei der ►*Vererbung* weitergegeben. Zum Beispiel bestimmen Gene die Farbe der Augen und Haare und ob ein Lebewesen männlich oder weiblich ist. Der Mensch hat etwa 100000 solcher Gene. Bei der Züchtung von Pflanzen und Tieren werden heutzutage auch Gene verändert. Man pflanzt dazu Gene einer Zelle in eine andere ein. Dadurch erhält man beispielsweise Tomaten, die weniger schnell faulen. Solche veränderten Nahrungsmittel nennt man Genfood (▼genfuud). Genforscher suchen auch nach Möglichkeiten, Gene in menschlichen Zellen auszutauschen, um schwere Krankheiten wie ►*Krebs* zu heilen. Das Verändern von Genen ist aber sehr umstritten.

Generation

Alle Menschen, die etwa in der gleichen Zeit geboren sind, zählen zur gleichen Generation. Die Kinder einer Schulklasse gehören einer Generation an, ihre Eltern sind die vorhergehende Generation, ihre Großeltern die vorvorhergehende. Zwischen den Generationen gibt es aber Unterschiede. So sind Eltern und Großeltern oft von der Frisur und dem Musikgeschmack ihrer Kinder und Enkel wenig begeistert.

Generator

Das Wort Generator kommt aus dem Lateinischen und bedeutet Erzeuger. ► *Generatoren* erzeugen zwar keinen elektrischen Strom, aber sie können Bewegung in Strom umwandeln. Dazu werden sie im ► *Kraftwerk* von ► *Turbinen* angetrieben. Ein Automotor treibt die Lichtmaschine an, die den Strom für Scheinwerfer, Blinker und alle elektrischen Geräte bereitstellt.

Geografie

Die Geografie oder Erdkunde befasst sich mit der Beschaffenheit der Erdoberfläche. Sie untersucht zum Beispiel die Entstehung von ► *Gebirgen*, ► *Wüsten* und Meeren. Die Geografen beschäftigen sich auch mit dem ► *Klima* und der Verteilung von Pflanzen, Tieren und Menschen auf der Erde.

Geologie

Die Geologie befasst sich mit dem ► *Erdaufbau* und mit der Erdgeschichte sowie den ► *Gesteinen*. Dazu untersucht sie auch ► *Versteinerungen*. Die Arbeit von Geologen ist wichtig bei der Suche nach ► *Bodenschätzen*.

Gericht

Hat jemand gegen das ► *Gesetz* verstoßen und eine Straftat begangen, kann es zu einer Gerichtsverhandlung kommen. Der Straftäter steht dann als Angeklagter vor Gericht. Der Staatsanwalt klagt ihn an. Ein Rechtsanwalt verteidigt den Angeklagten. Der Richter prüft Anklage und Verteidigung und fällt dann das Urteil. Je nach Schwere der Tat muss der Schuldige ins Gefängnis oder er bekommt eine Geldstrafe. Wird eine Haftstrafe zur Bewährung ausgesetzt, dann ist der Verurteilte zunächst frei. Er darf sich aber eine Zeit lang nichts zuschulden kommen lassen, sonst muss er ins Gefängnis.

Geschichte

Die Geschichtswissenschaft befasst sich mit der Vergangenheit der Menschheit. Aus Ausgrabungen, Texten auf Steintafeln, Papyrusrollen, alten ► *Urkunden* und ► *Dokumenten* weiß man ziemlich genau, wie die Menschen früher lebten. Die Geschichtswissenschaftler oder Historiker haben die Geschichte in Abschnitte eingeteilt: Die Vorgeschichte begann vor rund 5 Millionen Jahren mit dem ersten Auftreten der ►*Urmenschen*. Das ►*Altertum* nahm seinen Anfang vor rund 5000 Jahren. Damals schrieben die Menschen erstmals Ereignisse auf. Das ►*Mittelalter* begann um 500 nach Christus und dauerte 1000 Jahre. Die Neuzeit, die bis heute andauert, rechnet man ab der Entdeckung Amerikas im Jahr 1492. Wenig später wurde auch der Buchdruck erfunden.

Geschlechtsorgane

Die Geschlechtsorgane dienen der ►*Fortpflanzung*. Beim Mann bestehen die Geschlechtsteile aus dem Glied oder ►*Penis* und dem Hodensack mit den beiden Hoden. In den Hoden bilden sich täglich Millionen von ►*Samenzellen*.

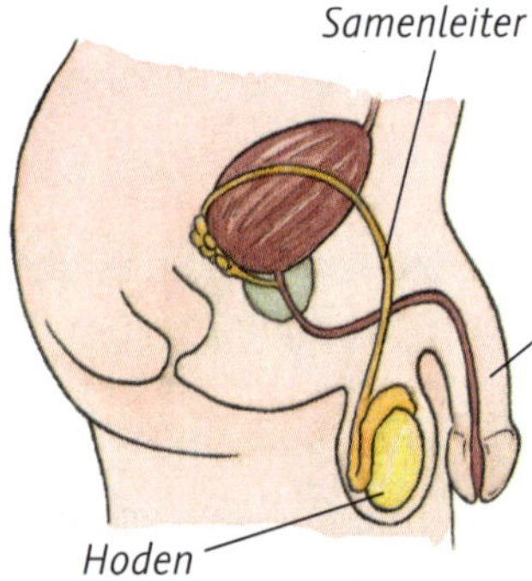

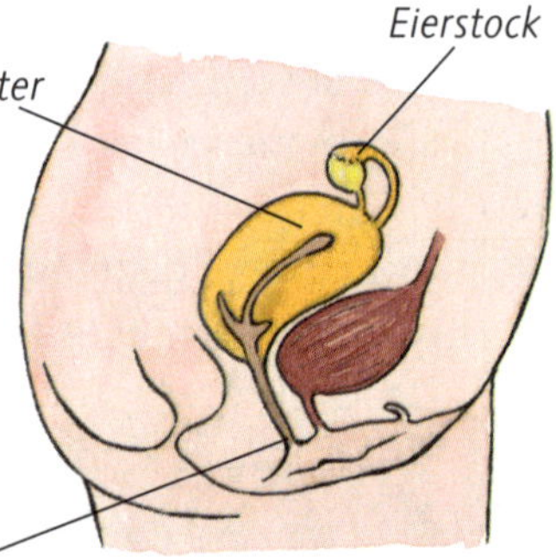

Die äußeren, sichtbaren Geschlechtsteile der Frau bestehen aus den Schamlippen und dem Kitzler. Die inneren Geschlechtsteile umfassen die ►*Scheide*, die beiden Eierstöcke, den Eileiter und die ►*Gebärmutter*. In den Eierstöcken reift jeden Monat eine ►*Eizelle* heran. Damit ein neuer Mensch entsteht, muss sich eine Samenzelle des Mannes mit einer Eizelle der Frau vereinigen. Das geschieht beim ►*Geschlechtsverkehr*. ►*Sexualität* ►*Zyklus*

Geschlechtsverkehr

Der Geschlechtsverkehr ist Teil der ►*Sexualität*. Kommt es beim Menschen zum Geschlechtsverkehr, wird der ►*Penis* des Mannes fest und er kann damit in die ►*Scheide* der Frau gleiten. Dort ergießen sich Millionen von ►*Samenzellen* in den Körper der Frau. Wenn gerade eine ►*Eizelle* reif ist, kann diese befruchtet werden und es kommt zur ►*Schwangerschaft*. Möchte das Paar kein Kind zeugen, muss verhütet werden. Das kann durch eine Gummihülle geschehen, die man Kondom nennt. Die Hülle wird über den Penis gezogen, sodass die Samen nicht in den Körper der Frau gelangen. Kondome schützen auch vor Krankheiten, die beim Geschlechtsverkehr übertragen werden können. Um eine Schwangerschaft zu verhindern, nehmen auch viele Frauen die Pille. Dieses ►*Medikament* hat jedoch oft Nebenwirkungen.

Geschwindigkeit

Aus der Strecke, die ein Auto in einer bestimmten Zeit zurücklegt, errechnet man seine Geschwindigkeit. Sie wird in Meter pro Sekunde (m/s) oder in Kilometer pro Stunde (km/h) angegeben. Ein Auto, das hundert Stundenkilometer fährt, legt in 1 Stunde 100 km zurück. Die höchste Geschwindigkeit hat das ►*Licht*. Es legt 300 000 km in der Sekunde zurück. Das sind über 1 Milliarde Kilometer pro Stunde.

Gesetz

Gesetze sind Vorschriften und Gebote, die jeder einhalten muss. Sie werden von der ►*Regierung* vorgeschlagen und müssen vom ►*Parlament* angenommen werden. Ohne Gesetze könnten die Menschen in einem ►*Staat* nicht geordnet zusammenleben. So ist es zum Beispiel durch ein Gesetz verboten, nachts solchen Lärm zu machen, dass andere nicht schlafen können. Wer ein Gesetz nicht befolgt, macht sich strafbar und kann vor ►*Gericht* gestellt werden. Über die Einhaltung der Gesetze wacht die ►*Polizei*.

Gestein

Die Erdkruste besteht aus festem Gestein. Es wird aus verschiedenartigen ►*Mineralien* gebildet. Granit ist zum Beispiel ein sehr hartes Gestein aus den Mineralien Quarz, Glimmer und Feldspat. Kalkstein ist viel weicher und löst sich in Wasser. Auch Sand und Lehm zählen zu den Gesteinen. Viele Gesteine werden als ►*Baustoffe* in ►*Steinbrüchen* gewonnen. Aus Gesteinen bestimmen Geologen das Alter der Erde. ►*Kalk*

Getreidearten

Getreide wie Weizen, Roggen, Gerste oder Hafer sind Gräser mit essbaren Samenkörnern. Sie enthalten viel ►*Stärke* und sichern die Ernährung der Menschheit. Drei Viertel der Ackerfläche auf der Erde werden für den Anbau von ►*Getreide* genutzt. In Europa und Nordamerika wird vor allem Weizen angepflanzt. In Afrika baut man vorwiegend Hirse, in Asien Reis und in Südamerika Mais an.

Gewässer

Jede Ansammlung von Wasser auf der Erde bezeichnet man als Gewässer. Stehende Gewässer sind Seen, Teiche, Weiher oder Tümpel. Fließende Gewässer sind Ströme, ►*Flüsse* und Bäche. Auch Meere sind Gewässer.

Gewerbe

Wer ein Gewerbe betreibt, verdient sein Geld durch eine selbstständige Tätigkeit. Alle ►*Betriebe* des ►*Handwerks* und der ►*Industrie* sowie des ►*Handels* zählen zum Gewerbe. Ein Schreiner ist genauso ein Gewerbetreibender wie ein Fabrikant oder ein Kaufmann. Freie Berufe wie Arzt, Architekt oder Rechtsanwalt sowie Künstler und Landwirt zählen nicht zum Gewerbe. Gewerbetreibende brauchen einen Gewerbeschein.

Gewerbegebiet

Gewerbegebiete liegen meist am Rand von großen Städten. Hier finden sich viele ►*Betriebe* des ►*Handwerks* und der ►*Industrie*. Wichtige Straßen und oft auch Autobahnen und

Bahnlinien führen dorthin. So können schnell Rohstoffe herangeschafft und fertige Waren abtransportiert werden. Viele Gemeinden errichten heute Gewerbegebiete mitten in der Landschaft. Weil hier genug Platz ist und die Grundstücke billig sind, siedeln sich ►*Fabriken* an.

Gewerkschaft

Viele ►*Arbeitnehmer* gehören einer Gewerkschaft an. Sie haben sich zusammengeschlossen, um in ihren ►*Betrieben* mitbestimmen zu können. Die Vertreter einer Gewerkschaft handeln mit den ►*Arbeitgebern* die Höhe des Verdienstes, die Urlaubszeiten und die Arbeitsbedingungen aus. Wenn sich die Gewerkschaft mit den Arbeitgebern nicht einigt, kommt es meist zu einem ►*Streik*. ►*Tarif*

Gewicht

Körper sind unterschiedlich schwer. Ihr Gewicht ist die Kraft, mit der sie von der Erde angezogen werden. Diese Kraft heißt ►*Schwerkraft*. Das Gewicht wird mit einer ►*Waage* gewogen und in Gramm (g) oder Kilogramm (kg) angegeben.
1 kg = 1000 g, 1000 kg = 1 Tonne (t).

Gewitter

Bei einem Gewitter verdichten sich viele Wassertröpfchen zu schweren ►*Wolken*. Die oberen und unteren Wolkenschichten laden sich elektrisch auf. Wird die ►*Stromspannung* zu groß, entladen sich die Wolken in einem Blitz. Darauf folgt der Donner. Er entsteht, weil sich die Luft durch die Hitze des Blitzes mit Überschallgeschwindigkeit ausdehnt. Da der ►*Schall* 333 m in der Sekunde zurücklegt, kann man die Entfernung des Gewitters bestimmen: Folgt der Donner 3 Sekunden nach dem Blitz, ist das Gewitter 3 mal 333 m oder rund 1 km entfernt. Ist nur ein Blitz zu sehen, aber kein Donner zu hören, ist das ein Wetterleuchten. Blitze können Bäume spalten und Häuser in Brand setzen. Man leitet sie mit Blitzableitern aus Metall in die Erde. ►*Wolkenformen*

Gezeiten

Das regelmäßige Steigen und Fallen des Meerwassers an den ►*Küsten* nennt man Gezeiten oder ►*Ebbe und Flut*. Der Unterschied zwischen höchstem und tiefstem Wasserstand kann an manchen Küsten bis zu 10 m betragen.

Giftstoffe

Durch Einatmen giftiger Gase, durch Verschlucken oder über eine Wunde können ►*Gifte* in den Körper gelangen. Dadurch kann es zu einer Vergiftung kommen. Dann wird einem schlecht, man muss brechen oder bekommt Atemnot und Krämpfe. Es gibt besonders giftige Pflanzen wie Eisenhut, Einbeere und Herbstzeitlose. Einige Pilze wie Pantherpilz und Knollenblätterpilz sind tödlich giftig. Eines der gefährlichsten Gifte kann durch ►*Bakterien* bei verdorbenen Lebensmitteln entstehen. Man kennt auch giftige Metalle wie ►*Quecksilber* oder Arsen. Ob ein Stoff giftig wirkt, hängt von der Dosis ab. Das ist die Menge, die man aufnimmt. Bei Verdacht auf eine Vergiftung muss man immer sofort den Arzt aufsuchen.

Glas

Glasbläser

Glas wird aus Sand, ►*Kalk* und Soda, einem besonderen Salz, hergestellt. Diese Stoffe werden gemahlen und zusammen geschmolzen. Beim Abkühlen erstarren sie zu Glas. Bevor die Glasschmelze hart wird, muss sie geformt werden. Glasbläser blasen dazu einen Glasklumpen an einem langen Eisenrohr zu kunstvollen Vasen, Trinkgefäßen oder Figuren. Flaschen und billiges Glasgeschirr werden in Maschinen mit Druckluft gepresst. Flachglas für Spiegel oder Fensterscheiben wird ausgewalzt oder auf einer Metallschicht gegossen.

Gleichberechtigung

Wenn Menschen die gleichen Rechte haben, spricht man von Gleichberechtigung. Man versteht darunter vor allem die Gleichberechtigung von Mann und Frau. Das ►*Grundgesetz* garantiert diese Gleichberechtigung. Sie ist aber noch immer nicht überall verwirklicht. So verdienen Frauen für die gleiche Arbeit oft weniger als Männer. Und viel mehr Männer als Frauen haben leitende Stellungen.

Gletscher

Gletscher entstehen in hohen ►*Gebirgen* und im Polargebiet. Dort fällt mehr Schnee, als abschmelzen kann. Immer neue Schneemassen pressen ihn zusammen und er geht durch den Druck schließlich in ►*Eis* über. Der Gletscher rutscht langsam zu Tal und schiebt dabei Steine und Geröll vor sich her. Den abgelagerten Schutthaufen am Ende des Gletschers nennt man Moräne. Im Gletscher entstehen oft tiefe Gletscherspalten, die eine Gefahr für Bergsteiger darstellen. Heute sind die großen Gletscher durch die ►*Klimaerwärmung* in Gefahr. Es schmilzt mehr Eis ab, als neues hinzukommt, und die Meere steigen an. ►*Antarktis* ►*Arktis* ►*Eisberg*

Gletscher in Norwegen

Globalisierung

Die zunehmende Zusammenarbeit der Menschen und Länder in der Welt bezeichnet man als Globalisierung. Neue Techniken wie ►*Computer* und ►*Internet* machen den Austausch von Informationen rund um die Erde immer leichter und schneller. Flugzeuge bringen die Menschen rasch überallhin. Viele Firmen gründen in anderen Ländern ►*Betriebe* oder übernehmen dort Fabriken. So kommt es zu einer Verflechtung von ►*Wirtschaft*, ►*Forschung*, ►*Kultur* und ►*Politik*.

Globus

Ein Globus ist die stark verkleinerte Nachbildung der Erdkugel. Er zeigt die Lage der ►*Kontinente* und ►*Ozeane* im richtigen Verhältnis zueinander. Man kann ihn um eine schräge Achse in einem Gestell drehen. Genauso dreht sich die Erde im Weltraum um die ►*Erdachse*. ►*Äquator*

Greifvogel

Greifvögel jagen andere Tiere. Sie haben scharfe Schnäbel und sehr gute Augen. Ihre Beute greifen sie mit kräftigen, spitzen Krallen. Zu den Taggreifvögeln zählen ►*Adler*, Bussard, Habicht, Falke und Geier. Geier fressen meist tote Tiere. ►*Eulen* sind Nachtgreifvögel. Schleiereule, Kauz und Uhu jagen im Dunkeln.

Grenze

Grenzen trennen Länder voneinander. Sie sind auf ►*Landkarten* eingezeichnet. Am Grenzübergang kann man die Grenze zwischen zwei Ländern überschreiten. Dazu muss man seinen Personalausweis oder den Reisepass vorzeigen. In Länder der ►*EU* darf man als Europäer meist ohne Kontrolle einreisen. Grenzen trennen auch Grundstücke. ►*Zoll*

Grundgesetz

Im Grundgesetz der ►*Bundesrepublik Deutschland* sind alle Grundrechte der Menschen aufgeschrieben. Jeder hat das Recht, seine Meinung frei zu äußern und die ►*Medien* werden nicht kontrolliert. Niemand darf wegen seiner ►*Religion*, seiner Herkunft oder wegen einer ►*Behinderung* benachteiligt werden. Das Grundgesetz regelt außerdem die Gliederung Deutschlands in ►*Bundesländer* sowie den Aufbau der ►*Bundesregierung*. Ein solch grundlegendes Gesetzeswerk eines Staates heißt auch Verfassung. In allen ►*Demokratien* gibt es eine Verfassung.

Grundriss

Ein Grundriss zeigt die Grundfläche eines Hauses in verkleinertem ►*Maßstab*. Man sieht darauf, wie groß die einzelnen Räume sind und wo die Türen, Fenster und Treppen hinkommen. ►*Bauplan*

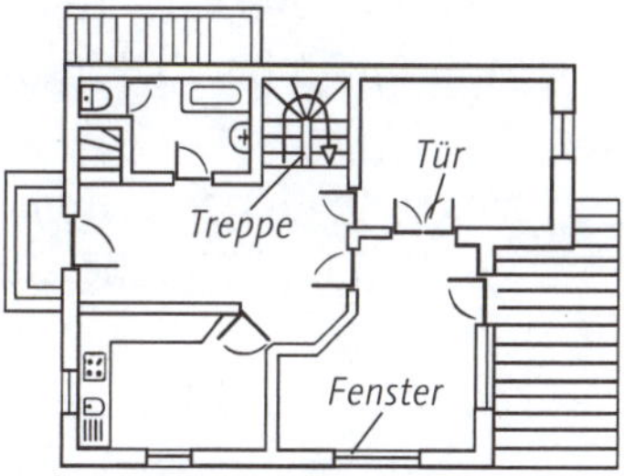

Grundwasser

Wasser, das in der Erde versickert, sammelt sich als Grundwasser auf einer undurchlässigen Bodenschicht. Auf seinem Weg durch Schichten aus Sand, Kies und ►*Kalk* wird es gereinigt. Man kann es deshalb als ►*Trinkwasser* wieder aus der Erde holen. Dazu gräbt man ►*Brunnen*. In ►*Quellen* tritt es von selbst an die Erdoberfläche.

Gummi

Kautschukbaum

Natürlichen Gummi gewinnt man aus dem Milchsaft des Kautschukbaumes, der in den ►*Tropen* wächst. Wenn der Saft getrocknet und chemisch behandelt worden ist, wird er fest und elastisch. Aus Kautschuk macht man zum Beispiel Matratzen oder Taucheranzüge. Der meiste Gummi wird heute aber chemisch aus ►*Erdöl* gewonnen. Man stellt aus diesem künstlichen Gummi vor allem Autoreifen, aber auch vieles andere her.

Haar

Nur Säugetiere und der Mensch haben Haare. Bei Tieren bilden sie oft ein dichtes ►*Fell*. Jedes Haar liegt in einer kleinen Vertiefung in der ►*Haut* und wächst aus der Haarwurzel. Es ist innen hohl und besteht aus ►*Horn*. Kleine Körnchen im Haar, die Pigmente, bestimmen die Farbe. Im Alter bilden sich weniger Pigmente und das Haar wird grau oder weiß. Ein Erwachsener hat etwa 100000 Haare auf dem Kopf. Jeden Tag fallen bis zu 100 davon aus und neue wachsen nach.

Hafen

Im Hafen legen Schiffe an. Sie sind hier vor ►*Sturm*, hohen Wellen und Eisgang sicher. Man unterscheidet Seehäfen an der Meeresküste und Binnenhäfen an Flüssen. In einem Passagierhafen ankern Fahrgastschiffe. In Frachthäfen werden Schiffe be- und entladen. Dafür gibt es fahrbare ►*Kräne* für Stückgut oder ►*Container* und Förderbänder für Kohle. Auch Saugpumpen für Schüttgut wie Getreide, Sand und Zement sowie Lagerschuppen und ►*Silos* sind vorhanden. ►*Dock*

Hamburger Hafen

Handel

Wer Handel treibt, kauft Waren, die er wieder verkauft. Ein Großhändler bezieht zum Beispiel große Mengen an Schokolade aus einer ►*Fabrik*. Er verkauft sie in kleineren Mengen an Einzelhändler und macht dabei einen Gewinn. Der Einzelhändler verkauft einzelne Tafeln Schokolade mit Gewinn an seine Kunden. Der Handel bringt also Waren vom Hersteller zum Verbraucher. Diese ►*Dienstleistung* muss bezahlt werden. Der ►*Transport*, das Lagern und das Anbieten der Ware kosten Geld. Auch die Zwischenhändler wollen verdienen. So steigt der Preis für eine Ware vom Hersteller zum Verbraucher.

Handwerk

Handwerksberufe leisten vor allem Handarbeit. Sie führen Reparaturen aus und fertigen Waren auf Bestellung an. Eine Autowerkstatt oder eine Bäckerei ist ein Handwerksbetrieb. Der Betrieb wird meist von einem Handwerksmeister geleitet. Nur Handwerksbetriebe mit einem Meister dürfen Handwerker ausbilden. Neben den Auszubildenden arbeiten hier auch Facharbeiter. Sie haben bereits eine Prüfung vor der Handwerkskammer abgelegt. ►*Azubi* ►*Industrie*

Hardware

Die technische Ausrüstung eines ►*Computers* heißt Hardware (▼hardwär). Dazu gehören neben dem Rechner alle angeschlossenen Geräte wie Drucker, Tastatur, Maus, ►*Modem* und die ►*Kabel*. ►*Software*

Harz

Harz ist ein klebriger Saft, der vor allem bei ►*Nadelbäumen* aus einer Wunde austritt und diese verschließt. Man macht sich das bei der Harzgewinnung zunutze: Dazu ritzt man die Rinde der Baumstämme an und sammelt das ausfließende Harz in Gefäßen. Aus Harzen macht man Öllacke, Linoleum und Kleber. Bernstein ist versteinertes Harz von Bäumen, die vor Millionen Jahren auf der Erde wuchsen. ►*Versteinerung*

Haut

Die Haut ist ein wichtiges ►*Organ*. Sie besteht beim Menschen aus mehreren Schichten: Die Oberhaut ist am dünnsten und sehr dehnbar. Sie ist außen verhornt. In der Lederhaut sitzen die ►*Haare* sowie Drüsen, die Schweiß und Fett absondern.

Hier liegen auch viele ►*Adern*, ►*Nerven* sowie Sinneszellen für das Tasten und das Empfinden von Schmerz und Temperatur. Die Unterhaut bildet ein dickes Fettpolster, das gegen Kälte und Stöße schützt. Die Haut regelt teilweise die Körpertemperatur. Wenn wir schwitzen, kühlt der Körper ab. Wenn wir frieren, haben wir eine Gänsehaut und die Härchen stellen sich auf. Wir fühlen mit der Haut und atmen zum Teil durch sie. Verbrennt die Hälfte der Haut, ist das lebensgefährlich.

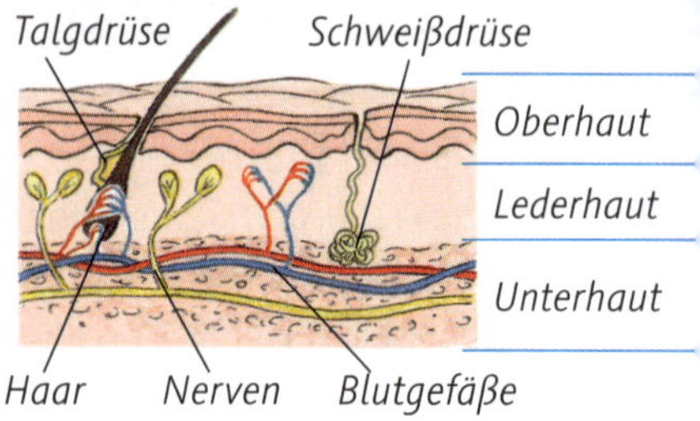

Hebel

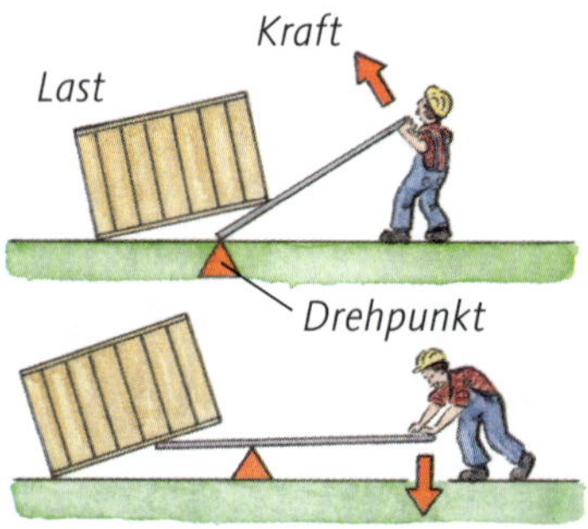

Hebel sparen ►*Kraft* bei der Arbeit. Die einfachste Form des Hebels ist eine Stange, die man unter eine Last schiebt und nach oben drückt. Man kann die Stange mit der Last auch über einen Stein legen und nach unten drücken. Je länger der Hebel ist, desto weniger Kraft ist nötig, um die Last zu heben. Es gibt viele Hebel, zum Beispiel Türklinke, Schraubenschlüssel und Schere.

Heide

Die Heide ist eine Landschaft mit nährstoffarmem Boden, auf dem niedrige Pflanzen wachsen. Dazu zählen das Heidekraut, das Erika heißt, und Wacholdersträucher. Große Heidegebiete sind die Lüneburger Heide in Niedersachsen, die Dresdner Heide in Sachsen und die Schorfheide in Brandenburg.

Heilpflanze

Heilpflanzen enthalten Wirkstoffe gegen Krankheiten. Diese Stoffe finden sich oft nur in bestimmten Pflanzenteilen, etwa in Blättern, Früchten oder Wurzeln. Man stellt daraus Tees, Salben oder ►*Medikamente* her. Dafür verwendet man zum Beispiel die Blätter des ►*Maiglöckchens*, die Blüten der Kamille oder die Wurzeln der Schlüsselblume. Die natürlichen Heilmittel wirken oft besser als die chemischen und haben meist keine Nebenwirkungen. Allerdings kann man eine ►*Allergie* auf manche Wirkstoffe haben. ►*Kräuter*

Heißluftballon

Ein Heißluftballon fährt mit Hilfe heißer ►*Luft*. Diese wird mit einem Gasbrenner von unten in den Ballon geblasen. Die Heißluft dehnt sich aus und ist leichter als die normale Luft. Dadurch entsteht ein ►*Auftrieb* und der Ballon steigt. Wenn die Luft abkühlt, sinkt der Ballon. Unter dem Ballon hängt eine Gondel für die Passagiere. Man kann den Ballon nicht direkt lenken, sondern muss die Luftströmungen ausnutzen.

Heizung

Die Heizung versorgt Häuser mit Wärme. Dazu wird ►*Kohle*, Heizöl oder ein anderer ►*Brennstoff* verbrannt. Eine Zentralheizung hat nur einen Ofen. Dieser Brenner steht meist im Keller des Hauses. Er erhitzt Wasser in einem druckfesten Kessel. Das Wasser wird durch Rohre in die Heizkörper gepumpt und gibt dort seine Wärme ab. Das nun abgekühlte Wasser fließt in den Kessel zurück, wo es von Neuem erhitzt wird. Heizkraftwerke versorgen ganze Stadtteile mit Fernwärme. Man heizt auch mit ►*Solarenergie* und ►*Erdwärme*.

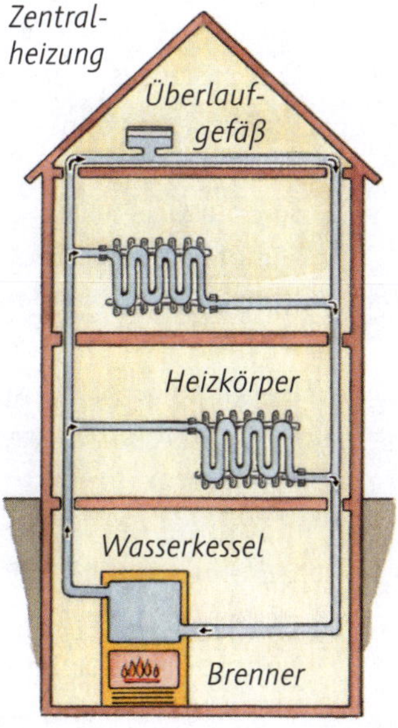

Herbarium

In einem Herbarium sammelt man Pflanzenteile. Damit sie nicht verfaulen, werden sie vorher gepresst und getrocknet. Danach klebt man sie auf Papier- oder Kartonblätter und kann sie nun in aller Ruhe betrachten und miteinander vergleichen. In botanischen Gärten und ►*Museen* befinden sich oft große Herbarien, die Wissenschaftler für ihre ►*Forschung* nutzen. In der Botanischen Staatssammlung München gibt es über 3 Millionen gepresste Pflanzenteile.

Herde

Eine Herde ist eine Tiergemeinschaft. Weidetiere wie Antilopen oder Gnus ziehen in ►*Afrika* oft in Herden von über tausend Tieren umher. Meist sind die Herden aber kleiner. Die Tiere einer Herde kennen sich untereinander. Das stärkste Männchen wird zum Leittier und führt die Herde an. Bei ►*Pferden* ist das der Leithengst, bei ►*Schafen* der Leithammel. Eine Elefantenherde wird von einer Elefantenkuh angeführt.

Herz

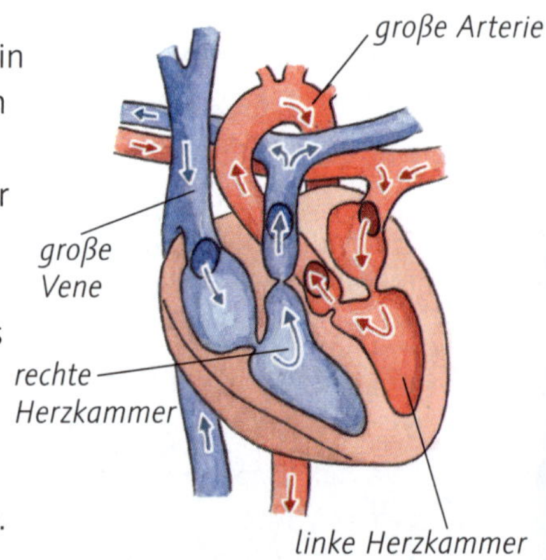

Das Herz des Menschen ist ein faustgroßer, hohler Muskel in der linken Brusthälfte. Es schlägt 60- bis 80-mal in der Minute und pumpt je nach Körpergewicht bis zu 6 Liter ►*Blut* durch die ►*Adern*. Das Herz ist der Motor für den ►*Blutkreislauf*. Die rechte Herzhälfte pumpt das sauerstoffarme Blut in die ►*Lunge*. Die linke Herzhälfte pumpt das sauerstoffreiche Blut in den Körper. Bei großer Anstrengung, zum Beispiel bei einem 100-m-Lauf, schlägt das Herz viel schneller und schickt viel mehr Blut durch den Körper.

A B C D E F G H I J K L M N O P Q R S T U V W X Y Z

Himmelskörper

Himmelskörper leuchten entweder selbst wie die ►*Sonne* und die ►*Sterne*. Oder sie werfen das Licht von der Sonne zurück wie die Erde und andere ►*Planeten*. Auch der ►*Mond* wird von der Sonne angestrahlt und leuchtet nicht selbst. Zu den Himmelskörpern in unserem ►*Sonnensystem* gehören noch viele kleinere Planeten sowie ►*Meteore* und ►*Kometen*. Niemand weiß, wie viele Milliarden von Himmelskörpern unterschiedlicher Größe es im unendlichen Weltall gibt.

Himmelsrichtung

Weil sich die Erde um ihre eigene Achse dreht, sehen wir die Sonne im Laufe eines Tages immer aus einer anderen Richtung. Morgens geht sie im Osten auf, mittags steht sie im Süden und abends geht sie im Westen unter. Im Norden ist sie auf unserer Erdhalbkugel nie zu sehen. Wendet man mittags um 12 Uhr der Sonne den Rücken zu, so hat man hinter sich Süden (S), vor sich Norden (N), links Westen (W) und rechts Osten (O). Die Magnetnadel in einem ►*Kompass* zeigt immer nach Norden. ►*Erdachse*

Hinduismus

Der Hinduismus ist die drittgrößte ►*Religion* nach dem ►*Christentum* und dem ►*Islam*. Die meisten Hindus gibt es in Indien. Sie glauben, dass sie nach dem Tod wieder auf die Erde zurückkehren. Ob man als Mensch, Tier oder Pflanze wiedergeboren wird, darüber entscheidet das Karma. Es wird von den Taten des Menschen bestimmt. Gute Taten bewirken ein gutes Karma und eine Wiedergeburt als Mensch. Die Hindus verehren zahlreiche Götter und Göttinnen und auch viele Tiere sind ihnen heilig.

Hochdruckgebiet

Bei hohem ►*Luftdruck* entsteht ein Hochdruckgebiet. Die Luftteilchen werden dann stärker zusammengepresst und nehmen weniger Raum ein. Dadurch wird die Luft dichter und schwerer und sinkt langsam zu Boden. ►*Wolken* lösen sich auf. Das ►*Barometer* steigt und das ►*Wetter* ist schön. Ein solches Hoch wird auf der Wetterkarte mit einem H eingetragen. ►*Tiefdruckgebiet*

Hochofen

Ein Hochofen ist etwa 30 m hoch. Man verbrennt darin Eisenerz, um reines ►*Eisen* zu gewinnen. Dazu füllt man von oben her ►*Erz*, Kalkstein und Koks in den Ofen und verschließt ihn. Dann wird 1200 Grad heiße Luft eingeblasen. Der Koks verbrennt und das Eisen wird bei der entstehenden Hitze aus dem Erz herausgeschmolzen. Das Roheisen fließt nach unten und wird von Zeit zu Zeit abgelassen. Man nennt das Abstich. Der Kalkstein bildet zusammen mit den Verunreinigungen die Schlacke, aus der man noch ►*Baustoffe* herstellt.

Abstich des Eisens am Hochofen

Höhle

Höhlen sind größere Hohlräume im Gestein. Darin suchten die umherziehenden ►*Urmenschen* Schutz vor Regen und Schnee und vor wilden Tieren. Spätere Menschen wohnten in Höhlen. Sie hielten darin auch ihren Jagdzauber ab und bemalten dazu die Wände mit Tieren, die sie erlegen wollten. Die größte bekannte Höhle der Erde ist die Mammuthöhle in Nordamerika mit 300 km Länge. Besonders viele Höhlen gibt es in Kalksteingebirgen, weil sich ►*Kalk* leicht in Wasser löst. In Tropfsteinhöhlen entstehen durch den aufgelösten Kalk oft hohe ►*Tropfsteine*.

Homosexualität

Die Vorsilbe „homo“ stammt aus dem Griechischen und bedeutet „gleich“. Homosexuelle Menschen verlieben sich in einen Partner des gleichen Geschlechts. Die Männer werden auch Schwule genannt, die Frauen Lesben. Zu allen Zeiten und in allen Ländern gab und gibt es Homosexuelle. Sie suchen nicht nur ►*Sexualität*, sondern Liebe und Zuneigung und wünschen sich eine Partnerschaft, wie es sie zwischen Mann und Frau gibt. In immer mehr Ländern können homosexuelle Paare heiraten.

Horizont

Der Horizont ist die Grenzlinie, an der Himmel und Erde sich scheinbar berühren. Je höher ein Beobachter steht, umso ferner scheint der Horizont zu sein. Der Blick geht dann weiter über die Erdkrümmung hinaus.

Hubschrauber

Hubschrauber heißen auch Helikopter. Sie fliegen mit Drehflügeln oder Rotoren und können senkrecht starten und landen und in der Luft stehen. Mit dem großem Rotor fliegt der Hubschrauber vorwärts, seitwärts oder rückwärts. Gesteuert wird er durch Verstellen der Rotorblätter. Der kleine Rotor am Heck verhindert, dass der Hubschrauber sich gegen die Richtung des Hauptrotors dreht und abstürzt. ►*Flug*

Humus

Humus ist dunkle, fruchtbare Erde, die viele Nährstoffe für Pflanzen enthält. Er entsteht, wenn abgestorbene Pflanzen verfaulen, zum Beispiel auf dem Komposthaufen. Um den Anteil an Humus im Boden zu erhöhen, streut der Bauer Stallmist auf die Felder oder pflügt Pflanzen unter. ►*Kompost*

Hydrant

Hydranten sind öffentliche Wasserzapfstellen. Hier schließt die Straßenreinigung oder die Feuerwehr ihre Schläuche an. Früher standen Hydranten überall am Straßenrand. Heute liegen die meisten Zapfstellen aber unter dem Bürgersteig oder unter der Fahrbahn und sind mit einem Deckel verschlossen. An Hauswänden sieht man oft Schilder mit Zahlen. Sie geben an, in welchem Abstand vom Haus ein unterirdischer Hydrant liegt.

Hygiene

Die Hygiene umfasst alle Maßnahmen zur Sauberkeit und Gesundheit. Dazu gehören vor allem die Reinigung des Körpers, die Zahnpflege und saubere Kleidung. Auch eine gesunde Lebensweise, genügend Bewegung in frischer Luft und ausreichend Schlaf dienen der Hygiene. Die staatlichen Gesundheitsämter überwachen die Sauberkeit in öffentlichen Einrichtungen wie Schwimmbädern. Sie kontrollieren auch das ►*Trinkwasser* und überprüfen die Lebensmittelgeschäfte und Gaststätten.

Idol

Als Idol bezeichnete man ursprünglich Abbilder von Göttern, die von den Gläubigen verehrt wurden. Heute ist ein Idol ein großes Vorbild, dem viele Menschen nacheifern. Oft sind es Sänger oder Schauspieler, die angeschwärmt werden.

Immunsystem

Das Immunsystem umfasst alle Möglichkeiten des Körpers, sich vor Erkrankungen zu schützen. Zum Beispiel ist der Magensaft so sauer, dass er fast alle ►*Bakterien* vernichtet, die mit der Nahrung aufgenommen werden. Überall im Körper gibt es ►*Zellen*, die Krankheitserreger abtöten. Dringen zu viele Erreger zur gleichen Zeit ein und ist das Immunsystem zu schwach, um sie abzuwehren, wird man krank. Wer sich richtig ernährt und ausreichend bewegt, stärkt sein Immunsystem.

Impfung

Impfungen schützen vor gefährlichen ansteckenden Krankheiten. Dazu spritzt der Arzt abgeschwächte Krankheitserreger in den Körper. Der Körper bildet dann Abwehrstoffe gegen bestimmte ►*Bakterien* und ►*Viren*. Man sagt, er wird immun gegen die Krankheit. Gelangen dieselben Krankheitserreger noch einmal in den Körper, dann erkennt dieser sie sofort und bekämpft sie. Man kann sich auch gegen eine schon bestehende Krankheit impfen lassen. Dabei werden gleich die Abwehrstoffe gegen die Krankheit in den Körper gebracht. Man wird dann zwar gesund, aber nicht immun. Das heißt, dass man dieselbe Krankheit noch einmal bekommen kann. ►*Immunsystem*

Import

Der Import ist ein Teil des ►*Handels*. Dabei werden Waren aus anderen Ländern eingeführt und gekauft. Man kann auch ►*Dienstleistungen* importieren. So kommen zum Beispiel Computerfachleute aus Indien zu uns, um ihr Wissen mitzuteilen. Deutschland importiert vor allem ►*Rohstoffe*, aber auch viele ►*Nahrungsmittel*, die es bei uns nicht gibt. ►*Export*

Indianer

Als Kolumbus 1492 ►*Amerika* entdeckte, lebten dort mindestens 30 Millionen Ureinwohner, davon 7 Millionen in Nordamerika. Sie bildeten etwa 2000 verschiedene Völker mit unterschiedlichen Namen. Kolumbus nannte diese Menschen Indianer, weil er glaubte, in Indien gelandet zu sein. Trotz dieses Irrtums hat sich die Bezeichnung „Indianer" bis heute erhalten. Tatsächlich waren die sogenannten Indianer die ersten Amerikaner und ihnen gehörten beide Erdteile. Heute leben in den USA und in Kanada über 2 Millionen Indianer. In Mittel- und Südamerika haben mehr als die Hälfte der Einwohner indianische und weiße Vorfahren. Es gibt dort rund 30 Millionen echte Indianer, die man Indios nennt.

Industrie

Die Industrie produziert aus ►*Rohstoffen* große Mengen an Waren. Die Schwerindustrie verarbeitet zum Beispiel ►*Kohle* und ►*Erz* zu Roheisen und ►*Stahl*. Die chemische Industrie stellt vor allem aus ►*Erdöl* viele ►*Kunststoffe* her. Sie erzeugt auch Kunstdünger, Farben und Lacke sowie Arzneimittel. Deutschland ist ein Industrieland mit vielen ►*Fabriken*. Die Autoindustrie, der Maschinenbau und die Nahrungsmittelindustrie sind wichtige Industriezweige Die Industrieprodukte gehen zum größten Teil in den ►*Export*.

Infektion

Die Übertragung ansteckender Krankheiten nennt man Infektion. Sie erfolgt durch ►*Bakterien*, ►*Viren* oder ►*Pilze*. Die Krankheitserreger gelangen durch Einatmen, mit der Nahrung oder durch Berührung von Kranken in den Körper. Auch viele ►*Insekten* übertragen Krankheiten. Durch strenge ►*Hygiene* und ►*Impfungen* können Infektionskrankheiten zum großen Teil verhindert werden.

Information

Alles, was man erfährt, ist eine Information. Das können Nachrichten aus aller Welt oder Auskünfte sein. Auch Wissen, das man erwirbt, ist Information. Ständig ist die Menschheit auf der Suche nach neuen Informationen und forscht deshalb auf vielen Gebieten. Im Laufe seines Lebens erhält und sammelt der Mensch eine Fülle an Informationen. Moderne Mittel der ►*Kommunikation* wie ►*Radio*, ►*Fernsehen* und ►*Internet* verbreiten immer mehr Informationen.

Infrarot-Strahlen

Das Sonnenlicht enthält nicht nur unsichtbare ►*UV-Strahlen*, sondern auch Infrarot-Strahlen. Man kann sie ebenfalls nicht sehen, aber ihre Wärme spüren. Alle Körper, auch kalte, senden solche Strahlen aus. Deshalb lassen sich zum Beispiel bei ►*Erdbeben* Verschüttete mit Infrarot-Suchgeräten entdecken. Diese Geräte zeigen Wärmestrahlen mit einem Signal an.

Insekt

Insekten machen drei Viertel aller Tiere aus und kommen überall vor. Es gibt über eine Million verschiedener Insekten.

Dazu zählen ►*Käfer*, ►*Fliegen*, ►*Schmetterlinge*, ►*Ameisen*, Heuschrecken und viele andere. Die meisten Insekten haben Flügel, mit denen sie fliegen können. Man bezeichnet Insekten auch als Kerbtiere, weil ihr Körper deutlich eingekerbt ist in Kopf, Brust und Hinterleib. An der Brust sitzen sechs Beine. Insekten besitzen Fühler, mit denen sie Geruch und Geschmack wahrnehmen. Bei ihrer Entwicklung machen alle Insekten eine Verwandlung durch, die man ►*Metamorphose* nennt. Unter den Insekten gibt es viele Schädlinge und Überträger von Krankheiten. Dazu gehören Läuse, Flöhe und zahlreiche Stechmücken.

Insel

Inseln sind Landteile, die von Wasser umgeben sind. Sie wurden entweder vom Festland abgetrennt oder vom Meeresgrund her aufgebaut. Inselformen sind zum Beispiel Atolle, Halligen oder Halbinseln. Atolle entstanden durch ►*Vulkane* auf dem Meeresgrund. Halligen sind kleine Inseln im ►*Watt* der Nordsee. Eine Gruppe von mehreren Inseln bezeichnet man als Archipel. Die größte Insel der Erde, Grönland, ist fast sechsmal so groß wie Deutschland.

Atoll

Inserat

Wer sein Auto verkaufen will oder eine Wohnung sucht, kann in einer ►*Zeitung* eine Anzeige aufgeben. Die Zeitung veröffentlicht das Verkaufsangebot oder das Mietgesuch. Eine solche Anzeige heißt Inserat oder Annonce (▼annohße). Es gibt Werbeanzeigen von Firmen, Stellenanzeigen, Bekanntschaftsanzeigen, Immobilienanzeigen für den Verkauf von Häusern und viele andere. Anzeigen sind ein Markt mit Angebot und Nachfrage für die Zeitungsleser. Auch im ►*Internet* gibt es Seiten mit Inseraten.

Installation

Installationen sind technische Einrichtungen in Gebäuden wie Heizung, Wasser-, Gas- und Elektroleitungen. Sie werden von Anlagenmechanikern und Installateuren eingebaut. Einen Elektroherd darf zum Beispiel nur ein Elektroinstallateur an das Stromnetz anschließen.

Instinkt

Tiere besitzen angeborene Triebe oder Instinkte. Die meisten Verhaltensweisen von Tieren werden durch solche Instinkte gesteuert. Ein Vogel baut zum Beispiel instinktiv ein Nest, wenn er brüten will. Eine Katze jagt instinktiv eine Maus, selbst wenn sie zu Hause genug zu fressen bekommt. Auch der Mensch besitzt angeborene Instinkte. So kann ein Baby sofort nach der Geburt Milch saugen, ohne es gelernt zu haben. Im Gegensatz zu den Tieren kann der Mensch seine Instinkte aber durch den Verstand kontrollieren, denn er besitzt ►*Intelligenz*.

Intelligenz

Der Mensch besitzt angeborene Intelligenz. Er kann mit dem Verstand seine Handlungen vorausplanen. Allerdings sind die Menschen unterschiedlich intelligent. Mit einem Intelligenztest kann man bestimmen, wie intelligent jemand ist. So lässt sich herausfinden, wie schnell und gut jemand eine schwierige Sache versteht, ob er logisch denkt und ein gutes Gedächtnis hat. Nach dem 20. Lebensjahr nimmt die Intelligenz nicht mehr stark zu. Man kann sie aber trainieren – zum Beispiel durch Lesen und das Lösen von Denkaufgaben. ►*Instinkt*

Internet

Über das Internet kann man auf der ganzen Welt ►*Daten* mit anderen ►*Computern* austauschen. Es bietet Dienste wie das ►*World Wide Web* (www), ►*E-Mails* und ►*Chatrooms* an. Man kann über das Internet auch telefonieren oder Radio- und Fernsehsendungen empfangen. Um ins Internet zu kommen, braucht man einen Computer und ein ►*Modem*.

Interview

Interview (▼interwjuu) ist englisch und bedeutet Unterredung. Damit bezeichnet man Gespräche, bei denen ►*Journalisten* Menschen befragen. Interviews werden in ►*Zeitungen* und ►*Zeitschriften* abgedruckt, im ►*Radio* und im ►*Fernsehen* oder im ►*Internet* verbreitet.

Islam

Der Islam ist eine der großen ►*Religionen* der Welt. Er hat nach dem ►*Christentum* die meisten Anhänger. Über eine Milliarde Menschen bekennen sich zum Islam. Man nennt sie ►*Muslime*. Sie glauben wie die Christen an einen Gott, den sie ►*Allah* nennen. Ihren Gottesdienst feiern die Muslime in einer ►*Moschee*.

Jagd

Bei der Jagd werden Wildtiere erlegt, deren Fleisch man isst. Zu den jagdbaren Tieren zählen bei uns vor allem Hirsche und Rehe, Hasen und Wildschweine, Wildenten, Fasane und Rebhühner. Damit das ►*Wild* nicht überhandnimmt, wird jährlich eine bestimmte Anzahl an Tieren für die Jagd freigegeben. Die Jäger schießen auch alte und kranke Tiere. Wer auf die Jagd gehen will, muss erst eine Prüfung ablegen und einen Jagdschein erwerben. In der Schonzeit, wenn die Tiere Junge haben, darf nicht gejagt werden.

Jahr

Ein Jahr ist die Zeit, in der sich die Erde einmal um die Sonne dreht. Es dauert genau 365 Tage, 5 Stunden, 48 Minuten und 46 Sekunden. Ein Kalenderjahr hat aber nur 365 Tage. Um den Unterschied zum Sonnenjahr im ►*Kalender* auszugleichen, gibt es alle vier Jahre ein Schaltjahr. Dann wird der 29. Februar als 366. Tag eingeschoben. Immer wenn eine Jahreszahl durch 4 teilbar ist, hat man ein Schaltjahr.

Jahreszeit

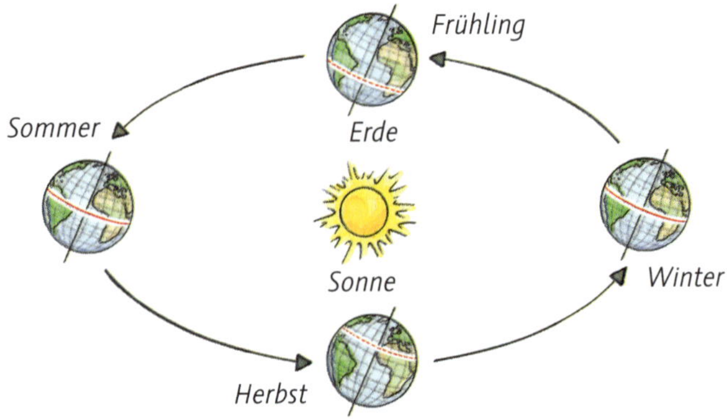

Die vier Jahreszeiten werden durch den Lauf der Erde um die Sonne bestimmt. Da die ►*Erdachse* leicht schräg steht, fallen die Sonnenstrahlen je nach Jahreszeit unterschiedlich lang und steil auf die Erdoberfläche. Im Sommer steht die Sonne am höchsten. Ihre Strahlen fallen steil ein und wärmen deshalb am stärksten. Im Winter fallen die Strahlen eine kürzere Zeit und sehr flach ein. Sie wärmen dann weniger. Auf der nördlichen Erdhalbkugel beginnt der Winter am 21./22. Dezember, der Frühling am 20./21. März, der Sommer am 21./22. Juni, der Herbst am 22./23. September. Wenn auf der südlichen Halbkugel Winter herrscht, ist bei uns Sommer. Am ►*Äquator* gibt es keine Jahreszeiten wie bei uns. Man unterscheidet aber Regenzeiten und Trockenzeiten.

Journalist

Journalistinnen und Journalisten arbeiten für die ►*Presse*. Sie schreiben für ►*Zeitungen* und ►*Zeitschriften* oder liefern ►*Reportagen* und Berichte für ►*Radio*, ►*Fernsehen* und ►*Internet*. Dadurch informieren sie die Gesellschaft über das tägliche Geschehen in der Heimat und in der Welt. Ihre Berufsbezeichnung kommt von dem französischen Wort „journal", was „Tageszeitung" heißt. ►*Information*

Judentum

Das Judentum bezeichnet sowohl die jüdische ►*Religion* als auch das jüdische Volk und seine ►*Kultur*. Es gibt ungefähr 16 Millionen Juden auf der Welt, davon leben 7 Millionen in Israel. Die jüdische Religion verwendet auch Texte aus der ►*Bibel*. Jedoch glauben Juden nicht daran, dass Jesus der Sohn Gottes war. Sie warten auf die Ankunft ihres Erlösers, des Messias. Die Vorschriften für fromme Juden sind im Talmud genau festgelegt. Der wöchentliche Feiertag der Juden ist der Samstag, der Sabbat. An diesem Tag dürfen die Gläubigen keinerlei Arbeit verrichten. Das jüdische Gotteshaus heißt ►*Synagoge*. Der Vorsteher einer Gemeinde ist der Rabbiner oder kurz Rabbi.

Jugendherberge

In vielen Ländern gibt es Jugendherbergen. Hier können Reisende billig übernachten und erhalten ein preiswertes Essen. Die erste Jugendherberge wurde im Jahr 1909 in Westfalen eingerichtet. Um in einer Jugendherberge aufgenommen zu werden, muss man Mitglied des Deutschen Jugendherbergswerk DJW sein.

Jury

Eine Jury (▼schüürii) ist eine Gruppe von Menschen, die gemeinsam Leistungen anderer bewerten muss, zum Beispiel die von Sportlern oder Künstlern. Das kann bei Wettbewerben sein oder wenn eine Auszeichnung verliehen werden soll.

Kabel

Verschiedene Stromkabel

Kabel enthalten Drähte aus Metallen, die elektrischen Strom gut leiten. Besonders gute Leiter sind Kupfer und Aluminium. Die Kabel und die Drähte im Innern sind von einer Isolierschicht umgeben, die keinen Strom leitet. In dicken Starkstromkabeln fließt Strom vom ►*Kraftwerk* zum Verbraucher. Elektrokabel leiten den Strom von der ►*Steckdose* in ein Elektrogerät. Telefonkabel bestehen aus vielen dünnen Kupferdrähten. Kabel aus Glasfasern übertragen Lichtsignale mit Hilfe von ►*Laserstrahlen*.

Kalender

Unser Kalender unterteilt das ►*Jahr* in 365 Tage, 52 Wochen oder 12 Monate. Dieser Sonnenkalender wurde 1582 von Papst Gregor eingeführt und zählt ab Christi Geburt. Das ist das Jahr 1 nach Christus. Alle Jahre davor bezeichnet man mit „vor Christus". Es gibt auch andere Zeiteinteilungen: Der Kalender der ►*Muslime* zum Beispiel hat 12 Monate zu 29 oder 30 Tagen. Ihr Jahr ist also einige Tage kürzer als unseres und richtet sich nach den ►*Mondphasen*. Der islamische Kalender beginnt mit der Zählung im Jahr 622 n. Chr. Deshalb ist das Jahr 2010 n. Chr. für die Muslime das Jahr 1431. Bei den Juden beginnt die Zählung im Jahr 3761 v. Chr. Das Jahr 2010 n. Chr. ist nach dem jüdischen Kalender das Jahr 5770.

Kalk

Der Kalk ist ein wichtiges Baumaterial. Man gewinnt ihn aus Kalkstein in ►*Steinbrüchen*. Die Kalkbrocken werden in einem großen Ofen gebrannt, dann zerkleinert und gemahlen. Diesen Branntkalk mischt man mit Wasser und Sand und erhält Mörtel. Der Mörtel wird an der Luft steinhart. Zement besteht zum größten Teil aus Kalk. Man verwendet Kalk mit viel Wasser verdünnt auch zum Streichen von Ställen. Da er ätzend wirkt und ►*Bakterien* und Blattläuse tötet, kalkt man die Stämme der Obstbäume. Auch bei vielen Lebewesen findet sich Kalk. So haben Schnecken, Muscheln, Seeigel und andere Tiere Häuser oder Schalen aus Kalk. Unsere ►*Knochen* sind ebenfalls aus Kalk. Man verwendet Kalk auch als ►*Dünger*.

Kalorie/Joule

Das Joule (▾dschuul) ist eine ►*Maßeinheit* der ►*Physik*, mit der man ►*Energie*, Arbeit und Wärmemengen misst. In Joule wird auch der Energiewert von ►*Nahrungsmitteln* angegeben. Wenn ein Übergewichtiger abnehmen will, ist diese Information sehr wichtig für ihn. Früher wurde die Maßeinheit Kalorie verwendet. Weil die Menschen noch daran gewöhnt sind, geben Hersteller von Nahrungsmitteln die Nährwerte in Joule und in Kalorien an.

Kanal

Kanäle sind künstliche Wasserstraßen. Sie verbinden schiffbare Flüsse oder Meeresteile miteinander. Der Rhein-Main-Donau-Kanal verbindet diese drei Flüsse. Der Nord-Ostsee-Kanal verkürzt den Schifffahrtsweg von der ►*Nordsee* zur ►*Ostsee*. Die Höhenunterschiede in Wasserstraßen gleichen ►*Schleusen* oder Schiffshebewerke aus. ►*Kanalisation*

Kanalisation

Das Netz unterirdischer Rohrleitungen für das ►*Abwasser* nennt man Kanalisation. Die Abwasserkanäle beginnen an den Häusern. Sie leiten das Wasser aus den Abflussrohren und das Regenwasser in einen Hauptkanal. Dieser führt zu einer ►*Kläranlage*, wo die Abwässer gereinigt werden.

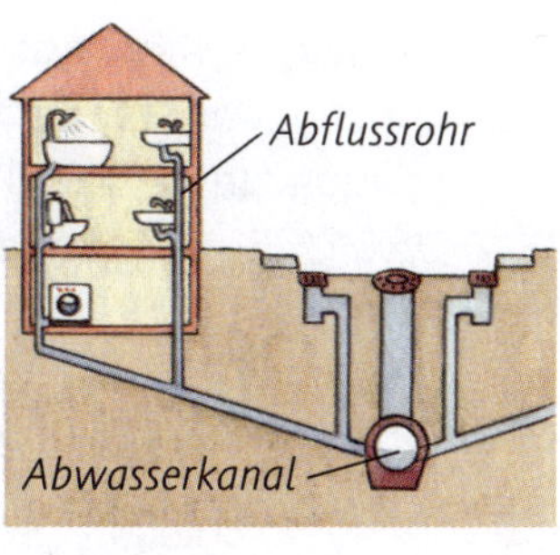

A
B
C
D
E
F
G
H
I
J
K
L
M
N
O
P
Q
R
S
T
U
V
W
X
Y
Z

Karies

Karies (▼kari-es) ist eine Erkrankung der Zähne und heißt auch Zahnfäule. Dabei wird der Zahnschmelz von ►*Bakterien* angegriffen. Es entstehen Löcher, die man als braune Flecken sieht. Wird Karies nicht behandelt, zerstört sie den Zahnnerv und der ►*Zahn* stirbt.

Katalog

Ein Katalog ist ein Verzeichnis, das alphabetisch oder nach Sachgruppen geordnet ist. So sind in einem Briefmarkenkatalog die Marken nach Ländern aufgeführt. Versandhauskataloge enthalten alle Waren, die das ►*Versandhaus* anbietet. Ausstellungs- und Kunstkataloge beschreiben Gegenstände eines ►*Museums* oder einer Kunstausstellung.

Katalysator

Mit Katalysatoren entgiftet man die ►*Abgase* in Autos. Dabei werden giftige Schadstoffe, die bei der ►*Verbrennung* von Benzin im Motor entstehen, in unschädliche Gase umgewandelt. Das Benzin verbrennt vollständig.

Keimung

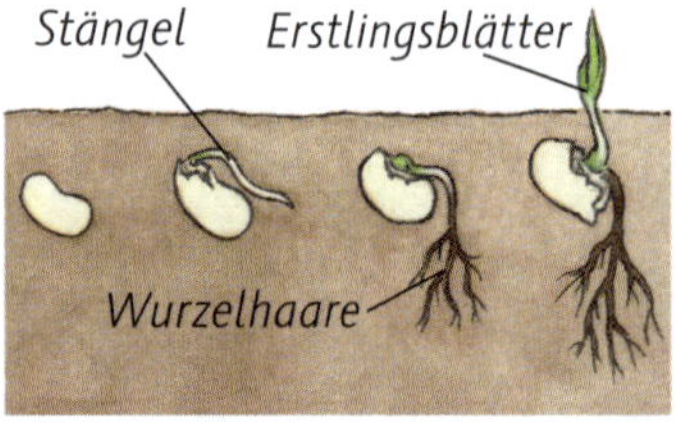

Bei der Keimung entwickelt sich aus dem ►*Samen* eine neue Pflanze. Wenn man einen Bohnenkern in feuchte Erde steckt, beginnt er zu keimen. Der Kern quillt auf und der Keimling fängt zu wachsen an. Mit der Keimwurzel verankert er sich im Boden, der Stängel wächst nach oben. Die Keimblätter enthalten Nährstoffe für das erste Wachstum. Wenn die Pflanze grüne Blätter gebildet hat, fallen die Keimblätter ab.

Kernenergie

Die Kernenergie ist die Kraft, die in den Kernen der ►*Atome* steckt. Wenn man die Atomkerne spaltet oder miteinander verschmilzt, entsteht ungeheure Wärme. In Kernkraftwerken spaltet man die Atomkerne von ►*Uran* in einem Kernreaktor. Die Wärme nutzt man zur Stromgewinnung. Dabei entstehen aber lebensgefährliche radioaktive Strahlen. Deshalb werden die Kernreaktoren durch meterdicke Wände aus ►*Stahl* und ►*Beton* gesichert. ►*Kraftwerk* ►*Radioaktivität*

Kieme

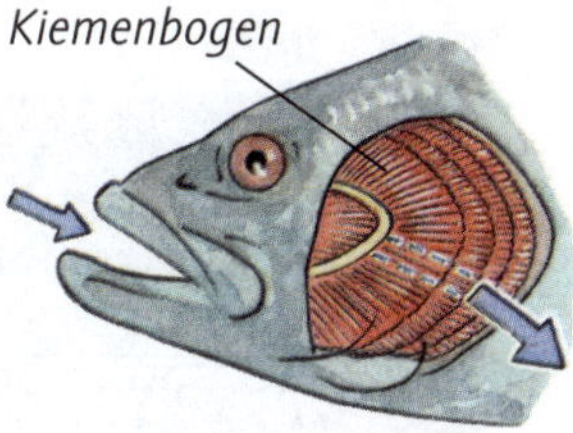

Die meisten Wassertiere atmen mit Kiemen. Das sind stark durchblutete, nach außen gestülpte Hautteile. Bei ►*Fischen* sitzen die Kiemen am Kopf und sind durch Kiemendeckel geschützt. Beim Atmen saugt der Fisch Wasser ins Maul und presst es durch die Kiemen wieder heraus. Dabei wird der im Wasser gelöste ►*Sauerstoff* von den Blutgefäßen der Kiemenblättchen aufgenommen. ►*Lunge*

Kinderarbeit

Verrichten Kinder unter 14 Jahren regelmäßig eine Arbeit, mit der sie Geld verdienen, ist das Kinderarbeit. Früher mussten viele Kinder für den Lebensunterhalt ihrer Familien arbeiten. Das schädigte ihre Gesundheit. Außerdem konnten sie nicht oder nur selten zur Schule gehen. Sie blieben ihr Leben lang Hilfsarbeiter. In Deutschland ist Kinderarbeit verboten. In vielen armen Ländern müssen Kinder jedoch heute noch arbeiten.

Kirche

Mit Kirche bezeichnet man nicht nur ein Gotteshaus, sondern auch alle Mitglieder einer Religionsgemeinschaft. Die katholische Kirche umfasst alle Gläubigen auf der Welt. Ihr Oberhaupt ist der ►*Papst* in Rom. Die evangelische Kirche der Protestanten ist nach Ländern unterteilt. So gibt es zum Beispiel eine evangelische Kirche von Deutschland. Sie wird von einem Landesbischof oder einer Landesbischöfin geleitet. ►*Bischof*

Kläranlage

In Kläranlagen werden ►*Abwässer* gereinigt, bevor man sie in die Flüsse und das Meer leitet. Das Schmutzwasser fließt durch die ►*Kanalisation* in die Kläranlage. Dort halten Rechen und Siebe den gröbsten Schmutz zurück. Im Sandfang sinken Schmutzteilchen zu Boden. Das Wasser fließt nun langsam durch ein Vorklärbecken, wo sich sehr feiner Schmutz absetzt.

Blick auf eine Kläranlage

Anschließend wird das Wasser gefiltert und mit ►*Sauerstoff* belüftet. Diesen benötigen ►*Bakterien* im Belebungsbecken, um im Wasser gelöste Stoffe zu vertilgen. Dabei setzen sich Schlammflocken als Klärschlamm ab. Der Klärschlamm wird besonders behandelt und getrocknet und dient als ►*Dünger*.

Klima

Das Wetter, das über einen längeren Zeitraum in einem Gebiet vorherrscht, bestimmt das Klima. Auf der Erde gibt es fünf große Klimazonen, vom heißen Wüstenklima bis zum eisigen Polarklima. Deutschland liegt im Übergang zwischen Seeklima und Landklima. Die Sommer sind regenreich und nicht zu heiß, die Winter sind mild. ►*Klimaerwärmung*

Klimaerwärmung

Das ►*Klima* auf der Erde wird stark von den ►*Regenwäldern* beeinflusst. Sie geben Feuchtigkeit an die Luft ab und liefern große Mengen an ►*Sauerstoff*. Das Abholzen dieser Wälder und die Zunahme von ►*Abgasen* in der ►*Atmosphäre* verändern zunehmend das Klima. Dabei kommt es zu einer Klimaerwärmung. Man spricht auch von Klimawandel. Die Eisdecken an den Polen und die ►*Gletscher* schmelzen und der Meeresspiegel steigt langsam an. Weite Landstriche trocknen aus und immer mehr ►*Wüsten* entstehen. ►*Treibhauseffekt*

Kloster

Klöster gibt es in vielen ►*Religionen*. In christlichen Klöstern leben Nonnen und Mönche. Sie widmen sich ganz ihrem Glauben und befolgen strenge Regeln. So heiraten sie nicht und leisten das Versprechen des Gehorsams und der Armut. Ein wichtiger Teil ihres Lebens ist das Gebet. Frauenklöster werden von einer Äbtissin geleitet, Männerklöster von einem Abt. Vor allem im Mittelalter haben Klöster viel geleistet. Mönche rodeten Wälder, betrieben Landwirtschaft, förderten die Wissenschaft und errichteten Schulen. Nonnen pflegten Kranke und kümmerten sich um Arme und um ►*Waisen*.

Knochenbau

Über 200 ►*Knochen* bilden das ►*Skelett* des Menschen. Sie machen nicht einmal ein Viertel seines Körpergewichts aus. Es gibt viele Knochenformen: kurze wie die Fingerknochen, platte wie die Schädelknochen und lange Röhrenknochen in Armen und Beinen. Unter der harten Schicht bilden die Knochen ein schwammartiges Geflecht aus Knochenbälkchen. Diese verstärken die Knochen und machen sie zugleich leichter. Zwischen den Bälkchen und in der Markhöhle befindet sich das Knochenmark. Es stellt die ►*Zellen* im ►*Blut* her. Alle Knochen sind von einer empfindlichen Knochenhaut überzogen, in der feine ►*Adern* und ►*Nerven* liegen.

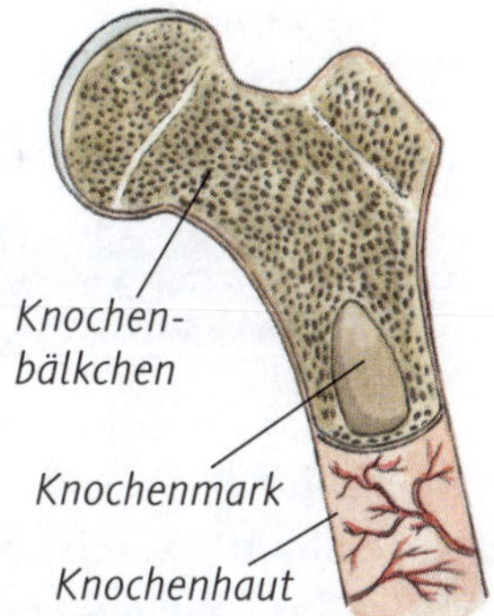

Knospe

Die Knospen an Ästen und Zweigen enthalten die Anlage für neue ►*Blätter* oder ►*Blüten*. Diese sind durch die lederartigen Schuppen vor dem Austrocknen und Erfrieren geschützt. Da Knospen bitter sind, werden sie von Tieren kaum gefressen.

Kohle

Die Kohle ist ein wichtiger ►*Rohstoff* und ►*Brennstoff*. Sie lagert zwischen den Gesteinsschichten der Erde und ist im Laufe von Millionen Jahren entstanden. Damals versanken Urwälder im Sumpf und wurden von der Luft abgeschlossen. Durch Druck und Hitze zersetzten sich die Pflanzenteile zu ►*Torf*. Daraus entstand zuerst Braunkohle, später Steinkohle. Je tiefer die Kohle in der Erde liegt, desto älter und wertvoller ist sie. Sie enthält dann viel ►*Kohlenstoff*. Die Kohle wird in ►*Bergwerken* abgebaut. Aus Steinkohle gewinnt man Koks, Teer, Benzin und Lacke. Braunkohle liegt nur wenige Meter unter der Erde. Man betreibt damit häufig ►*Kraftwerke*. Das schadet der Umwelt, da Braunkohle viel ►*Schwefel* enthält.

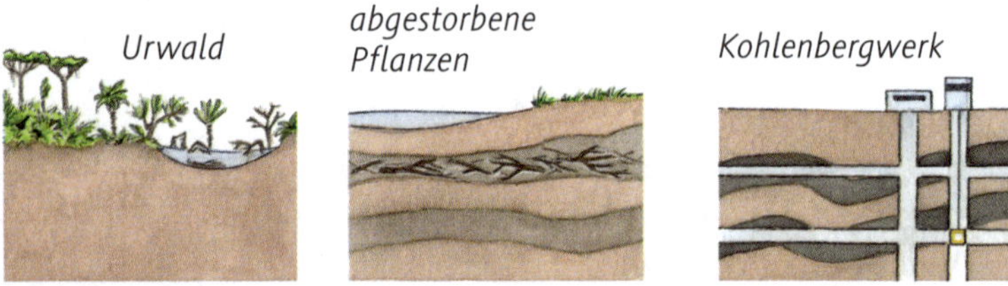

Kohlendioxid

Kohlendioxid ist ein farb- und geruchloses ►*Gas*, das bei jeder ►*Verbrennung* vorkommt. Das Gas besteht aus einem ►*Atom* ►*Kohlenstoff* (C) und zwei Atomen ►*Sauerstoff* (O_2) und hat das chemische Zeichen CO_2. Beim Ausatmen wird Kohlendioxid abgegeben. In großer Menge ist es giftig. In Wasser löst es sich zu Kohlensäure, die man von der Limonade her kennt. ►*Abgase* enthalten viel CO_2.

Kohlenhydrat

Kohlenhydrate sind wichtige ►*Nährstoffe*. Man bezeichnet damit ►*Zucker* und ►*Stärke*. Brot, Nudeln, ►*Kartoffeln*, Erbsen und Obst enthalten besonders viele Kohlenhydrate. Die ►*Zellen* wandeln sie um und gewinnen daraus ►*Energie* für die Körperwärme und die Kraft der ►*Muskeln*. ►*Stoffwechsel*

Kohlenstoff

Kohlenstoff ist ein chemisches Element mit dem Zeichen C. Er kommt in allen Lebewesen vor. Da ►*Kohle* und ►*Erdöl* aus abgestorbenen Pflanzen und Tieren entstanden, enthalten sie Kohlenstoff. Auch ►*Kohlenhydrate* bestehen zum großen Teil aus Kohlenstoff. Reiner Kohlenstoff ist der weiche Graphit in Bleistiftminen oder der harte ►*Diamant*. ►*Chemie*

Komet

Ein Komet ist ein kleiner ►*Himmelskörper*. Er hat einen festen Kern, der meist aus Staub und Eis besteht. In der Nähe der Sonne entwickelt der Komet einen weithin sichtbaren Schweif aus Gasen. Ein solcher Himmelskörper wird daher auch Schweifstern genannt. ►*Stern*

Komet

Kommunikation

Kommunikation bedeutet Verständigung oder Mitteilung. Wenn Menschen miteinander reden und ihre Gedanken austauschen, ist das Kommunikation. Mit modernen Kommunikationsmitteln wie ►*Telefon* und ►*Internet* kann man in Sekunden weltweit miteinander in Verbindung treten. Auch Rundfunk und Fernsehen sind Kommunikationsmittel. Man nennt sie ►*Medien*.

Kommunion

Die Kommunion ist ein ►*Sakrament* der katholischen Kirche. Nach katholischem Glauben werden Brot und Wein in den Leib und das Blut von Jesus Christus verwandelt. Wer an der

Kommunion teilnimmt, isst das Brot und vereinigt sich dadurch mit Christus. Katholische Kinder gehen im Alter von acht bis zehn Jahren zur Erstkommunion. ►*Konfirmation*

Kompass

Mit dem Kompass kann man die ►*Himmelsrichtungen* bestimmen. Das ist möglich, weil die Erdkugel wie ein großer ►*Magnet* wirkt. Die Magnetnadel im Kompass zeigt stets auf den ►*Nordpol*. Norden ist auf einer Landkarte immer oben. Um sich in einer fremden Gegend zurechtzufinden, muss man die Karte so halten, dass ihr oberer Rand in die gleiche Richtung zeigt wie die Kompassnadel.

Wanderkompass

Kompost

In vielen Gärten gibt es Komposthaufen. Darauf wirft man verwelkte oder abgeschnittene Pflanzenteile, genauso alle Küchenabfälle, die pflanzlich oder tierisch sind und nicht gekocht wurden. Durch das Wirken von ►*Bakterien*, ►*Pilzen*, kleinen Tieren und ►*Würmern* entsteht aus dem Abfall Komposterde. Sie enthält besonders viele Nährstoffe für Pflanzen. Fast jeder Haushalt hat eine Biotonne für biologische Abfälle. Die Tonnen werden regelmäßig auf großen Kompostierungsanlagen entleert. So wird ein Teil des Mülls sinnvoll wiederverwertet. Das nützt auch der Umwelt.

Kompromiss

Menschen haben manchmal unterschiedliche Meinungen und müssen sich trotzdem einigen. Ein Beispiel: Anna isst mittags am liebsten Süßspeisen, Mama lieber ►*Gemüse*. Wenn es nun abwechselnd Süßspeisen und Gemüse gibt, haben beide einen Kompromiss geschlossen.

Kondensation

Kondensieren ist das Gegenteil von Verdampfen. Dabei ändert ein ►*Gas* seine ►*Zustandsform* und verwandelt sich in eine Flüssigkeit. Wenn warme, feuchte Luft im Bad abkühlt, schlagen sich auf dem kalten Spiegel Tröpfchen nieder. Die Dampfteilchen in der Luft werden zu Wasser. ►*Dampf* ►*Verdunstung*

Konfirmation

Am Tag der Konfirmation gehen evangelische Jugendliche mit etwa 14 Jahren zum ersten Mal zum Abendmahl. Sie essen Brot und trinken Wein wie Jesus bei seinem letzten Mahl vor seinem Tod. Die Konfirmandin oder der Konfirmand werden damit in die Gemeinschaft der erwachsenen Christen aufgenommen.

Konflikt

Wenn Menschen etwas Unterschiedliches wollen, geraten sie in einen Konflikt miteinander. Dann sollten sie sich nicht wütend streiten, sondern eine ruhige ►*Diskussion* führen. Manchmal kann ein ►*Kompromiss* die Lösung sein. Konflikte zwischen Ländern können sogar zu einem ►*Krieg* führen.

Konkurrenz

Bieten zwei oder mehrere Firmen die gleiche Ware an, stehen sie in Konkurrenz zueinander. Alle wollen, dass ihre Ware möglichst oft gekauft wird. Für die Kunden ist das von Vorteil, denn oft senken die Firmen die Preise. Auch unter Menschen gibt es Konkurrenz, zum Beispiel im Sport oder bei der Arbeit.

Konsum

Unter Konsum versteht man den Verzehr und Verbrauch von Waren. Konsumgüter befriedigen meist die Grundbedürfnisse der Menschen. Dazu zählen ►*Nahrungsmittel*, Kleidung oder Möbel. Manche Menschen können nur das kaufen, was sie unbedingt zum Leben brauchen. Es gibt andere mit genügend Geld, die ihren Konsum dauernd steigern und teure Luxusgüter kaufen. Für sie ist Einkaufen eine Freizeitbeschäftigung.

A B C D E F G H I J K L M N O P Q R S T U V W X Y Z

Kontinent

Kontinente sind Erdteile. Sie bedecken nicht einmal ein Drittel der Erdoberfläche, der Rest sind die ►*Ozeane*. Man unterscheidet sieben Erdteile. Das sind der Größe nach ►*Asien*, ►*Afrika*, ►*Nordamerika*, ►*Südamerika*, die ►*Antarktis*, ►*Europa* und ►*Australien*. KARTE siehe S. 318.

Konto

Wer ein Konto bei einer ►*Bank* oder Sparkasse hat, kann sich seinen Lohn oder sein Gehalt dahin überweisen lassen. Das Geld wird dem Konto als Einnahme gutgeschrieben. Die Bank übernimmt auch Daueraufträge für regelmäßige Zahlungen. Sie überweist dann zum Beispiel jeden Monat die ►*Miete* vom Konto. Dieser Betrag wird als Ausgabe auf dem Konto notiert. Jedes Konto hat eine Kontonummer. Alle Einnahmen und Ausgaben sind auf dem Kontoauszug aufgeschrieben. Man kann ihn sich am Bankautomaten ausdrucken. ►*Kreditkarte*

Konzert

Wenn Musiker, Sänger oder ein ►*Chor* einen öffentlichen Auftritt haben, geben sie ein Konzert. Wer ihnen zuhören möchte, muss eine Konzertkarte kaufen, denn die Künstler bekommen für ihre Arbeit eine Gage (▼gahsche). Je berühmter sie sind, desto höher ist ihre Bezahlung und umso teurer sind die Karten. Zu Pop- oder Rockkonzerten in einer großen Halle kommen oft Tausende von Zuhörern. Open-Air-Konzerte (▼oupen-ähr-konzerte) finden im Freien statt.

Kopie

Mit einem Kopiergerät kann man Briefe, ►*Dokumente*, Zeitungsartikel und andere Texte so oft vervielfältigen, wie man möchte. Man kopiert sie. Die Kopien sehen genauso aus wie das Original. Statt Kopie sagt man oft auch Duplikat. Das Wort bedeutet doppelte Ausfertigung. Manchmal kopiert ein Mensch jemand anderes. Er ahmt ihn nach, indem er zum Beispiel versucht, so zu singen oder so zu gehen wie dieser.

Koralle

Korallen sind Tiere, die fest auf dem Meeresgrund sitzen und sich meist von ►*Plankton* ernähren. Steinkorallen haben ein ►*Skelett* aus ►*Kalk*. Die jungen Tiere wachsen auf den abgestorbenen Korallen und so entstehen die Korallenriffe. Die meisten Steinkorallen brauchen warmes Wasser und leben in flachen Gewässern der ►*Tropen*. Alle Korallen besitzen Nesselzellen. Damit verursachen manche Tiere schwer heilende Wunden auf der ►*Haut*. Weichkorallen haben kein Kalkskelett. Zu ihnen zählen Tiere, die wie Blumen aussehen. Einige nennt man deshalb auch Seerosen.

Formen von Korallen

Koran

Der Koran ist eine Sammlung der wichtigsten Schriften des ►*Islam* und gilt als Wort ►*Allahs*. Nach dem Glauben der ►*Muslime* hat ihr Prophet Mohammed diese Botschaften von Allah, ihrem Gott, empfangen und überliefert. Der Koran wird auch als heilige Schrift des Islam bezeichnet.

Körper

Unser Körper besteht aus dem Kopf, dem Rumpf und vier Gliedmaßen, den Armen und Beinen. Der Körper wird durch das ►*Skelett* gestützt. Die ►*Haut* bildet die äußere Hülle. Mit den ►*Muskeln* bewegen wir die ►*Knochen* in den ►*Gelenken*. Die Befehle dazu kommen über ►*Nerven* vom ►*Gehirn*. Im Körper liegen die inneren ►*Organe*. Dazu zählen ►*Herz*, ►*Lunge*, ►*Magen*, ►*Darm*, ►*Leber* und ►*Niere*. Mit den ►*Sinnesorganen* nehmen wir unsere Außenwelt wahr. Alle Teile des Körpers sind von ►*Blut* durchflossen. Es kreist in den ►*Adern* in einem geschlossenen ►*Blutkreislauf*.

Körpersprache

Wenn Menschen miteinander sprechen, benutzen sie nicht nur Worte, um sich zu verständigen. Mit ihrem Gesicht drücken sie Gefühle aus, mit ihren Händen machen sie Gesten. Die Haltung des Körpers kann zeigen, ob ein Mensch traurig oder fröhlich gestimmt ist. All das gehört zur Körpersprache. Temperamentvolle Menschen „reden" oft mit ihrem ganzen Körper. In ihrer Körpersprache haben Menschen überall in der Welt viele Gemeinsamkeiten. Das hilft dann bei der Verständigung, auch wenn man die Sprache des anderen nicht oder nur wenig versteht.

Kosmonaut

Russische Raumfahrer werden Kosmonauten genannt. Das Wort leitet sich von „Kosmos" = Weltraum und „Nautes" = Seefahrer ab. Der erste Mensch im ►*Weltraum* war der russische Kosmonaut Juri Gagarin. Er umkreiste 1961 in einer Raumkapsel die Erde. ►*Astronaut* ►*Raumstation*

Kraft

Kräfte erkennt man nur an ihren Wirkungen. Jede Kraft hat eine Richtung. Und für jede Kraft gibt es eine Gegenkraft. Die Muskelkraft der Beine treibt zum Beispiel ein Fahrrad vorwärts. Die ►*Reibung* der Reifen auf dem Boden wirkt dieser Kraft entgegen. Das Rad fährt nur, wenn die Muskelkraft größer ist als die Reibung. Wo Kräfte wirken, wird immer Arbeit geleistet. Der Mensch nutzt die Naturkräfte mit Hilfe von ►*Maschinen*. Er leitet zum Beispiel fließendes Wasser auf ein ►*Wasserrad* oder lässt den Wind eine ►*Windkraftanlage* antreiben.

Kraftfahrzeug

Kraftfahrzeuge haben ►*Motoren*, die mit Kraftstoffen wie Benzin, Dieselöl oder ►*Erdgas* angetrieben werden. Auch Autos mit Elektromotoren und ►*Motorräder* zählen zu den Kraftfahrzeugen, abgekürzt Kfz. Man unterscheidet

Personenkraftwagen oder PKW/Pkw und Lastkraftwagen oder LKW/Lkw. ►*Transport* ►*Verkehrsmittel*

Kraftwerk

Kraftwerke wandeln ►*Energie* in elektrischen Strom um. Das geschieht auf verschiedene Weise: In Wasserkraftwerken treibt ein Fluss oder herabstürzendes Wasser aus einem Stausee eine ►*Turbine* an. Sie bewegt eine Strommaschine, den ►*Generator*. In Wärmekraftwerken wird Wasser zu ►*Dampf* erhitzt, der dann die Turbine dreht. Kernkraftwerke wandeln ►*Kernenergie* in Elektrizität um. ►*Windkraftanlagen* nutzen die Kraft des ►*Windes*, um die Turbine anzutreiben. Der elektrische Strom aus den Kraftwerken hat eine sehr hohe ►*Stromspannung* und fließt in Hochspannungsleitungen bis zum Verbraucher. Auf seinem Weg dorthin wird er in ►*Transformatoren* mehrfach umgespannt und so schwächer gemacht. In der Wohnung fließt er mit 230 Volt Spannung aus der ►*Steckdose*.

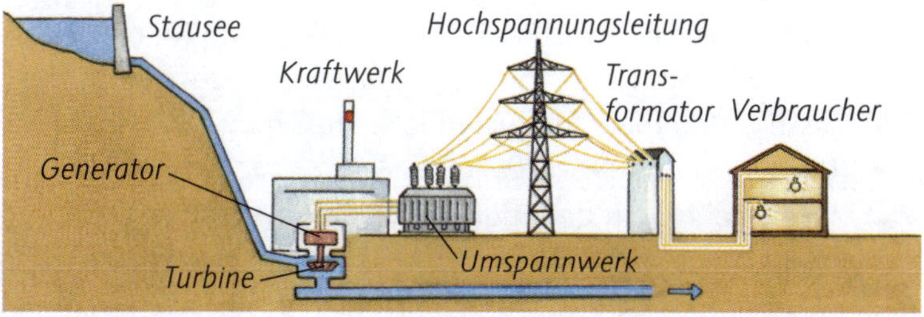

Krebs

Im Körper jedes Lebewesens sterben ständig alte ►*Zellen* ab und werden durch neue ersetzt. Bei der Krankheit Krebs wachsen missgebildete ►*Zellen* nach, die ihre Aufgaben nicht richtig erfüllen können. Es entsteht eine Krebsgeschwulst. Bei Lungenkrebs führt das zum Beispiel dazu, dass der Kranke immer schlechter atmen kann und erstickt. Außerdem breiten sich die Krebszellen im ganzen Körper aus und zerstören ihn allmählich. Wird der Krebs rechtzeitig erkannt, kann man ihn meist heilen. Durch eine ►*Operation* wird die Krebsgeschwulst entfernt. Haben sich die Krebszellen im Körper schon weiter ausgebreitet, bekommt der Kranke Bestrahlungen und sehr starke ►*Medikamente.*

Krebse

Die Krebse sind mit den ►*Insekten* verwandt. Im Unterschied zu den Insekten haben Krebse aber zwei Paar Fühler oder Antennen und immer 10 oder 12 Beine. Bei einigen Arten sind zwei Beine jeweils zu kräftigen Scheren umgewandelt, mit denen sie ihre Beute fangen. Die meisten Krebse stecken in einem Panzer. Da dieser nicht mitwächst, müssen sie sich mehrmals häuten. Manche Krebse sieht man nur unter dem ►*Mikroskop*, andere sind länger als der Unterarm eines Erwachsenen. Fast alle Krebse leben im Wasser und atmen mit ►*Kiemen*. Viele Krebse kann man essen. Hummer, Langusten und Flusskrebse sind Leckerbissen.

Hummer

Kredit

Wer mehr Geld benötigt, als er gerade besitzt, kann von einer ►*Bank* einen Kredit oder ein ►*Darlehen* bekommen. Die Bank leiht ihm das Geld. Dafür verlangt sie ►*Zinsen*. Der Kreditnehmer muss der Bank also mehr Geld zurückzahlen, als er sich geliehen hat. ►*Kreditkarte*

Kreditkarte

Mit einer Kreditkarte kann man einkaufen und Rechnungen wie mit barem Geld bezahlen. Dazu steckt der Händler die Kreditkarte in ein elektronisches Gerät. Dieses prüft, ob man genug Geld auf dem ►*Konto* hat, um die Rechnung zu bezahlen. Ist das der Fall, dann wird der Betrag vom Konto abgezogen und dem Konto des Händlers gutgeschrieben. Mit der

Kreditkarte kann man an einem Geldautomaten auch Geld abheben. Man kann den ►*Chip* auf der Karte aufladen und dann zum Beispiel eine Fahrkarte an einem Fahrkartenautomaten kaufen. Damit kein Fremder mit einer fremden Kreditkarte bezahlen oder Geld abheben kann, muss man eine Geheimzahl eingeben. ►*Bank*

Krieg

Krieg ist das Gegenteil von ►*Frieden*. Wenn zwei ►*Staaten* ihre Streitigkeiten mit Waffengewalt austragen, ist das Krieg. Von 1939 bis 1945 herrschte in Europa der Zweite Weltkrieg. Fast alle Länder Europas und viele Staaten in anderen Erdteilen waren in diesen Krieg verwickelt. Millionen von Menschen fanden den Tod oder wurden aus ihrer Heimat vertrieben. Um Kriege zu verhindern, wurden 1945 die ►*Vereinten Nationen* gegründet. Trotzdem kommt es auch heute immer wieder zu Kriegen. Von Bürgerkriegen spricht man, wenn sich zwei Gruppen in einem Land gegenseitig mit Waffen bekämpfen.

Kristall

Manche Stoffe treten in Kristallform auf. Dazu gehören ►*Schnee*, ►*Salz* und ►*Zucker*. Die Kristalle haben eine regelmäßige Form mit vielen Ecken und Flächen. Die ►*Atome* dieser Stoffe sind gitterförmig angeordnet. Man kennt sechs verschiedene Formen solcher Kristallgitter.

Kristallgitter vom Salz

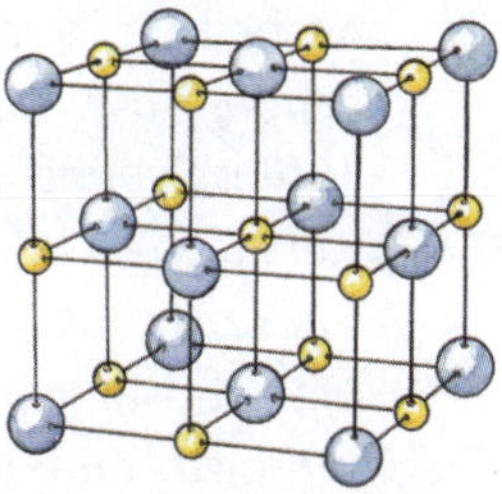

Kultur

Unter Kultur versteht man im Gegensatz zur Natur alles, was vom Menschen geschaffen und gestaltet wird. Dazu zählen ►*Religion*, ►*Kunst*, Musik, ►*Wissenschaft*, Erziehung, Mode und vieles andere. Kultur bildet den Menschen und formt seine Umwelt. Jedes Volk hat seine eigene Kultur entwickelt, die anderen oft fremdartig erscheint. Deshalb kann es zwischen Menschen unterschiedlicher Kulturen zu Missverständnissen kommen. Daraus entstehen dann manchmal ►*Konflikte*.

Kunst

Künstlerinnen und Künstler können besonders gut malen, musizieren, singen, schauspielern oder Geschichten schreiben. Sie haben eine künstlerische Begabung. Ihre Werke bezeichnet man als Kunst. Die bildenden Künste sind Malerei, Bildhauerkunst und Baukunst. Die Werke von Malern und Bildhauern werden im ►*Museum* ausgestellt. Musiker und Sänger zeigen ihre Kunst in ►*Konzerten* oder in der ►*Oper*. Die Kunst von Schauspielern sieht man in Theateraufführungen oder in Filmen. Romane oder Gedichte werden von Dichtern verfasst und in Büchern gedruckt. Man bezeichnet sie als ►*Literatur*.

Kunststoff

Kunststoffe werden in chemischen Fabriken hergestellt. Sie kommen in der Natur nicht vor, aber man braucht dafür natürliche ►*Rohstoffe* wie ►*Erdöl* oder ►*Kohle*. Künstlich hergestellte Stoffe sind manchmal besser und oft billiger als Naturstoffe. Aus Hartplastik macht man zum Beispiel Rohre, Möbel, Geschirr und Teile für Maschinen, Autos und Flugzeuge. Aus weichem ►*Plastik* sind Flaschen, Taschen und Tüten, Schuhe und vieles andere. Bei der Kleidung haben Kunstfasern häufig die Naturfasern ►*Wolle* und ►*Baumwolle* ersetzt. Kunststoffabfälle werden gesammelt und wiederverwertet. Manche Kunststoffe sind aber Problemmüll. Sie verrotten nicht und müssen aufwändig beseitigt werden.

Kurort

Kurorte haben entweder ein besonders gesundes ►*Klima* oder besitzen eine Heilquelle. Man kann sich dort erholen und bestimmte Krankheiten kurieren. Kurorte mit heilenden ►*Quellen* bezeichnet man als Bad, zum Beispiel Bad Doberan, Bad Reichenhall oder Baden-Baden. Wer eine Kur macht, wird mit Kurmitteln behandelt. Dazu zählen Bäder, Schlammpackungen und das Trinken von Heilwasser. Jeder Kurgast muss am Kurort eine besondere Gebühr bezahlen, die Kurtaxe. Dafür darf er alle Kuranlagen wie Kurpark, Brunnen und Liegehallen benutzen.

Kurzschluss

Wenn sich die Drähte in einem elektrischen ►*Kabel* berühren, gibt es einen Kurzschluss. Der Strom fließt dann nicht mehr durch ein angeschlossenes Elektrogerät. Er nimmt den kürzeren Weg über die beschädigte Stelle in der Leitung. Dabei erhitzt sich die Leitung sehr stark und es kann zu einem Brand kommen. ►*Sicherungen* unterbrechen bei Kurzschluss den ►*Stromkreis*. Bevor man die Sicherung wieder eindrückt oder einsetzt, muss der Kurzschluss beseitigt werden.

Küste

Wo sich Land und Meer berühren, ist die Küste. Wellen und Wind sowie ►*Ebbe und Flut* verändern die Küste ständig. Es gibt verschiedene Küstenformen. Eine Steilküste fällt schroff ins Meer ab. Hier waschen die Wellen das ►*Gestein* aus und reißen Teile los. Einzelne Felsen bleiben als Klippen stehen. Die Flachküste geht allmählich ins Meer über und hat meist einen Sandstrand.

Labor

Das Wort Labor kommt vom lateinischen Wort für Arbeit. In einem Labor arbeiten Wissenschaftler. Chemiker, Physiker, Biologen und Mediziner untersuchen hier den Ablauf von Vorgängen, die Zusammensetzung von Stoffen oder die Wirkung von ►*Medikamenten*. Ärzte lassen das Blut ihrer Patienten in einem medizinischen Labor untersuchen. Es gibt Prüflabors, in denen verschiedene Materialien, Werkstoffe und Geräte getestet werden. Ein Weltraumlabor ist eine ►*Raumstation* im Weltall. Dort führt man Experimente in der Schwerelosigkeit durch. ►*Test*

Landkarte

Landkarten bilden die Erdoberfläche verkleinert ab. Je größer der abgebildete Teil der Erde ist, desto kleiner ist der ►*Maßstab*. Flüsse, Seen, Berge, Eisenbahnlinien, Straßen und Städte werden mit bestimmten Farben und Zeichen dargestellt. Wasser ist blau, Tiefländer sind grün, Gebirge braun. Landkarten werden mit ►*Computern* hergestellt. Dazu wird die Erde von Flugzeugen aus großer Höhe fotografiert. ►*Satelliten* funken Fotos zur Erde. Alle Bilder wertet ein Computer aus und verarbeitet sie.

Landmaschine

Kartoffelroder

Landmaschinen erleichtern in der ►*Landwirtschaft* die Arbeit. Die wichtigste ►*Maschine* ist der ►*Traktor*. Er dient als Zugmaschine für alle Ackergeräte wie Pflug, Egge und Walze. Der Traktor hat eine Motorwelle, über die man andere Geräte betreiben kann. Dazu gehören die Sämaschine, die Pflanzenschutzspritze und die Ballenpresse für Heu und Stroh. Am Traktor kann man auch einen Kartoffelroder anschließen, mit dem man Kartoffeln erntet. Der Kartoffelroder ist wie der ►*Mähdrescher* eine Erntemaschine.

Landschaftsschutzgebiet

Landschaften, die besonders schön oder wichtig für die Erholung der Menschen sind, können zum Landschaftsschutzgebiet erklärt werden. In solchen Gebieten soll die Landschaft in ihrem Zustand erhalten bleiben. Deshalb darf dort ohne Genehmigung nichts verändert und nicht gebaut werden. Etwa ein Viertel Deutschlands steht unter Landschaftsschutz. ►*Naturschutz*

Landwirtschaft

Die Landwirtschaft umfasst Ackerbau und Viehzucht und produziert Nahrungsmittel. Dies geschieht heute nur noch selten auf kleinen Bauernhöfen. Aus der Landwirtschaft ist eine Industrie geworden, die mit modernster Technik arbeitet. Alle Arten von ►*Landmaschinen* erleichtern die Arbeit. Um die Maschinen einsetzen zu können, hat man kleine Äcker zu großen Anbauflächen zusammengelegt. Künstlicher ►*Dünger* und ►*Pflanzenschutzmittel* haben bei ►*Nutzpflanzen* die Erträge gesteigert. Auch die Haltung von ►*Nutztieren* hat sich geändert. So gibt es große Höfe, die nur Kühe halten und Milchwirtschaft betreiben. Andere züchten nur Schweine oder Geflügel. ►*Biobauer* ►*Geflügelfarm* ►*Massentierhaltung*

Längengrad

Längengrade sind gedachte Linien auf der Erdkugel. Sie verlaufen vom Nord- zum Südpol. Alle Längengrade sind gleich lang und bilden mit den ►*Breitengraden* ein Netz auf dem ►*Globus*. Breiten- und Längengrad eines Ortes geben seine genaue Lage auf der Erde an. ►*Äquator*

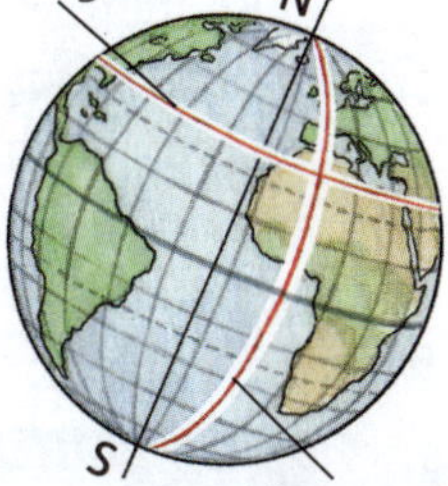

Lärm

Maschinen in Fabriken, Autos und Flugzeuge machen viel Lärm. Diese Geräusche empfindet der Mensch als Belästigung. Man kann davon krank werden. Deshalb gibt es ►*Gesetze*, die Lärm zu bestimmten Zeiten verbieten. Der Start von Flugzeugen in der Nacht ist nur mit besonderer Genehmigung erlaubt. Auch die Begrenzung der Geschwindigkeit auf Autobahnen, die an Wohnsiedlungen vorbeiführen, dient dem Lärmschutz. Sehr viel Lärm gibt es in Diskotheken. Dort ist die Musik oft so laut, dass die Besucher davon Gehörschäden bekommen. ►*Ohr*

A B C D E F G H I J K L M N O P Q R S T U V W X Y Z

Laserstrahl

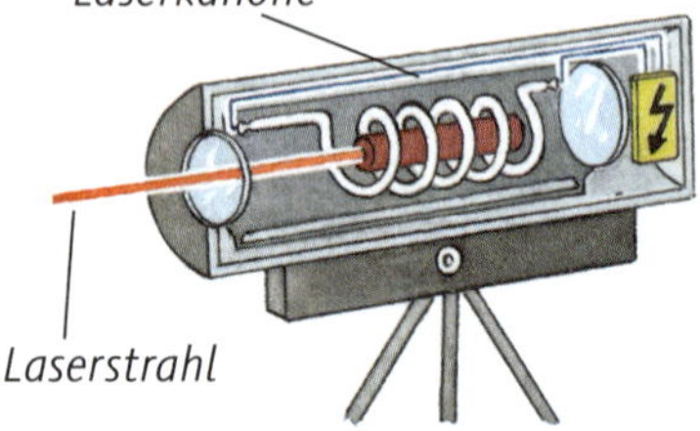

Ein Laserstrahl wird in einer Laserkanone erzeugt. Dabei wird Licht so stark gebündelt, dass ein außerordentlich feiner, energiereicher Strahl entsteht. Der Strahl kann in Sekunden jedes Material schmelzen oder verdampfen. Man verwendet Laserstrahlen zum Beispiel zum Schweißen von Stahl oder zum Schneiden von Beton. Ärzte führen damit aber auch feinste ► *Operationen* an den Augen oder im Gehirn durch. Und an der Ladenkasse tastet ein Laserstrahl den Preis der Ware ab.

Laubbaum

Laubbäume sind Holzgewächse mit großen ► *Blättern*. Mit Ausnahme von immergrünen Arten werfen sie im Herbst ihr Laub ab. Das schützt sie vor dem Austrocknen im Winter. In unseren Laubwäldern wachsen vor allem Eichen und Buchen. Eschen sind mit 40 m Höhe unsere höchsten Laubbäume. Linden und Eichen werden über 1000 Jahre alt. ► *Nadelbaum*

Lawine

Staublawine

Lawinen sind Schnee- und Eismassen, die im Gebirge ins Tal abrutschen. Oft genügen geringe Erschütterungen, zum Beispiel durch Skiläufer, um ein Schneebrett loszutreten und eine Lawine auszulösen. Bei lockerem Pulverschnee gibt es häufig Staublawinen. Bei Tauwetter und nassem Schnee kommt es zu Grundlawinen. Sie gehen vor allem im Frühjahr ab. Auf ihrem

Weg reißen Lawinen immer mehr Schnee mit sich. Dabei knicken sie Bäume ab und begraben Häuser unter sich. Zum Schutz vor Lawinen baut man Zäune und Mauern in steile Berghänge. An lawinengefährdeten Strecken verlaufen die Straßen durch ►*Tunnel*. Bei starkem Regen gehen oft Lawinen aus Geröll und Schlamm ins Tal ab.

Leber

Die Leber liegt beim Menschen im rechten Oberbauch. Sie ist das wichtigste ►*Organ* für den ►*Stoffwechsel* des Menschen und hat mehrere Aufgaben. So stellt sie ►*Eiweiße* her, die man nicht mit der Nahrung aufnehmen kann. Sie speichert ►*Kohlenhydrate*, ►*Fette* und ►*Vitamine* und gibt sie frei, wenn der Körper sie braucht. Unterhalb der Leber liegt die Gallenblase. In ihr wird Gallenflüssigkeit gespeichert, die von der Leber für die Verdauung von Fetten hergestellt wird. Die Leber baut auch ►*Medikamente* und Giftstoffe ab und macht sie unschädlich. Zu diesen Giftstoffen gehört der ►*Alkohol*. Wer zu viel Alkohol trinkt, schädigt seine Leber.

Legasthenie

Die Legasthenie ist eine Lese-Rechtschreib-Schwäche. Oft verwechseln oder verdrehen die Betroffenen Buchstaben, Wortteile oder sogar ganze Wörter. Dabei sind Legastheniker nicht weniger klug als andere Menschen. Fachleute haben Übungen entwickelt, die gegen Legasthenie sehr gut helfen. Je früher die Legasthenie erkannt wird, umso besser kann sie behandelt werden.

Licht

Licht breitet sich in Form von ►*Wellen* geradlinig nach allen Seiten aus. Die Lichtstrahlen gehen von einer Lichtquelle wie der ►*Sonne*, einer ►*Flamme* oder einer Lampe aus. Fallen sie auf einen Gegenstand und werden sie zurückgeworfen, dann wird dieser sichtbar. Nimmt der Gegenstand das ganze Licht auf, dann erscheint er schwarz. ►*Farbenspektrum*

Lichtgeschwindigkeit

Licht legt in der Sekunde 300000 km zurück. Das ist die höchste Geschwindigkeit, die man kennt. Für den 150 Millionen Kilometer langen Weg von der Sonne bis zur Erde benötigt das Licht nur wenig mehr als 8 Minuten.

Linse

Linsen sind geschliffene Gläser, die einfallende Lichtstrahlen in ihrer Richtung ändern. Nach außen gewölbte Linsen heißen Wölblinsen oder Sammellinsen. Sie sammeln Lichtstrahlen in einem Brennpunkt. Die Linse in unserem ►*Auge* ist eine Wölblinse. Nach innen gewölbte Linsen heißen Hohllinsen oder Zerstreuungslinsen. Sie zerstreuen Lichtstrahlen. Man verwendet Linsen zum Beispiel in ►*Teleskopen*, Fotoapparaten und ►*Mikroskopen*. In ►*Brillen* gleichen Linsen Sehfehler aus.

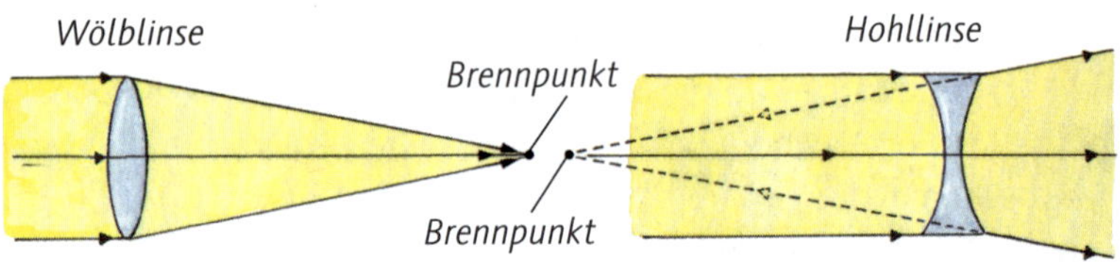

Literatur

Die Literatur umfasst alles, was in Büchern zu lesen ist. Das Wort bedeutet eigentlich die Kunst der Buchstaben. Man versteht unter Literatur meist ►*Sagen*, ►*Märchen*, Erzählungen, Gedichte, Romane und auch Theaterstücke. Das ist die schöngeistige Literatur. Sie wird von Schriftstellern und Dichtern verfasst. Auch Fachbücher, Sachtexte und Lexika sind Literatur. Man spricht hier von Fachliteratur, die von Fachautoren geschrieben wird.

Lösung

Ist ein Stoff ganz gleichmäßig in einem Lösungsmittel verteilt, spricht man von einer Lösung. Es können auch mehrere Stoffe darin vermischt sein. Von außen erkennt man nicht mehr, welche Stoffe sich in der Lösung befinden. Eine Lösung entsteht beispielsweise, wenn man Zucker in einem Getränk verrührt. Eine Flüssigkeit kann nur eine bestimmte Menge Stoffe lösen.

Luft

Luft ist ein Gemisch aus verschiedenen ►*Gasen*. Über drei Viertel der Luft bestehen aus ►*Stickstoff*, ein Fünftel besteht aus ►*Sauerstoff*. Der Rest enthält ►*Kohlendioxid*, Wasserdampf und einige andere Gase. Die Erdkugel ist bis zu etwa 700 km Höhe von einer Lufthülle umgeben, der ►*Atmosphäre*.

Luftdruck

Der Luftdruck ist das Gewicht der Lufthülle, das auf die Erdoberfläche drückt. Man spürt den Luftdruck nicht, aber man kann ihn mit einem ►*Barometer* messen. Er ändert sich je nach dem ►*Wetter*. Mit zunehmender Höhe nimmt der Luftdruck ab. Auf einem Berggipfel ist er niedriger als im Tal, weil dort weniger Luft über uns ist.

Luftfeuchtigkeit

Auf der Erde verdunstet ständig Wasser. Die ►*Luft* nimmt den Wasserdampf auf. Je wärmer die Luft ist, umso mehr Wasser kann sie speichern. Dann steigt die Luftfeuchtigkeit an. Wenn die Luft abkühlt, bilden sich ►*Wolken* oder ►*Nebel*. Bei großer Kälte entstehen ►*Schnee* und Eiskristalle. ►*Verdunstung*

Lunge

Die Lunge ist das ►*Organ* für die ►*Atmung*. Der Mensch und viele Tiere atmen durch Lungen. Unsere Lunge sieht aus wie ein Schwamm und besteht aus 500 Millionen Lungenbläschen mit feinsten Blutgefäßen. Sie entnehmen der Luft ►*Sauerstoff* und geben beim Ausatmen ►*Kohlendioxid* ab. Die Fläche aller Lungenbläschen ist größer als ein Fußballfeld. ►*Kiemen*

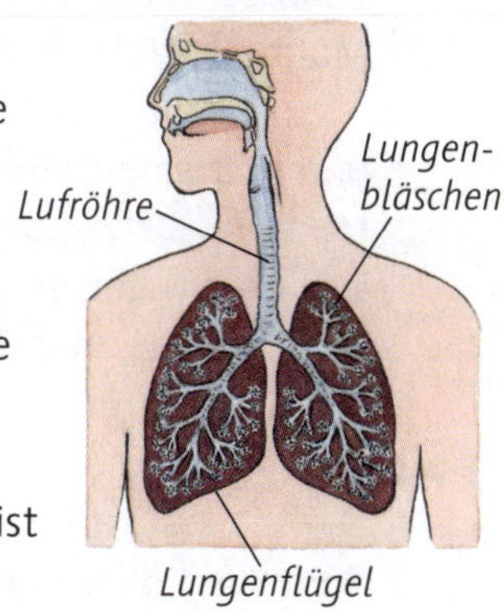

A B C D E F G H I J K L M N O P Q R S T U V W X Y Z

Magen

Die zerkaute Nahrung rutscht durch die Speiseröhre in den Magen. Das ist eine Art Sack, der etwa 2 Liter Speisebrei fasst. Die Magenwand besteht aus mehreren Muskelschichten, die sich bei der ►*Verdauung* wellenförmig bewegen. Dadurch wird der Speisebrei mit dem Magensaft vermischt und weiter zersetzt. Durch die Muskelbewegung des Magens wird die vorverdaute Nahrung langsam zum Magenausgang geschoben. Von dort gelangt sie in den ►*Darm*.

Magersucht

Magersucht ist eine gefährliche Essstörung. Ein Magersüchtiger empfindet seinen Körper immer als zu dick, egal, wie sehr er schon abgemagert ist. Er zählt jede ►*Kalorie* und isst immer weniger. Meist betreibt er dazu noch extrem viel Sport. So wird er immer schwächer. Die Haare können ausfallen und bei Kindern oder Jugendlichen verlangsamt sich das Wachstum. Magersucht muss vom Arzt behandelt werden, sonst hungert sich ein Magersüchtiger zu Tode. ►*Untergewicht*

Magnetismus

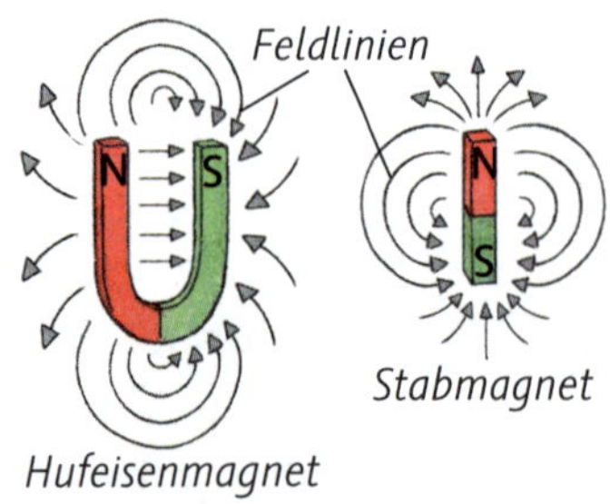

Ein ►*Magnet* zieht Eisen an. Jeder Magnet besitzt einen Nordpol und einen Südpol, dazwischen besteht ein Magnetfeld. Streut man Eisenfeilspäne auf ein Blatt Papier und hält einen Magnet darunter, dann sieht man die Feldlinien. Gleiche Magnetpole ziehen sich an, ungleiche stoßen sich ab. Magnetismus entsteht auch, wenn elektrischer Strom durch eine Drahtspule fließt. Schaltet man den Strom ab, verschwindet das Magnetfeld wieder.

Malerei

Die Malerei ist eine ►*Kunst*. Die Maler stellen dabei die sichtbare Welt oder Fantasiebilder in Farben, Linien und Flächen dar. Die ersten Gemälde gab es vor über 30000 Jahren in ► *Höhlen* der Steinzeitmenschen. Später malten die Menschen auf Tafeln aus Holz. Diese Tafelmalerei sieht man oft als Altarbilder in Kirchen. Dort sind häufig auch die Wände bemalt. Für Ölgemälde benutzt man Ölfarben, Pinsel und Leinwand, für Aquarelle nimmt man Wasserfarben und Papier. Oft sprüht ein Maler die Farben auch auf einen Malgrund. Nicht immer sind die abgebildeten Dinge eindeutig zu erkennen. Man spricht dann von abstrakter Malerei.

20000 Jahre alte Felsmalerei

Maschine

Maschinen sind Geräte, mit denen man beim Arbeiten ► *Kraft* sparen kann. Die einfachsten Maschinen sind Keil, ► *Hebel*, Schraube und ► *Rad*. Heute findet man das Rad in fast allen Maschinen. Räder drehen sich um Achsen und übertragen Kraft und Bewegung. Sie laufen aber nicht von selbst. Damit eine Maschine Arbeit leistet, muss man ihr ► *Energie* zuführen. Mit der Erfindung der Dampfmaschine begann das Zeitalter der ► *Industrie*. ► *Flaschenzug* ► *Motor* ► *Zahnrad*

Maßeinheit

Um etwas messen und vergleichen zu können, braucht man Maßeinheiten. ► *Gramm* (g) und ► *Meter* (m) sind zum Beispiel Maßeinheiten für das Gewicht und die Länge oder Größe eines Gegenstandes. Die Fläche misst man in Quadratmeter (qm oder m^2). 1 m^2 ist die Maßeinheit für eine Fläche von 1 m Breite mal 1 m Länge. Maßeinheiten sind genau festgelegt und auf der ganzen Welt gültig.

Massentierhaltung

Bei der Massentierhaltung werden viele ►*Nutztiere* auf engem Raum zusammengepfercht. Vor allem Hühner, Kälber und Schweine werden so gehalten. Dabei geht es darum, mit geringstem Aufwand und bei niedrigen Kosten billig Fleisch und Eier zu produzieren. Das Füttern und Tränken erfolgt automatisch. Der Mist wird mit Förderbändern abtransportiert. Die Tiere leiden an mangelnder Bewegung und sind anfällig für Krankheiten und ►*Seuchen*. Man gibt ihnen daher vorsorglich ►*Medikamente*. Reste davon können in die Nahrung gelangen. Bei der Massentierhaltung wird viel ►*Energie* verbraucht: Um ein Kilogramm Fleisch zu erzeugen, wird siebenmal mehr Energie aufgewendet als für ein Kilogramm Brot. Es entstehen große Mengen ►*Abwässer*. Massentierhaltung schadet also auch der Umwelt. Im biologischen Landbau gibt es diese Tierhaltung nicht. ►*Biobauer* ►*Geflügelfarm*

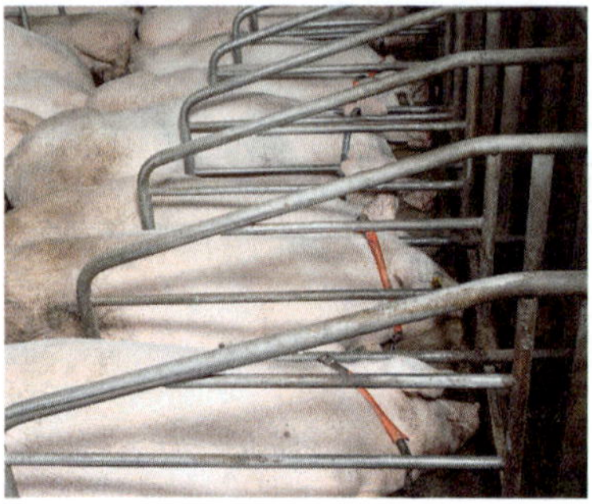

Schweinestall

Maßstab

Auf ►*Landkarten* oder ►*Bauplänen* gibt der Maßstab die Verkleinerung an. Ein Maßstab 1 : 100 000 bedeutet, dass 1 cm auf einer Karte 100 000 cm oder 1 km entspricht. Je größer die Zahl nach dem Doppelpunkt ist, umso kleiner ist die Darstellung. Baupläne haben meist einen Maßstab 1 : 100. Dann sind 1 cm auf dem Plan in Wirklichkeit 100 cm oder 1 m.

Mathematik

Unter Mathematik versteht man die ►*Wissenschaft* von Zahlen und Figuren mit berechenbaren Formen. Viele andere Wissenschaften setzen die Mathematik für ihre Forschungen ein. Zum

Beispiel stellen Physiker, Astronomen und Chemiker bei ihrer Arbeit viele Berechnungen an und drücken Gesetze und Regeln mit mathematischen Formeln aus.

Medien

Medien übermitteln Nachrichten und Bilder. Zu den Medien zählen Rundfunk und Fernsehen sowie das ►*Internet*. Auch Zeitungen, Zeitschriften, Bücher, Schallplatten, Filme, ►*CDs* und ►*DVDs* sind Medien. Durch die Medien können sich die Menschen über fast alles in der Welt informieren. ►*Presse*

Medikament

Medikamente sind Heilmittel gegen Krankheiten. Sie stammen von ►*Heilpflanzen* oder werden chemisch hergestellt. Man nimmt sie in Form von Tabletten, Dragees, Pulvern, Zäpfchen, Tropfen oder Säften ein oder benutzt sie als Salben. Manche werden auch gespritzt. Für viele Medikamente stellt der Arzt ein Rezept aus. Das Medikament bekommt man dann nur in der ►*Apotheke*.

Medizin

Medizin bedeutet Heilkunde. Sie erforscht und behandelt Krankheiten. Zur Medizin gehört auch, wie man Erkrankungen vorbeugen kann. Es gibt viele Berufe in der Medizin, beispielsweise Krankenschwester, Pfleger und ►*Arzt*. Auch ►*Medikamente* werden oft als Medizin bezeichnet.

Meereshöhe

Die Oberfläche des Meeres ist der Meeresspiegel. Er wird mit 0 Meter Höhe angegeben. Von dieser Meereshöhe aus werden alle Erhebungen auf der Erde gemessen. Berlin liegt zum Beispiel 55 Meter über dem Meer, abgekürzt 55 m ü. d. M.

Menschenrechte

Jeder Mensch hat Anspruch auf die Menschenrechte. Zu diesen Grundrechten gehört das Recht auf Leben, auf Freiheit und auf Eigentum. Niemand darf wegen seiner Hautfarbe, seiner Religion oder seines Geschlechts benachteiligt werden. Die

►*Vereinten Nationen* und ►*Organisationen* für Menschenrechte achten darauf, dass die Grundrechte überall eingehalten werden. Sie klagen die Staaten öffentlich an, die diese Rechte verletzen.

Menstruation

Wenn eine reife ►*Eizelle* im Körper einer Frau nicht befruchtet wird, muss sie abgestoßen werden. Dabei fließt auch etwas Blut aus der ►*Scheide*. Dieser Vorgang heißt Menstruation und kommt ungefähr alle 28 Tage vor. Man spricht auch von Periode oder ►*Zyklus*. Die erste Menstruation haben Mädchen meist im Alter zwischen 11 und 15 Jahren.

Messe

Zum Gottesdienst in der katholischen Kirche sagt man Messe. Auch die Musik, die beim Gottesdienst gespielt wird, nennt man so. Früher hat man an kirchlichen Festtagen oft einen ►*Markt* abgehalten. Daher bezeichnet das Wort Messe auch eine große Warenausstellung. Auf einer Automesse zeigen Autofirmen ihre ►*Modelle*. Die neuesten Spielsachen werden auf einer Spielwarenmesse vorgestellt. In Frankfurt am Main und Leipzig finden jedes Jahr Buchmessen statt. Dort stellen Verlage aus aller Welt ihre Bücher aus.

Metall

Metalle sind glänzende, feste Stoffe. Sie leiten ►*Wärme* und elektrischen Strom sehr gut. Man unterscheidet Leichtmetalle wie Aluminium oder Titan und Schwermetalle wie ►Eisen oder Blei. Zu den ►*Edelmetallen* gehören Gold und Silber. Fast alle Metalle werden durch Schmelzen aus ►*Erzen* gewonnen. Nur selten kommen sie in reiner Form vor wie Gold. Wenn man mehrere Metalle zusammenschmilzt, erhält man eine Legierung. Messing ist eine Legierung aus Kupfer und Zink. Man mischt Metalle, um ihre Eigenschaften zu verändern. Sie sind dann härter oder weicher, schwerer oder leichter als die ursprünglichen Metalle.

Metamorphose

Das griechische Wort Metamorphose bedeutet Verwandlung. Man bezeichnet damit das unterschiedliche Aussehen mancher Tiere während ihrer Entwicklung. Fast alle ►*Insekten* machen eine vollständige Verwandlung durch. Aus dem ►*Ei* schlüpft eine ►*Larve*. Daraus wird eine ►*Puppe*, aus der nach einer Ruhezeit das fertige Insekt kriecht. Bei einer unvollkommenen Verwandlung fehlt die Puppe, zum Beispiel beim ►*Frosch*.

Meteor

Aus dem ►*Weltraum* dringen täglich kleine Staubteilchen oder Körner in die ►*Atmosphäre* der Erde ein. Dabei verdampfen sie und verursachen ein Leuchten. Diese Erscheinung nennt man Meteor. Besonders helle Meteore kann man als Sternschnuppen sehen. Dringt ein größerer Körper in die Erdatmosphäre ein, verdampft er nicht vollständig. Man spricht dann von einem Meteoriten. Er schlägt auf dem Erdboden auf und hinterlässt vielleicht einen großen Krater.

Meteoritenkrater

Meteorologie

Die Meteorologie ist eine ►*Wissenschaft*, die sich mit dem ►*Wetter* beschäftigt. Sie beobachtet und erforscht Vorgänge in der ►*Atmosphäre* und im ►*Weltraum*. So können Meteorologen Vorhersagen für die Entwicklung des Wetters machen. Die Meteorologie befasst sich auch mit dem ►*Klima*.

Methan

Methan ist ein geruchloses, ungiftiges Gas. Es entsteht, wenn pflanzliche Stoffe von Luft abgeschlossen sind und verwesen, zum Beispiel in einem ►*Sumpf* oder in ►*Kläranlagen*. ►*Erdgas* besteht ebenfalls zum großen Teil aus Methan. Das Methan verursacht neben dem ►*Kohlendioxid* den ►*Treibhauseffekt*.

Metropolregion

Eine Metropolregion ist das Gebiet um eine Großstadt, in dem viele Menschen leben. Manchmal umfasst eine Metropolregion sogar mehrere ►*Städte*. Wichtige deutsche Metropolregionen sind Berlin/Brandenburg, Frankfurt/Rhein-Main und Rhein-Ruhr. Moskau ist die größte Metropolregion Europas.

Miete

Häuser oder Wohnungen, die einem nicht selbst gehören, kann man mieten. Ein Mieter bezahlt dem Vermieter für die Nutzung des Hauses oder der Wohnung monatlich einen bestimmten Geldbetrag. Das ist die Miete. Auch Grundstücke kann man mieten, zum Beispiel einen Acker, auf dem man etwas anpflanzt. Diese Miete nennt man Pacht. ►*Vertrag*

Mikrofon

Mikrofone verwandeln Schallwellen in elektrische Signale. Im Rundfunk und Fernsehen nehmen Mikrofone Töne auf, die man aus dem Lautsprecher hört. Auch die Sprechmuschel des Telefonhörers ist ein Mikrofon. Wenn man spricht, entstehen Schwingungen. Diese werden in Stromstöße umgewandelt, die am anderen Ende der Telefonleitung ankommen. In der Hörmuschel werden daraus wieder Töne. Sänger auf der Bühne verwenden häufig kabellose Kopfmikrofone. Ihre Stimme wird über Funk an große Lautsprecher übertragen.

Mikroskop

Mikroskope besitzen sehr starke Vergrößerungsgläser, die ►*Linsen*. Man kann damit winzige Dinge betrachten. Dazu schaut man von oben durch das Okular. Am Ende des Sehrohres befindet sich das Objektiv. Es liefert ein vergrößertes Bild des betrachteten Gegenstands. Unter einem Mikroskop sieht man zum Beispiel ►*Bakterien*. Einfache Mikroskope vergrö-

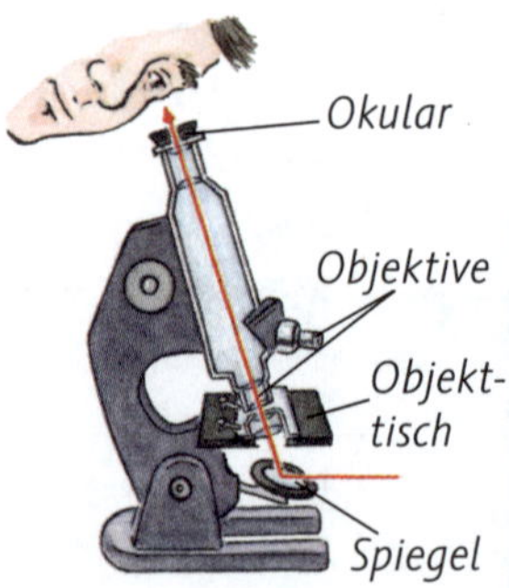

ßern bis zu 1000-fach. Elektronenmikroskope sind Geräte, die millionenfach vergrößern. Tunnelmikroskope machen sogar ►*Atome* sichtbar. Dabei tastet ein Elektronenstrahl eine Oberfläche ab und zeigt ihre Atome auf einem Bildschirm.

Mineralien

Die Bestandteile der Gesteine nennt man Mineralien. Es gibt rund 2000, von denen etwa 300 sehr häufig vorkommen. Viele bilden ►*Kristalle*. Zu den Mineralien zählen die ►*Erze*. Das sind Verbindungen von Metallen vor allem mit ►*Sauerstoff* oder mit ►*Schwefel*. ►*Mineralstoff*

Mineralstoff

Im Unterschied zu ►*Mineralien*, die in der Erde vorkommen, versteht man unter Mineralstoffen vor allem ►*Salze*, die man mit der Nahrung aufnimmt. Man spricht deshalb auch von Mineralsalzen. Dazu zählen zum Beispiel Kalzium, Magnesium und auch Kochsalz. ►*Obst* und ►*Gemüse* enthalten viele Mineralstoffe. Unser Körper kann sie nicht selbst herstellen, aber sie sind in kleinen Mengen für die Gesundheit wichtig.

Minister

Ein Minister ist Mitglied einer ►*Regierung*. Das lateinische Wort bedeutet Staatsdiener. Minister haben bestimmte Aufgaben. Der Finanzminister verwaltet zum Beispiel das Geld des Staates und ist für die ►*Steuern* zuständig. Der Innenminister sorgt für die Einhaltung der Gesetze durch die ►*Polizei*. Der Außenminister kümmert sich um die Beziehungen zu anderen Ländern.

Mission

Das Wort Mission kommt von einem lateinischen Wort, was so viel wie entsenden, schicken bedeutet. Im ►*Christentum* und in einigen anderen ►*Religionen* versteht man unter Mission die Verbreitung des Glaubens. Dazu reisen Missionare zu Menschen, die keinen oder einen anderen Glauben haben, und versuchen sie zu ihrer Religion zu bekehren. Diplomatische

Missionen sind Einrichtungen von Staaten in fremden Ländern. Dort vertreten Botschafter und andere ►*Diplomaten* die Interessen ihres Landes im Ausland.

Mittelalter

Das Mittelalter ist die Zeit zwischen 500 und 1500 nach Christi Geburt. Damals herrschten ►*Päpste* und ►*Bischöfe* sowie Kaiser, Könige und Fürsten. Das Volk bestand aus Bauern und ►*Bürgern* und hatte nur wenige Rechte. Gegen Ende des Mittelalters wurden die Bürger immer reicher und mächtiger. Sie bestimmten jetzt mit. Als Kolumbus 1492 Amerika entdeckte, ging das Mittelalter zu Ende. Nun begann die Neuzeit, in der wir heute leben. ►*Altertum*

Modell

Ein Muster oder eine Nachbildung nennt man Modell. Wenn Architekten ein besonderes Bauwerk planen, bauen sie oft ein Modell. Das ist ein Muster des Gebäudes in verkleinertem ►*Maßstab*. Modellflugzeuge sind verkleinerte Nachbildungen von ►*Flugzeugen*, die es wirklich gibt. Vor dem Bau neuer ►*Autos* stellt man Modelle in gleicher Größe her, um sie zu erproben. Auch bei Autos der gleichen Baureihe spricht man von Modellen.

Modem

Ein Modem ist ein elektronisches Gerät, das ►*Daten* zwischen ►*Computern* überträgt. Das geschieht über Telefonleitungen, Kabel-TV, eigene Leitungen oder über Funk. Mit Hilfe eines Modems wird die Verbindung zum ►*Internet* hergestellt.

Mond

Der Mond ist der unserer Erde nächste ►*Himmelskörper*. Er ist rund 384 000 km von der Erde entfernt und leuchtet nicht selbst, sondern wird von der ►*Sonne* angestrahlt. Tritt die Erde auf ihrer Umlaufbahn zwischen Sonne und Mond, wirft sie ihren vollen Schatten auf ihn. Dann herrscht Mondfinsternis. Auf der von der Sonne angestrahlten Seite ist der Mond etwa

100 °C heiß, auf der Schattenseite –150 °C kalt. Seine Oberfläche besteht aus Gebirgen und tiefen Kratern und ist mit Mondstaub bedeckt. Luft und Wasser gibt es nicht. Da der Mond 81-mal kleiner ist als die Erde, herrscht auf ihm eine viel geringere ►*Schwerkraft*. Auf dem Mond ist also alles viel leichter als auf der Erde.

Mondphasen

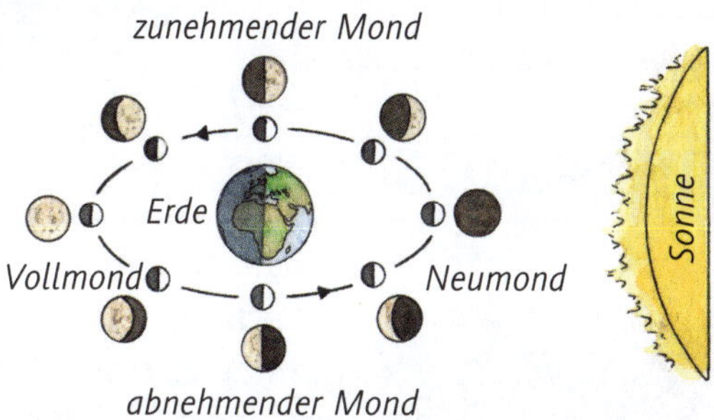

In 28 Tagen kreist der ►*Mond* einmal um die Erde. Fast mit der gleichen Geschwindigkeit dreht er sich dabei um sich selbst. Wir blicken daher stets auf dieselbe Mondhälfte. Je mehr Schatten die Erde auf den Mond wirft, desto weniger ist von ihm sichtbar. Bei Neumond ist er für uns drei Tage lang nicht zu sehen. Dann steht er zwischen Sonne und Erde und die Sonne beleuchtet die uns abgekehrte Seite des Mondes. Danach erscheint er als schmale Sichel am Himmel, die von Tag zu Tag breiter wird. Es herrscht zunehmender Mond. Nach etwa 14 Tagen sehen wir die ganze Hälfte von der Sonne beleuchtet. Es ist Vollmond. Von nun an herrscht abnehmender Mond. Wir erblicken täglich weniger von ihm, bis er bei Neumond wieder unsichtbar wird.

Moor

Wo das Wasser nicht ganz versickert oder Seen langsam austrocknen, entstehen Moore mit kleinen Tümpeln. Auf dem feuchten Boden wachsen vor allem ►*Moose* sowie ►*Gräser*, aber auch Heidelbeeren. Abgestorbene Pflanzen verrotten im Wasser nur unvollständig. Sie werden zu ►*Torf*. Viele Moore hat man trockengelegt, um Ackerland zu gewinnen. ►*Sumpf*

Moos

Moose sind grüne Pflanzen ohne Wurzeln. Sie haben auch keine Blüten und vermehren sich durch ►*Sporen*. Da sie wie ein Schwamm viel Wasser speichern, halten sie im ►*Wald* den Boden feucht und regeln so den Wasserhaushalt der Natur. In ►*Mooren* gedeihen besonders viele Moose.

Moschee

Moschee mit vielen Minaretten

In einer Moschee kommen die Gläubigen des ►*Islam* zusammen, um gemeinsam zu beten. Im Hof gibt es einen Brunnen. Jeder ►*Muslim* muss sich waschen, bevor er betet: Er säubert Hände, Gesicht, Arme und Füße und bestreicht den Kopf mit Wasser. Beim Betreten der Moschee muss man die Schuhe ausziehen. Im Inneren gibt es eine Kanzel, von der jeden Freitag gepredigt wird. Männer und Frauen beten getrennt voneinander. Zu jeder Moschee gehört ein hoher Turm, das Minarett. Von ihm ruft der Muezzin fünfmal am Tag zum Gebet. Der Muezzin ist nur der Gebetsrufer.

Motor

Motoren sind Antriebsmaschinen. Der Elektromotor in einem Staubsauger oder einer Bohrmaschine läuft mit elektrischem Strom. Er wandelt den Strom in Bewegung um, die eine Achse dreht. Die meisten Automotoren werden mit Benzin betrieben, das im Motor verbrennt. Man nennt sie daher Verbrennungsmotoren. Bei der Verbrennung des Benzins bewegen sich die Kolben im Zylinder auf und ab. Das erfolgt in vier Arbeitsschritten, weshalb man auch von einem Viertaktmotor spricht. Die Bewegung der Kolben überträgt die Kurbelwelle auf die Räder. ►*Motorräder* haben Zweitaktmotoren. Auch ►*Düsentriebwerke* sind Verbrennungsmotoren. ►*Abgas*

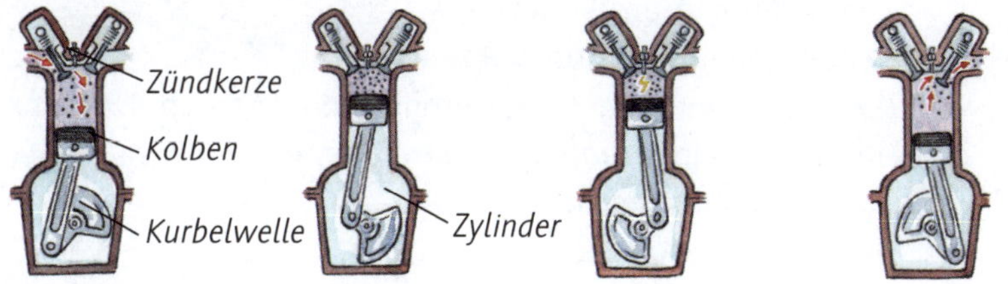

1. Ansaugen *2. Verdichten* *3. Zünden* *4. Ausstoßen*

Motorrad

Motorräder sind Kraftfahrzeuge mit zwei Rädern. Weil sie viel leichter sind als Autos, fahren sie auch mit kleineren ►*Motoren* sehr schnell. Beim Motorradfahren muss man daher einen Helm und ►*Schutzkleidung* tragen. Stürze sind lebensgefährlich, da man nicht wie im Auto von Blech geschützt ist. Mofas und Mopeds sind Kleinkrafträder mit sehr schwachen Motoren.

Mülldeponie

Auf einer Mülldeponie wird Restmüll gelagert. Das sind alle Abfälle, die man nicht wiederverwertet. Die Müllautos bringen sie auf die Deponie am Rande der Stadt. Dort werden die Abfälle ausgekippt und der Müllberg wächst ständig in die Höhe. Um Platz zu sparen, presst man den Müll mit großen Maschinen zusammen. In der Nähe einer Deponie riecht es nicht gut, denn es bilden sich viele ►*Gase*. Damit sie sich nicht entzünden, werden sie durch Röhren abgeleitet. Der Boden muss wasserdicht sein, damit keine Giftstoffe in die Erde eindringen. Ist kein Platz mehr auf der Deponie, wird sie aufgegeben. Man schüttet Erde auf und bepflanzt den Müllberg.

Müllverbrennungsanlage

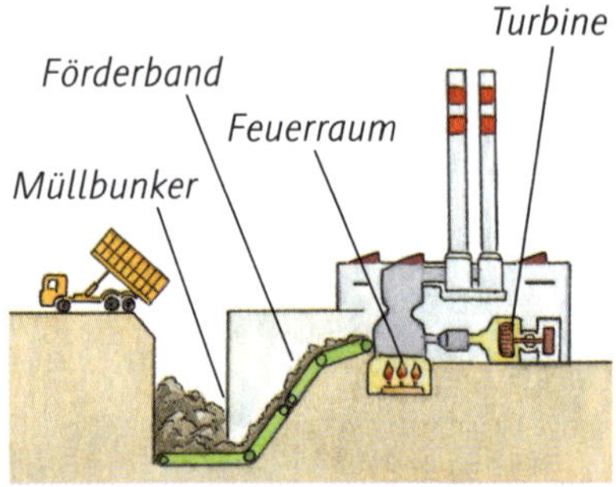

Abfälle, die nicht wiederverwertbar sind, verbrennt man meist in einer Müllverbrennungsanlage. Dadurch entsteht Wärme, mit der man Wasser zu ► *Dampf* erhitzt. Der Dampf strömt in Rohrleitungen in die Häuser und heizt sie. Man nennt das Fernheizung. Mit dem Dampf kann man auch ein ► *Kraftwerk* betreiben. ► *Mülldeponie*

Multikulturelle Gesellschaft

Eine multikulturelle Gesellschaft entwickelt sich, wenn Menschen verschiedener Herkunft auf Dauer zusammenleben. Dann treffen unterschiedliche Sprachen, ► *Nationen*, ► *Religionen* und ► *Kulturen* aufeinander. Damit daraus keine Probleme entstehen, müssen sich alle mit ► *Toleranz* begegnen. Dennoch ist es ganz normal, dass es manchmal zu Missverständnissen kommt.

Mumie

Die Leiche eines Menschen kann als Mumie erhalten sein. Der Körper ist dann völlig vertrocknet. Mumien hat man in der Wüste und im Eis gefunden. Auch Leichen im ► *Moor*, die unter Luftabschluss ruhten, sind mumifiziert. Die Ägypter und andere Völker haben ihre Herrscher mit Ölen und Kräutern einbalsamiert, um ihren Körper als Mumie zu erhalten.

Museum

In einem Museum werden Gegenstände aus früheren Zeiten, von fremden Völkern, aus der Technik und anderen Gebieten gesammelt und ausgestellt. Es gibt Eisenbahnmuseen, Spielzeugmuseen, Völkerkundemuseen, Theatermuseen und viele andere. In einem Kunstmuseum hängen Gemälde und ► *Skulpturen* bekannter Künstler. Das Deutsche Museum in München ist eines der größten Technikmuseen der Welt. Im Naturkundemuseum sieht man Pflanzen, ausgestopfte Tiere, ►*Versteinerungen* und Nachbildungen von ►*Dinosauriern*. In einem Freilichtmuseum ist oft ein altes Dorf nachgebaut.

Musikinstrument

Musikinstrumente erzeugen Töne auf verschiedene Weise. Blasinstrumente bringen Luft in Röhren zum Schwingen. Man unterscheidet Holzblasinstrumente wie Flöte oder Klarinette und Blechblasinstrumente wie Trompete oder Saxophon. Bei Saiteninstrumenten wie Geige oder Gitarre versetzt man Saiten aus Darm, Seide oder Stahl durch Streichen oder Zupfen in Schwingungen. Trommel, Pauke, Becken oder Xylophon zählen zu den Schlaginstrumenten. Hier werden gespannte Tierhäute, Metallscheiben oder Holzstäbe mit Stöcken oder Schlägeln zum Schwingen gebracht. ►*Orchester*

Muskel

Alle Teile unseres Körpers bewegen wir mit Muskeln. Diese ziehen sich dabei zusammen oder sie erschlaffen. Die Steuerung erfolgt über die ►*Nerven*. Der Mensch hat über 300 Muskeln. Es sind Bündel von Fleischfasern, die am ►*Skelett* befestigt sind oder in den ►*Organen* sitzen. Arme und Beine, die Augen oder den Mund bewegen wir meist mit dem Willen. Die Muskeln von Herz, Magen, Darm und anderen Organen arbeiten ohne unser Zutun.

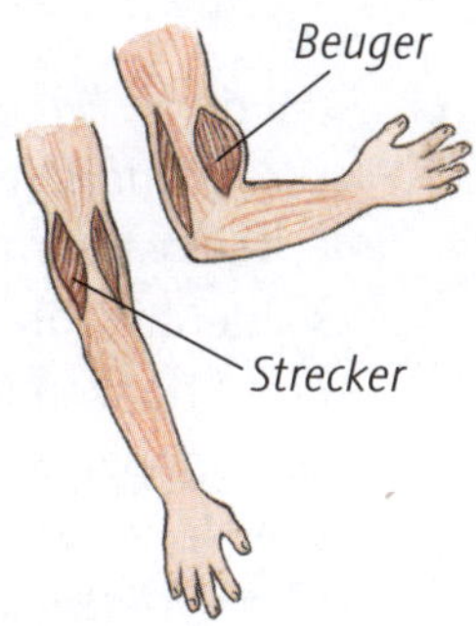

Muslim

Die männlichen Anhänger des ►*Islam* bezeichnen sich als Muslime. Das weibliche Wort ist Muslimin oder Muslima, in der Mehrzahl Muslimas.

Nadelbaum

Nadelbäume haben schmale spitze Blätter, die Nadeln. Diese tragen sie im Gegensatz zu den ►*Laubbäumen* auch im Winter. Nur die Lärche wirft im Herbst ihre Nadeln ab. Zum Schutz vor ►*Verdunstung* sind die Nadeln mit Wachs überzogen. Deshalb gedeihen Nadelbäume auch in trockenen Gebieten. Sie wachsen schnell und liefern Weichholz, vor allem für ►*Papier*. Unsere wichtigsten Nadelbäume sind ►*Tanne*, ►*Fichte*, Kiefer, Lärche. ►*Laubbaum*

Nagetier

Die meisten ►*Säugetiere* sind Nagetiere. Man kennt rund 1700 Arten. Darunter sind so große wie der Biber, aber auch sehr kleine wie die ►*Maus*. Alle Nagetiere haben je zwei kräftige Nagezähne im Ober- und Unterkiefer. Da Nagetiere vor allem harte Körner, Nüsse und Rinde fressen, nutzen sich die Zähne ständig ab. Diese wachsen daher immer nach. Der Biber hat so starke Zähne, dass er damit sogar Baumstämme durchnagt.

Gebiss des Bibers

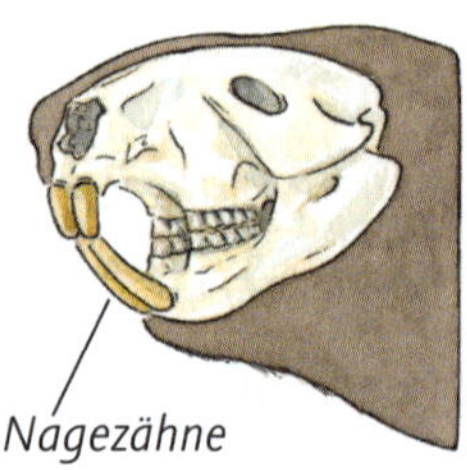

Nährstoff

Bei der ►*Verdauung* wird die Nahrung in Nährstoffe zerlegt. Die Grundnährstoffe sind ►*Eiweiß*, ►*Kohlenhydrate* und ►*Fett*. Eiweiß ist der wichtigste Baustoff für die ►*Zellen* des Körpers. Kohlenhydrate geben Kraft für die ►*Muskeln*. Fette von Tieren und Pflanzen liefern ►*Energie* für die Körperwärme. Sie besitzen doppelt so viele ►*Kalorien* wie Eiweiß und Kohlenhydrate. Die Nahrung enthält außerdem noch Spuren an ►*Vitaminen* und ►*Mineralstoffen*.

A B C D E F G H I J K L M N O P Q R S T U V W X Y Z

Nahrungskette

Nahrungskette im Meer

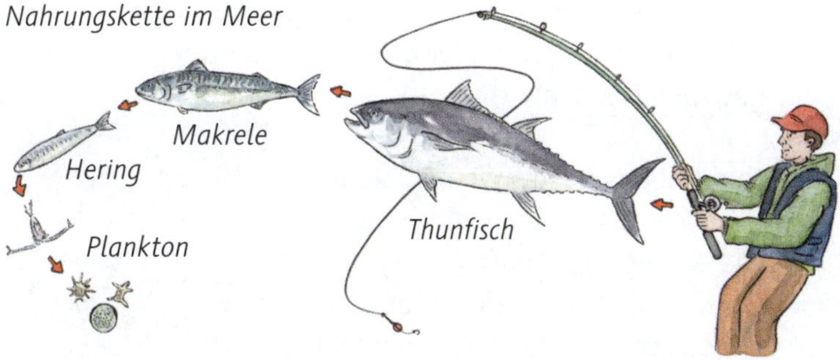

An einer Nahrungskette sieht man, welche Lebewesen von anderen leben. Am Anfang jeder Nahrungskette stehen die Pflanzen. Sie können ihre Nährstoffe selbst herstellen. Von ihnen leben kleine und große Pflanzenfresser. Diese sind wiederum die Nahrung von ►*Raubtieren*, die Fleisch fressen. Am Ende vieler Nahrungsketten steht der Mensch, der zum Beispiel einen Fisch verspeist. In der Nahrungskette können sich Umweltgifte speichern. Da der Mensch Pflanzen und Tiere isst, nimmt er alle ►*Giftstoffe* zu sich, die sich vielleicht angesammelt haben.

Nahverkehr

Alle öffentlichen ►*Verkehrsmittel*, die in ►*Städten* und der Umgebung fahren, gehören zum Nahverkehr. Dazu zählen ►*Straßenbahnen*, Busse, S-Bahnen, ►*U-Bahnen* sowie Nahverkehrszüge der ►*Eisenbahn*. Diese Massenverkehrsmittel benutzen täglich viele Menschen.

Narkose

Mit einer Narkose betäuben Ärzte Menschen oder Tiere für eine bestimmte Zeit. So werden die Patienten bewusstlos und können schmerzfrei operiert werden. Es ist auch möglich, nur einzelne Teile des Körpers zu narkotisieren. Dann bleibt der Patient bei Bewusstsein und spürt nur in diesem Teil seines Körpers bei einer ►*Operation* nichts mehr. Auch ein Zahnarzt setzt Narkosen ein, wenn er beispielsweise einen ►*Zahn* zieht oder schmerzhafte Behandlungen durchführt. Eine Narkose kann durch Spritzen oder durch das Einatmen von Gasen gegeben werden.

Nase

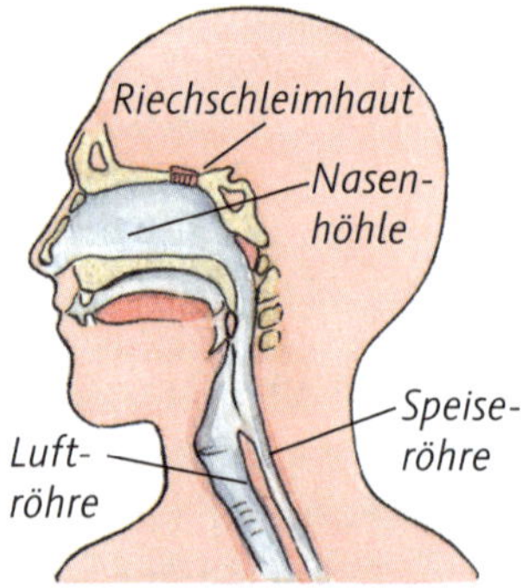

Durch die Nase atmen wir. Sie ist zugleich das ►*Organ* zum ►*Riechen*. Die eingeatmete Luft wird in der Nase gefiltert, angefeuchtet und angewärmt. Feine Härchen in der Nasenmuschel halten den gröbsten Schmutz zurück. In der feuchten Nasenschleimhaut bleiben noch weitere Schmutzteilchen und Krankheitserreger hängen. In der Riechschleimhaut liegen etwa 20 Millionen Riechzellen. Sie nehmen Geruchsstoffe auf und leiten den Geruchseindruck an den Riechkolben. Von dort geht die Information an das ►*Gehirn*.

Nation

Menschen, die in einem ►*Staat* zusammenleben, bilden eine Nation. Sie sprechen meist dieselbe Sprache und haben zum großen Teil eine gemeinsame ►*Kultur* und Geschichte. Jede Nation hat eine Nationalflagge und eine Nationalhymne. Die Hymne einer Nation wird zum Beispiel bei Staatsbesuchen oder großen Sportereignissen gespielt. In den ►*Vereinten Nationen* sind Vertreter vieler Staaten der Welt versammelt.

Nationalpark

Ein Nationalpark ist eine Landschaft, die vom Menschen nicht oder kaum verändert worden ist. In ihr leben seltene Tier- und Pflanzenarten. Um diese zu schützen, wird die Landschaft von Nationalparks unter ►*Naturschutz* gestellt. Deutschland hat 14 Nationalparks. Dazu zählen die Sächsische Schweiz, der Bayerische Wald und das ►*Wattenmeer* Schleswig-Holsteins.

Naturschutz

Der Naturschutz will die Natur vor Zerstörung bewahren und Pflanzen und Tiere vor dem Aussterben schützen. Da die Bevölkerung ständig zunimmt, sind die Lebensräume vieler Pflanzen und Tiere stark bedroht. Immer mehr Menschen suchen Erholung in der Natur. Sie treiben Wassersport und laufen Ski. Das belastet die Tier- und Pflanzenwelt. Um sie zu erhalten, wurden strenge Naturschutzgesetze und Vorschriften erlassen und Naturschutzgebiete eingerichtet. Dort darf nichts verändert werden. Manchmal sind solche Gebiete gesperrt.
► *Artenschutz* ► *Landschaftsschutzgebiet* ► *Nationalpark*

Nebel

Wenn feuchte Luft abkühlt, verdichten sich die darin enthaltenen Wasserteilchen zu Tröpfchen und ► *Wolken* entstehen. Bei Luftschichten über dem Boden spricht man von Nebel. Im Herbst liegt über Flusstälern und feuchten Wiesen oft dichter Nebel. In Städten lagern sich manchmal Schmutz- und Rußteilchen an den Wassertröpfchen an. Das ist ► *Smog*.

Nerv

Nerven sind Leitungsbahnen im Körper. Sie verbinden alle Körperteile über das Rückenmark mit dem ► *Gehirn*. Das Ganze nennt man Nervensystem. Das Rückenmark ist der Hauptnervenstrang. Es liegt geschützt in der Wirbelsäule. Von den Nervenenden werden Sinnesreize aufgenommen und an das Gehirn geleitet. Dazu liegen in der ► *Haut* zahlreiche Tastkörperchen, die Druck empfinden. Andere Sinneszellen nehmen Wärme oder Kälte wahr. Die Nervenenden erkennen zum Beispiel einen Nadelstich im Finger als

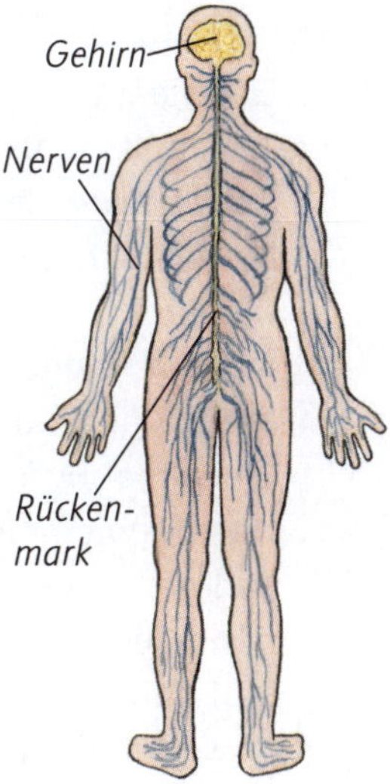

►*Schmerz*. Der Reiz wird über eine Nervenbahn an das Gehirn gemeldet. Das Gehirn antwortet auf den Reiz und befiehlt: Finger zurückziehen! Das erfolgt automatisch und blitzschnell. Alle Nervenbahnen im Körper haben zusammen eine Länge von 150000 km.

Nesthocker

Alle Tiere, die im Nest bleiben und von den Eltern gefüttert werden, nennt man Nesthocker. Sie sind nach der Geburt noch ziemlich hilflos. Nestflüchter kommen schon voll entwickelt zur Welt. Sie verlassen den Ort ihrer Geburt sofort und suchen sich ihre Nahrung selbst. ►*Singvögel* und viele ►*Säugetiere* sind Nesthocker. Hühner und Hasen sind Nestflüchter.

Niederschlag

Niederschläge sind Wasserteilchen, die bei feuchter Luft aus den Wolken auf die Erde fallen. Sie können flüssig oder fest sein. Am häufigsten ist ►*Regen*. In fester Form fallen ►*Schnee* und ►*Hagel*. Auch Raureif ist eine Form von Niederschlag. Dabei setzen sich Eiskristalle auf Gegenständen nieder, wenn diese kälter sind als 0° Celsius.

Niere

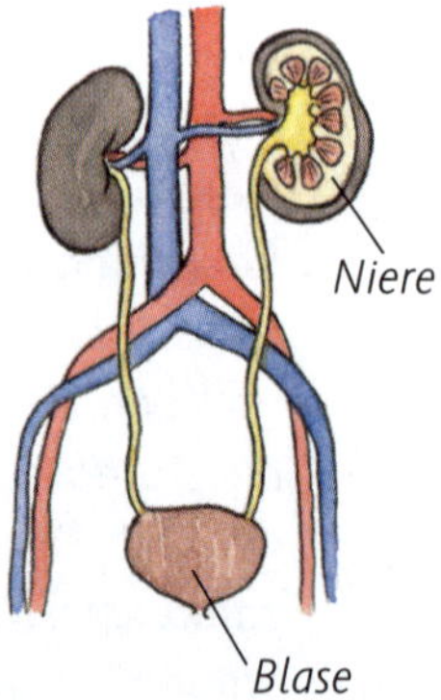

Der Mensch hat zwei Nieren. Sie liegen links und rechts der Wirbelsäule ungefähr in Höhe der unteren Rippen. In den Nieren wird der Urin gebildet. Im Urin sind Stoffe, die der Körper nicht mehr braucht. Manche dieser Stoffe sind für den Körper sogar giftig und müssen unbedingt ausgeschieden werden. Die Nieren holen diese Stoffe aus dem ►*Blut* und geben sie in den Urin ab. Bei einem gesunden Erwachsenen fließen täglich ungefähr 1500 Liter Blut durch die Nieren und es entstehen 1,5 bis 2 Liter Urin. Er wird in der Harnblase gesammelt und ausgeschieden.

Nikotin

Nikotin ist ein gefährliches ►*Gift* im ►*Tabak*. Schon ein zehntel Gramm ist für den Menschen tödlich. Raucher nehmen täglich kleine Mengen dieses Gifts in die ►*Lunge* auf. Von dort geht es ins ►*Blut* und in den gesamten Körper über. Nikotin verengt die Blutgefäße und der Blutdruck steigt. Dadurch wird das ►*Herz* geschädigt. Die Durchblutung in den Beinen wird schlechter, weil die Gefäße immer weniger Blut durchlassen. Manchen Rauchern muss daher ein Bein amputiert werden. Viele Raucher sterben auch an Lungenkrebs. Da Nikotin süchtig macht, können viele Menschen nur schwer mit dem Rauchen aufhören. Sie schaden nicht nur ihrer Gesundheit, sondern auch den Menschen in ihrer Umgebung, die den Rauch mit einatmen. ►*Krebs* ►*Sucht*

Nordamerika

Nordamerika ist der drittgrößte ►*Kontinent* und zweieinhalbmal so groß wie ►*Europa*. Kanada, die USA und Mexiko sowie 20 kleinere Staaten liegen in Nordamerika. Rund 500 Millionen Menschen leben in dem Erdteil. Er erstreckt sich von der ►*Arktis* bis nach ►*Südamerika*, mit dem Nordamerika zusammenhängt. Die Rocky Mountains sind das höchste Gebirge, der Mississippi ist mit 3800 km der längste Strom. Zu den bekanntesten Tieren zählen Rentiere, Bären, Büffel, Kojoten und Präriehunde. KARTE siehe S. 318.

Nordpol

Der Nordpol ist der nördlichste Punkt der Erde. Entgegengesetzt zum Nordpol liegt der ►*Südpol*. Die ►*Erdachse* geht durch beide Pole. Der Nordpol befindet sich mitten im Eismeer der ►*Arktis*. Hier geht die Sonne vom 23. September bis 21. März nicht auf. Nahe dem geografischen Nordpol liegt der magnetische Nordpol. Auf ihn richtet sich die Magnetnadel im ►*Kompass*. Der Amerikaner Robert Peary erreichte 1909 als Erster den Nordpol.

A B C D E F G H I J K L M N O P Q R S T U V W X Y Z

Nordsee

Die Nordsee ist ein Nebenmeer des Atlantischen ►*Ozeans*. Sie ist ein flaches Meer und bis auf wenige Stellen kaum mehr als 100 m tief. Deutschland hat Anteil an der Nordsee. Die deutsche Nordseeküste ist ohne ►*Inseln* rund 1200 km lang. Hier liegen die Häfen Bremerhaven und Cuxhaven. ►*Ostsee*

Notenschrift

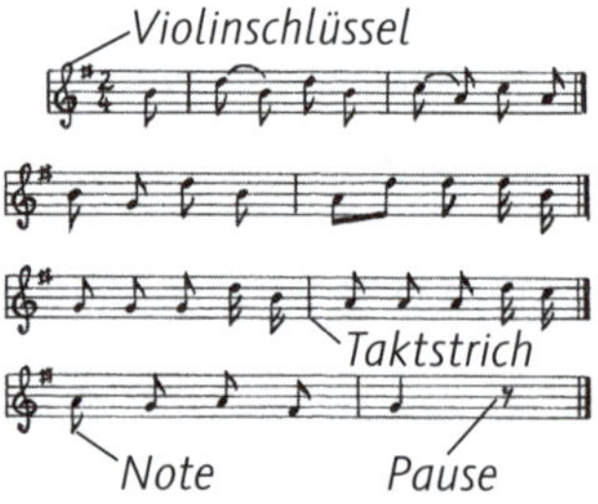

Musik wird in Noten aufgeschrieben. Jede Note bedeutet einen Ton. Die Noten werden auf fünf Linien und in deren Zwischenräume gesetzt. Der Stand der Noten auf der Notenzeile gibt die Höhe eines Tones an. Die Notengestalt zeigt die Dauer des Tones an. Am Anfang jeder Zeile steht der Notenschlüssel. Er legt die Tonhöhe des Musikstückes fest. Senkrechte Taktstriche und Pausenzeichen bestimmen den ►*Rhythmus* der Musik. ►*Musikinstrument*

Notruf

Wenn Menschen in Not sind, brauchen sie schnell Hilfe. Über einen Notruf kann man dann Ärzte, die ►*Feuerwehr* oder die ►*Polizei* alarmieren. In den meisten Ländern Europas hat der Notruf die Telefonnummer 112. Diese Nummer kann kostenlos angerufen werden. ►*Rettungsdienst*

Nutzpflanze

Nutzpflanzen unterteilt man in Nahrungspflanzen und Pflanzen, die ►*Rohstoffe* liefern. Zu den Nahrungspflanzen gehören alle Arten von ►*Getreide*, ►*Gemüse* und ►*Obst*. Die wichtigsten Pflanzen für Rohstoffe sind die Bäume. Sie liefern vor allem ►*Holz*, manche auch ►*Harz*. In tropischen Ländern wachsen auf ►Plantagen viele Nahrungspflanzen, zum Beispiel ►*Bananen*, Ananas und Zuckerrohr. Aus den ►*Tropen* kommen auch Kaffee, Tee, Kakao, ►*Baumwolle* und ►*Tabak*.

Nutztier

Haustiere, die dem Menschen Nahrung oder Kleidung liefern, nennt man Nutztiere. Dazu zählen vor allem das ►*Rind*, das ►*Schaf*, das ►*Schwein*, aber auch das ►*Huhn*. Sie geben dem Menschen Fleisch, Milch, Eier, Wolle und Leder. Durch planmäßige Viehzucht gibt es heute in reichen Ländern viel mehr Nutztiere als früher. Viele Nutztiere hat der Mensch auch für die Arbeit eingesetzt. Esel, Pferde, Kamele, Wasserbüffel und Elefanten sind in manchen Ländern heute noch Arbeitstiere.

Arbeitselefanten

Obdachloser

Obdach ist ein altes Wort und meint das Haus oder die Wohnung eines Menschen. Ein Obdachloser hat also kein Dach mehr über dem Kopf. Dafür kann es verschiedene Gründe geben. Manche Obdachlose haben zu viele Schulden gemacht und konnten die Miete nicht mehr bezahlen. Einige sind schwer abhängig von ►*Alkohol* oder ►*Drogen* und können deshalb ihr Leben nicht mehr regeln. In Deutschland kümmert sich der Staat um obdachlose Menschen. Er stellt ihnen in Obdachlosenheimen Betten zur Verfügung und sie bekommen dort auch zu essen. Viele Menschen werden bei Naturkatastrophen wie ►*Erdbeben* oder Überschwemmungen obdachlos.

Ohr

Das Ohr ist das ►*Sinnesorgan* zum ►*Hören*. Die Ohrmuschel fängt Schallwellen auf. Durch den Gehörgang gelangen sie auf das Trommelfell. Dieses gespannte Häutchen beginnt dadurch selbst zu schwingen. Es leitet die Schwingung zum

Innenohr auf die Gehörknöchelchen weiter. Die Schwingungen gelangen von dort an die Gehörnerven in der Schnecke. Diese Sinneszellen werden durch die Schwingung gereizt und melden den Reiz an das ►*Gehirn* weiter. Im Gehirn wird unterschieden, ob es sich bei dem ankommenden ►*Schall* um Geräusche, um Sprache oder um Musik handelt. Im Ohr befindet sich auch unser Gleichgewichtsorgan. Es liegt in den drei Bogengängen. Wenn wir den Kopf drehen oder uns bewegen, reizt die Flüssigkeit in den Bogengängen die Sinneszellen. Dadurch nehmen wir jede räumliche Bewegung des Körpers wahr.

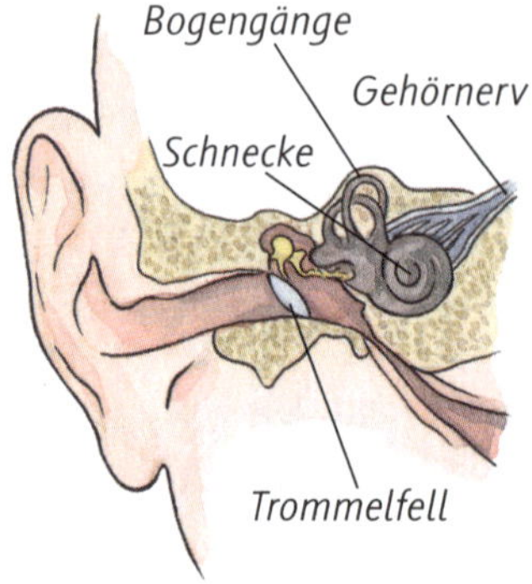

Ölpest

Wenn ein ►*Tanker* im Meer verunglückt und Öl ausläuft, entsteht eine Ölpest. Das Öl breitet sich dann auf der Wasseroberfläche kilometerweit aus. Es bildet mit dem Salzwasser eine zähe schmierige Schicht. Sie verklebt Seevögeln an der ►*Küste* das Gefieder und diese ertrinken.

Olympische Spiele

Olympisches Feuer

Die Griechen feierten im ►*Altertum* alle vier Jahre die Olympischen Spiele. Das waren Wettkämpfe zu Ehren des höchsten Gottes Zeus. Sie fanden am heiligen Ort Olympia statt. Seit dem Jahr 1896 richtet man im Abstand von vier Jahren die Olympischen Spiele jeweils in einem anderen Land der Erde aus. Sie sind das größte Sportfest der Welt. Seit 1924 gibt es neben den Sommerspielen auch Winterspiele. An den Olympischen Spielen nehmen überwiegend ►*Amateure* teil. Sie verpflichten sich durch einen ►*Eid*, die Regeln zu befolgen und ihren Sport fair und ohne ►*Doping* oder ►*Drogen* auszuführen. Während der Spiele weht die olympische Flagge und das olympische Feuer brennt. Man nennt die Spiele auch Olympiaden.

Oper

Eine Oper ist ein Theaterstück mit Musik und Gesang. Die Handlung wird von Opernsängern gespielt, die den Text zum größten Teil singen. Sie werden musikalisch von einem ►*Orchester* begleitet. Berühmte Opern stammen von Wolfgang Amadeus Mozart, Guiseppe Verdi und Richard Wagner. Das waren Komponisten und sie haben die Musik für die Opern in ►*Noten* aufgeschrieben. Die meisten Opern sind ernst. Es gibt aber auch komische Opern. Operette bedeutet „kleine Oper". Man versteht darunter ein heiteres Musiktheater mit leichter Musik. Die Sängerinnen und Sänger sprechen dabei mehr als bei einer Oper und es wird dazu auch getanzt.

Operation

Wenn ein ►*Arzt* einen Eingriff in den Körper vornimmt, ist das eine Operation. Er schneidet einen kranken Teil aus dem Körper heraus. Oder er setzt künstliche Körperteile ein, etwa ein Hüftgelenk aus Stahl. Auch ►*Organe* von Organspendern werden eingepflanzt. Alle Operationen machen Chirurgen. Damit ein Patient dabei nichts spürt, erhält er eine ►*Narkose*. Besonders empfindliche Organe wie die ►*Augen* oder das ►*Gehirn* operiert man mit ►*Laserstrahlen* (▼läjser-strahlen). Diese scharfen Strahlen schneiden feiner als jedes Messer.

Orchester

Musiker, die gemeinsam ein Musikstück spielen, bilden ein Orchester. Die Musiker werden von einem Dirigenten geleitet. Große Orchester können aus über hundert Musikern bestehen. Jeder von ihnen trägt mit seinem Instrument zum Klang des

Orchesters bei. Dabei kommen alle Arten von ►*Musikinstrumenten* zum Einsatz. Die Musiker mit den Streichinstrumenten stellen die größte Gruppe. In der ►*Oper* sitzt das Orchester im Orchestergraben. Das ist ein Raum unterhalb der Bühne. Bei einem ►*Konzert* sind die Musiker auf der Bühne und man sieht, wie sie spielen.

Großes Orchester

Organ

Organe sind Körperteile, die wichtige Aufgaben erfüllen. Zu den inneren Organen gehören zum Beispiel ►*Herz*, ►*Lunge*, ►*Magen* und ►*Leber*. Sie sind für den ►*Stoffwechsel* zuständig. Mit den äußeren Organen nehmen wir die Umwelt wahr. Das sind die ►*Sinnesorgane* wie ►*Ohren*, ►*Augen* und ►*Nase*. Auch die ►*Haut*, die ►*Muskeln* und die ►*Knochen* zählen zu den Organen. Jedes Organ ist aus besonderen ►*Zellen* aufgebaut. ►*Geschlechtsorgane*

Organisation

Unter einer Organisation versteht man planvolles Ordnen und Gestalten. Ein Betrieb, in dem die Zusammenarbeit reibungslos läuft, ist gut organisiert. Auch Vereinigungen von Menschen, zum Beispiel eine Partei oder einen Verein, bezeichnet man als Organisation. Die ►*Vereinten Nationen* sind eine politische Organisation.

Ostsee

Die Ostsee ist ein flaches Meer im Norden ►*Europas*. Durch den Nord-Ostsee-Kanal besteht eine Verbindung zur ►*Nordsee*. Deutschland hat rund 670 km ►*Küste* an der Ostsee. Hier liegen die Hafenstädte Kiel, Lübeck und Rostock. Rügen, die größte deutsche ►*Insel*, liegt in der Ostsee.

Ozean

Wasserhalbkugel

Über zwei Drittel der Erde sind vom Weltmeer bedeckt. Man sieht das gut auf einem ►*Globus*. Es gibt drei Ozeane, die durch die ►*Kontinente* voneinander getrennt sind. Der Pazifische Ozean liegt zwischen ►*Amerika*, ►*Asien* und ►*Australien*. Er ist am größten und tiefsten. Der Atlantische Ozean erstreckt sich zwischen ►*Europa*, ►*Afrika* und Amerika. Er ist nur halb so groß wie der Pazifik. Der Indische Ozean zwischen Asien, Afrika, Australien und der ►*Antarktis* ist noch etwas kleiner. Alle anderen Meere sind Nebenmeere der Ozeane.

Ozon

Ozon ist eine besondere Form von ►*Sauerstoff*. Das ►*Gas* tötet ►*Bakterien* und wird bei der Trinkwasseraufbereitung verwendet. In der ►*Atmosphäre* bildet es in großer Höhe eine Schutzschicht gegen die ►*UV-Strahlen* der Sonne. Durch ►*Abgase* wurde die Ozonschicht über einigen Gebieten der Erde stark angegriffen. So entstand über dem Südpol ein Ozonloch, durch das zu viele UV-Strahlen auf die Erde fallen. Bei starker Sonneneinstrahlung kann aus Abgasen über dem Boden Ozon entstehen. Das kann die Augen reizen und Atembeschwerden verursachen. Deshalb misst man täglich den Ozonwert. ►*Treibhauseffekt*

Papier

Das Wort Papier kommt von der ägyptischen Papyrusstaude. Aus dem Mark im Stängel dieser Pflanze machten die Ägypter im ►*Altertum* einen papierähnlichen Stoff. Sie schrieben auf diesem Papyrus in einer Bilderschrift. Unser Papier wird heute aus Holzfasern hergestellt. Die Fasern werden mit Leim, Wasser und Farbe zu einem Brei verrührt. Der Brei läuft in Papiermaschinen über Kunststoffsiebe. Durch Rütteln der Siebe verfilzen die Fasern. Das Wasser tropft ab und es bleibt ein dünnes Papierband zurück. Das feuchte Band wird in der Maschine getrocknet und geglättet. Am Ende der Maschine wird das Papier aufgerollt und oft in Bogen geschnitten. Papier kann man auch aus Lumpen, Altpapier oder Stroh herstellen.

Papierstoff auf dem Sieb

Papst

Der Papst ist das Oberhaupt der katholischen ►*Kirche*. Er ist Nachfolger des Apostels Petrus und lebt im Vatikan. Das ist ein eigener kleiner ►*Staat* mitten in der Stadt Rom. Jeder Papst ist zugleich ►*Bischof* von Rom. Er wird von den höchsten Bischöfen aus der ganzen Welt, den Kardinälen, gewählt.

Parlament

Das Parlament besteht aus Männern und Frauen, die gemeinsam mit der ►*Regierung* die ►*Politik* des ►*Staates* bestimmen. Sie werden von Bürgerinnen und ►*Bürgern* gewählt und vertreten das Volk. Man nennt die Mitglieder des Parlaments deshalb auch Volksvertreter oder ►*Abgeordnete*. Das Parlament überwacht die Arbeit der Regierung und stimmt über die Annahme von ►*Gesetzen* ab. ►*Bundestag* ►*Demokratie*

Partei

Menschen, die ein gemeinsames Ziel in der ►*Politik* verfolgen, schließen sich zu einer Partei zusammen. In Deutschland gibt es zwei große Parteien, die CDU/CSU (Christlich-Demokratische Union/Christlich-Soziale Union) und die SPD (Sozialdemokratische Partei Deutschlands), sowie kleinere Parteien wie die FDP (Freie Demokratische Partei), Bündnis 90/ Die Grünen und die Linke. Die meisten Politiker gehören einer Partei an. Die Partei, die bei der ►*Wahl* die meisten Stimmen bekommt, bildet die ►*Regierung*. Regiert sie zusammen mit einer anderen Partei, nennt man das Koalition. Das bedeutet Bündnis.

Pass

Ein Pass ist ein schmaler Durchgang im Gebirge. Er führt zwischen hohen ►*Bergen* hindurch. Pässe sind wichtig für den Verkehr. Der Brennerpass verbindet Österreich mit Italien. Über ihn verlaufen eine Autobahn und eine Eisenbahnlinie. Er ist nur 1370 m hoch, während die angrenzenden Berge über 2500 m aufragen. Schon die Römer überquerten auf diesem Pass die ►*Alpen*. Ein Reisepass ist ein ►*Ausweis*, den man bei der Einreise in viele fremde Länder vorzeigen muss.

Passwort

Für einige Dienste im ►*Internet* braucht man ein Passwort, beispielsweise für das Abrufen von ►*E-Mails*. Hier dient das Passwort dazu, dass man nur selbst seine E-Mails lesen kann. Es ist wie ein Ausweis, mit dem man sich zu erkennen gibt. Meist kann man sein Passwort selbst bestimmen. Dann sollte man sich eine Kombination aus Buchstaben und Zahlen ausdenken, die von anderen nicht zu erraten ist. Ungeeignet sind der eigene Name oder Namen von Menschen, Tieren oder Sachen, die man sehr mag. Mit einem Passwort kann man auch den ganzen ►*Computer* schützen. Dann kann kein anderer damit arbeiten oder die gespeicherten ►*Dateien* lesen.

A
B
C
D
E
F
G
H
I
J
K
L
M
N
O
P
Q
R
S
T
U
V
W
X
Y
Z

Patent

Erfindungen können durch ein Patent geschützt werden. Es wird auf dem Patentamt beantragt. Mit einem Patent sichert sich der Erfinder das Recht, seine Idee ganz allein nutzen zu dürfen. Wer diese Idee nachmachen will, muss dem Erfinder Geld bezahlen. Ein Patent gilt höchstens 20 Jahre.

Pfarrer

Ein Pfarrer ist ein Geistlicher, der eine christliche Gemeinde leitet, Gottesdienst hält und sich um die Gläubigen kümmert. Er ist auch für die Verwaltung der ►*Kirche* verantwortlich. In der katholischen Kirche werden die Pfarrer vom ►*Bischof* eingesetzt. In der evangelischen Kirche gibt es Pfarrer und Pfarrerinnen. Sie werden oft von der Gemeinde gewählt. Statt Pfarrer sagt man in manchen Gegenden auch Pastor.

Pflanzenschutzmittel

Pflanzenschädlinge bedrohen die ►*Nutzpflanzen* und vernichten die Ernte. Um das zu verhindern, spritzt man die Pflanzen mit Pflanzenschutzmitteln. Diese sind meist giftig und töten die Schädlinge. Die Pflanzen nehmen das Pflanzenschutzmittel aber teilweise auf und es kann in den Körper gelangen. Deshalb ist ungespritztes ►*Obst* oder ►*Gemüse* gesünder.
►*Biobauer*

Pflegekind

Wenn ein Kind keine leiblichen Eltern mehr hat oder diese sich nicht um ihr Kind kümmern können, wird es entweder adoptiert oder ein Pflegekind. Pflegekinder werden für eine bestimmte Zeit oder dauerhaft in eine Pflegefamilie aufgenommen. Die Pflegeeltern bekommen dafür Geld vom Staat.
►*Adoption*

Physik

Die Physik ist eine ►*Wissenschaft*. In ►*Experimenten* erforschen Physiker Vorgänge in der unbelebten Natur und leiten mit Hilfe der ►*Mathematik* daraus Gesetze ab. Es gibt acht verschiedene Bereiche in der Physik, zum Beispiel die Wärmelehre, die Mechanik, die Atomphysik.

Piercing

Wenn ein Mensch seine Haut durchbohren lässt, um dort ein Schmuckstück zu tragen, lässt er sich piercen (▼pierßen). So tragen manche Leute Ringe oder Perlen im Gesicht und sogar auf der Zunge. Weil der Körper beim Piercen verletzt wird, muss dabei auf höchste Sauberkeit geachtet werden. Man sollte es nur von sehr gut ausgebildeten Personen machen lassen. Bei Naturvölkern hat ein Piercing oft religiöse Gründe oder zeigt die Zugehörigkeit zu einer Gruppe.

Pilz

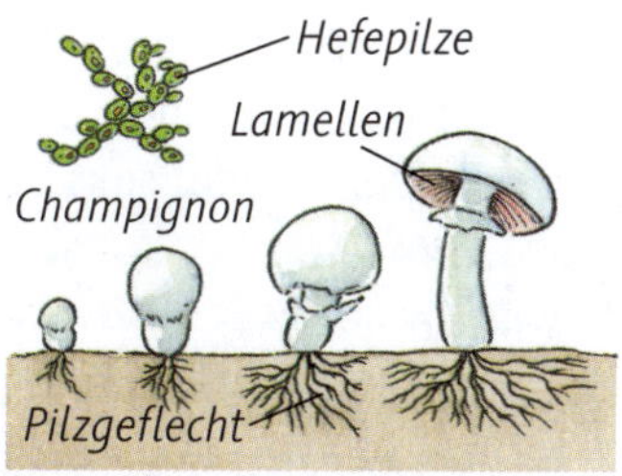

Pilze besitzen kein ►*Chlorophyll*. Sie können deshalb selbst keine Nährstoffe herstellen und holen sie aus verfaulenden Pflanzen im Boden. So sorgen sie dafür, dass tote Bäume und abgefallenes Laub verrotten. Manche Pilze schmecken sehr gut, beispielsweise Steinpilze und Pfifferlinge. Einige sind jedoch giftig oder sogar tödlich wie der Knollenblätterpilz. Es gibt aber auch sehr nützliche Pilze. So lösen zum Beispiel winzige Hefepilze die ►*Gärung* aus und mit Hilfe von Schimmelpilzen gewinnt man Heilmittel. ►*Schimmel*

Pipeline

►*Erdöl* und ►*Erdgas* werden über weite Strecken durch Rohrleitungen gepumpt. Man bezeichnet solche Leitungen mit einem englischen Wort als Pipelines (▼peipleins). In Pipelines strömt zum Beispiel Erdgas aus Russland nach Deutschland.

Planet

Planeten sind Himmelskörper, die nicht selbst leuchten. Sie werden von der ►*Sonne* angestrahlt. Da sie sich um die Sonne bewegen, nennt man sie auch Wandelsterne. Man kennt acht

1 Merkur
2 Venus
3 Erde
4 Mars
5 Jupiter
6 Saturn
7 Uranus
8 Neptun

Planeten in unserem Sonnensystem: Merkur, Venus, Erde und Mars sind der Sonne am nächsten und ganz aus ►*Gestein*. Die Riesenplaneten sind Jupiter, Saturn, Uranus und Neptun. Sie haben zwar einen festen Kern, bestehen aber fast nur aus einer Gashülle. Am kleinsten und weitesten entfernt ist Pluto. Er ist aus Eis und Stein und wird als Zwergplanet bezeichnet. Außer Merkur und Venus werden alle Planeten von Monden umkreist.

Plankton

Plankton ist ein Sammelbegriff für verschiedene, sehr kleine Pflanzen und Tiere, die im Wasser schweben. Sie bewegen sich selbst kaum und lassen sich von der Strömung treiben. Plankton ist die Nahrung vieler Lebewesen, zum Beispiel für die größten Wale. Auch manche ►*Fische* sowie ►*Muscheln*, ►*Schnecken* und ►*Algen* ernähren sich von Plankton.

Pflanzenplankton

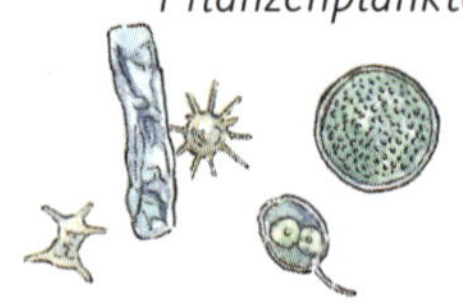

Tierplankton

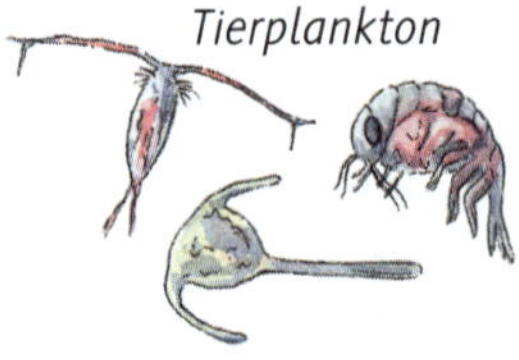

Plantage

Plantagen (▼plantahschen) sind riesige Pflanzungen in warmen Ländern. Dort baut man zahlreiche ►*Nutzpflanzen* an. Auch viele Pflanzen, die ►*Genussmittel* oder ►*Rohstoffe* liefern, wachsen auf Plantagen. Bei uns gibt es Plantagen mit Obstbäumen, Beerensträuchern oder Erdbeeren.

Plastik

In der Kunst bedeutet Plastik so viel wie ►*Skulptur*. Man nennt auch bestimmte ►*Kunststoffe* Plastik oder Plaste. Aus Hartplastik macht man heute viele Dinge, sogar „Kunststoffeis" zum Schlittschuhlaufen. Aus Weichplastik gießt oder spritzt man unzählige Gegenstände. Plastik lässt sich biologisch aber kaum abbauen. Das ist eine große Gefahr für die Natur. So bedrohen giftige Plastikabfälle bereits viele Meerestiere.

Politik

Das griechische Wort „Politik" bedeutet die Kunst, einen ►*Staat* zu führen. Das Zusammenleben der Menschen in einem Staat wird von der Politik geregelt. Diese wird von der ►*Regierung* und vom ►*Parlament* bestimmt. Eine Regierung macht eine gute Innenpolitik, wenn sich die Menschen in ihrem Staat wohl und sicher fühlen. Die Außenpolitik ist erfolgreich, wenn zu vielen Ländern der Welt gute Beziehungen bestehen.

Porzellan

Porzellan ist zunächst ein nasser Teig aus Porzellanerde, dem weitere Stoffe zugesetzt werden. Daraus werden Geschirr, Vasen und Figuren, aber auch Waschbecken und technische Bauteile geformt. Durch Trocknen und Brennen entsteht ein festes weißes Material, das Porzellan. Schon vor 1500 Jahren wurde das erste Porzellan in China hergestellt. Die meisten deutschen Porzellanfabriken gibt es in Thüringen und Bayern. Besonders berühmt ist das Porzellan aus Meißen in Sachsen.

Presse

Alle Druckschriften wie ►*Zeitungen* und ►*Zeitschriften* sind Erzeugnisse der Presse. Das Wort kommt daher, dass früher die Druckmaschinen „Pressen" genannt wurden. Aufgabe der Presse ist es, Nachrichten zu sammeln und zu verbreiten. Das tun ►*Journalisten*. Pressefotografen machen Fotos zu den Berichten. Die Nachrichten und Bilder gehen an die Redaktion einer Zeitung. Das geschieht heute meist per ►*Internet*. In der Redaktion suchen die Redakteure aus allen Nachrichten und Berichten das heraus, was sie drucken wollen. Sie stellen die Seiten der Zeitung zusammen, die am nächsten Tag erscheint.

Produktion

Unter dem lateinischen Wort Produktion versteht man die Herstellung von Waren aller Art. Die fertigen Waren sind die Produkte. Alles, was zur Produktion der Waren erforderlich ist, sind Produktionsmittel. Dazu zählen ►*Rohstoffe*, ►*Maschinen*, Fabrikhallen und Geld für die Arbeiter. ►*Fabrik* ►*Fließband*

Profi

Im Gegensatz zu einem ►*Amateur* bekommt ein Profi Geld für das, was er tut. Ein Fußballspieler in einem Bundesligaverein ist ein Profi. Das englische Wort „professional" (▼profeschenell) bedeutet berufsmäßig.

Programm

Ein ►*Computer* braucht für alle Aufgaben, die er erledigen soll, ein Programm. Das Programm erteilt ihm Anweisungen für jeden einzelnen Arbeitsschritt. Computerprogramme werden von Programmierern entwickelt. Es gibt Programme für viele Zwecke, zum Beispiel für die Textverarbeitung, das Zeichnen von ►*Bauplänen* oder das Herausfinden von Fehlern im Motor.

Propeller

Motorflugzeuge und Schiffe haben Propeller. Ein Propeller besteht aus zwei oder mehreren schräg stehenden Flügeln, die sich um eine Achse drehen. Sie treiben auf diese Weise das Fahrzeug an. Man spricht auch von Luftschrauben oder von Schiffsschrauben. ►*Hubschrauber* und ►*Windkraftanlagen* haben ebenfalls Propeller. Diese nennt man Rotoren oder Drehflügel.

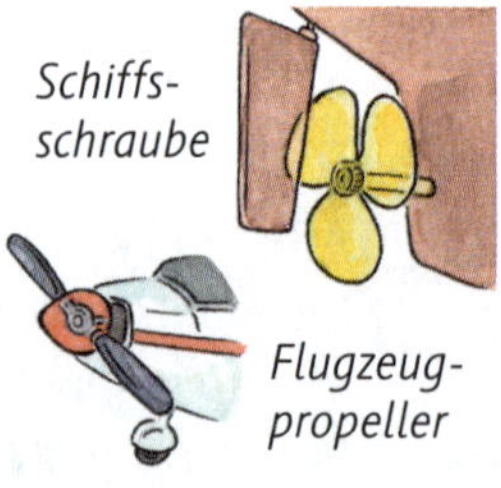

Prospekt

Fast täglich findet man Prospekte im Briefkasten. Die bunt bedruckten Papiere und Hefte preisen Waren an oder empfehlen Reisen und andere Dinge. Prospekte sind Werbemittel. Sie werden von Firmen, Kaufhäusern oder Reisebüros verschickt, um Kunden zu gewinnen. ►*Werbung*

Provider

Provider (▼prowaider) werden die Firmen genannt, die ihren Kunden Verbindungen zum ►*Internet* anbieten. Das englische Wort „to provide" (▼tu prowaid) bedeutet versorgen.

Prozent

Das lateinische Wort Prozent (%) bedeutet Hundertstel. Wenn Schokolade zum Beispiel 33 % Kakao enthält, dann besteht ein Drittel (= 33 %) davon aus reinem Kakao. Der Gehalt von ►*Alkohol* in Getränken wird stets in Prozent angegeben.

Pubertät

In der Zeit der Pubertät findet die Geschlechtsreife statt. Aus einem Kind wird allmählich ein Erwachsener. Die äußeren Geschlechtsmerkmale werden deutlich: Mädchen bekommen einen Busen, Jungen einen Bart und eine tiefe Stimme. Außerdem stellt sich bei Mädchen die ►*Menstruation* ein. Die Zeit des Erwachsenwerdens ist oft schwierig. Man kämpft um Anerkennung und wird nicht immer verstanden. In Mitteleuropa sind Mädchen meist zwischen 8 und 14, Jungen zwischen 10 und 16 Jahren in der Pubertät.

Puls

An den Handgelenken, an den Schläfen und am Hals können wir den Puls deutlich spüren. Das Klopfen entsteht durch die Muskelbewegungen, mit denen das ►*Herz* das Blut durch die ►*Adern* pumpt. Bei Erwachsenen schlägt der Puls 60- bis 80-mal pro Minute, bei Kleinkindern etwa 90-mal. Bei Aufregung, bei körperlicher Anstrengung oder bei ►*Fieber* erhöht sich der Pulsschlag. Das Herz schlägt dann schneller.

Qualifikation

Eine Qualifikation ist der Nachweis, dass man bestimmte Fähigkeiten und Kenntnisse besitzt. So muss man für einen Beruf besondere Qualifikationen haben. Im Sport gibt es oft eine Qualifikation. Dabei treten die Sportler vorher in einzelnen Gruppen gegeneinander an. Nur die ersten zwei oder drei einer Gruppe, die sich qualifiziert haben, kommen in den Endkampf. Das Gegenteil ist die Disqualifikation. Wer sich unsportlich verhält und etwa ►*Drogen* nimmt, wird disqualifiziert. Er wird dann vom Wettbewerb ausgeschlossen.

Qualität

Die Qualität beschreibt, wie ein Gegenstand beschaffen ist. Ein Mantel von erstklassiger Qualität ist aus gutem Stoff und gut verarbeitet. Bei der Herstellung vieler Waren wird die Qualität ständig geprüft. Man spricht von Qualitätskontrolle.

Qualle

Quallen bestehen zu 99 ►*Prozent* aus Wasser. Man bezeichnet sie auch als Nesseltiere, denn fast alle besitzen Fangarme mit giftigen Nesselkapseln. Das ►*Gift* verursacht je nach Stärke ein Brennen auf der Haut oder eine schwer heilende Wunde. Manche Quallen sind nur einige Millimeter groß, andere werden mehrere Meter lang. Sie haben die Form eines Schirmes, einer Kugel oder eines Würfels. Quallen ernähren sich von kleineren ►*Fischen* oder von ►*Plankton*. Verliert eine Qualle einen Körperteil, wächst er wieder nach.

Große Staatsqualle

Quantität

Mit Quantität wird im Gegensatz zur ►*Qualität* die Menge, die Anzahl oder die Größe der Dinge bezeichnet.

Quecksilber

Quecksilber ist ein ►*Metall*, das bei Zimmertemperaturen flüssig und silberfarben ist. Es wird vor allem in ►*Thermometern*, ►*Barometern* und in der ►*Industrie* bei chemischen Prozessen eingesetzt. Quecksilber ist ein sehr gefährliches Gift und muss als Sondermüll entsorgt werden. Heutzutage sind die meisten ►*Thermometer* deshalb digitale Thermometer, die mit Batterien betrieben werden.

Quittung

Wer Waren in Empfang nimmt, muss meist eine Quittung unterschreiben. Er bestätigt dadurch mit seiner Unterschrift, dass er die Ware erhalten hat. Wer eine Rechnung bezahlt, bekommt seine Zahlung quittiert. Das ist eine Bestätigung dafür, dass er den geforderten Geldbetrag bezahlt hat.

Radar

Mit der Radaranlage lässt sich bei völliger Dunkelheit feststellen, wo sich ein Gegenstand befindet. Man kann ihn auch verfolgen, wenn er sich bewegt. Dazu sendet die Radarantenne elektrische Wellen aus. Treffen diese zum Beispiel auf ein Flugzeug, dann werden sie wie ein ►*Echo* zurückgeworfen. Die Radarwellen erzeugen auf dem Radarschirm Bildpunkte und man erkennt daran das Flugzeug. Aus der Zeit bis zur Rückkehr des Radarsignals lässt sich die Entfernung zum Flugzeug berechnen. Auch seine Geschwindigkeit kann man bestimmen. Flugzeuge und Schiffe halten mit Radar sogar bei dichtem Nebel ihren Kurs genau ein. Die ►*Polizei* stellt mit Hilfe von Radar fest, ob Autos zu schnell fahren.

Radarschirm im Flugkontrollturm

A B C D E F G H I J K L M N O P Q R S T U V W X Y Z

Radioaktivität

Manche Atomkerne sind radioaktiv und senden unsichtbare Strahlen aus. Diese radioaktiven Strahlen besitzen sehr viel ► *Energie* und durchdringen fast alle Gegenstände. Bei der Spaltung von Atomkernen in Kernkraftwerken entsteht auch radioaktiver Abfall. Er muss sicher entsorgt werden, damit die Strahlung keinen Schaden anrichtet. Sie könnte sonst im Körper ► *Krebs* erzeugen. ► *Atom* ► *Entsorgung* ► *Kernenergie*

Raffinerie

Raffinerien sind Fabriken, in denen ► *Rohstoffe* gereinigt und veredelt werden. In einer Erdölraffinerie stellt man aus Rohöl Benzin, Diesel, Schmieröl und Heizöl her. In Zuckerraffinerien wird der braungelbe Rohzucker zu weißem ► *Zucker* veredelt.

Rakete

Raketen können im luftleeren Weltraum fliegen. Dazu müssen sie aber ► *Sauerstoff* mitnehmen. Dieser ist nötig, damit der Treibstoff im Raketentriebwerk verbrennt. In der Brennkammer des Triebwerks dehnen sich heiße ► *Gase* explosionsartig aus und werden durch enge Düsen ausgestoßen. Dadurch entsteht ein Rückstoß und die Rakete erhält einen Schub nach vorn. Raketen erreichen Geschwindigkeiten von über 50000 km pro Stunde. Sie bringen ► *Astronauten* zum Mond oder befördern ► *Satelliten* ins Weltall. Weltraumraketen bestehen aus mehreren Stufen. Wenn eine Stufe ausgebrannt ist, wird sie abgesprengt und kehrt an einem ► *Fallschirm* zurück.

Raketenstart

Ramadan

Der Ramadan ist die ►*Fastenzeit* im Islam, die vier Wochen dauert. Von Sonnenaufgang bis Sonnenuntergang ist es ►*Muslimen* während des Ramadan verboten, zu trinken, zu essen, zu rauchen und sich zu amüsieren. Nur Menschen, für die das eine zu große körperliche Belastung ist, müssen sich nicht daran halten. Dazu zählen Schwangere, Kranke, alte Menschen und Reisende. Zum Schluss folgt das Fest des Fastenbrechens. Es heißt auch Zuckerfest, weil es viele süße Dinge zu essen gibt. Das Ende des Ramadan wird oft drei Tage lang gefeiert. Weil sich der islamische ►*Kalender* am Mond orientiert, verschiebt sich der Ramadan jedes Jahr um einige Tage.

Raps

Raps ist eine gelb blühende Pflanze, die man auf Feldern anbaut. Sie dient zur Ölgewinnung und als Tierfutter. In Deutschland ist Raps die wichtigste Ölpflanze. Auch Margarine und Biodiesel wird daraus hergestellt. Die Kohlrübe, auch Wruke oder Steckrübe genannt, ist eine Unterart des Raps.

Rassismus

Wenn Menschen wegen ihrer Abstammung, ihrer Herkunft oder wegen ihrer Sprache und ►*Religion* gering geschätzt werden, ist das Rassismus. Fremdenhass richtet sich gegen alle, die nicht im selbem Land geboren wurden oder deren Eltern aus einem fremden Land stammen. Auch wenn diese Menschen die deutsche ►*Staatsbürgerschaft* haben, werden sie von Rassisten als Ausländer bezeichnet. Manchmal geht der Rassismus so weit, dass Menschen vertrieben oder getötet werden. Auch die Religion kann ein Grund für Rassismus sein. So wurden besonders die Juden von Rassisten immer wieder brutal verfolgt.
►*Toleranz*

Ratenzahlung

Wer eine Ware auf Raten kauft, zahlt den Preis in mehreren Teilbeträgen. Das kann zum Beispiel so aussehen: Ein Kunde zahlt für einen Fernseher, der 1000 Euro kostet, 400 Euro an. Es verbleiben 600 Euro Restbetrag, die in 6 Monatsraten zu je 100 Euro bezahlt werden. Zusätzlich zu den einzelnen Monatsraten muss der Kunde einen Ratenaufschlag entrichten. Das sind die ►*Zinsen* für den Restbetrag, den ihm der Händler vorstreckt. Der Fernseher kostet also mehr als bei Barzahlung.

Raubtier

Säugetiere, die hauptsächlich vom Fleisch anderer Tiere leben und diese jagen, bezeichnet man als Raubtiere. Sie besitzen ein Gebiss mit scharfen Reißzähnen. Das sind besondere Backenzähne, mit denen sie ihre Beute zerschneiden. Um diese aufzuspüren, haben Raubtiere einen ausgezeichneten Geruchssinn und oft sehr gute Augen. ►*Hund*, ►*Fuchs*, Wolf und Hyäne zählen ebenso zu den Raubtieren wie ►*Katze*, Löwe, Tiger und Leopard. Auch Bären sind Räuber, obwohl sie sich teilweise von pflanzlicher Kost ernähren. Zu den kleineren Raubtieren gehören Dachs, Iltis, Steinmarder und Fischotter. ►*Robben* sind Raubtiere, die im Wasser jagen.

Gebiss des Jaguars

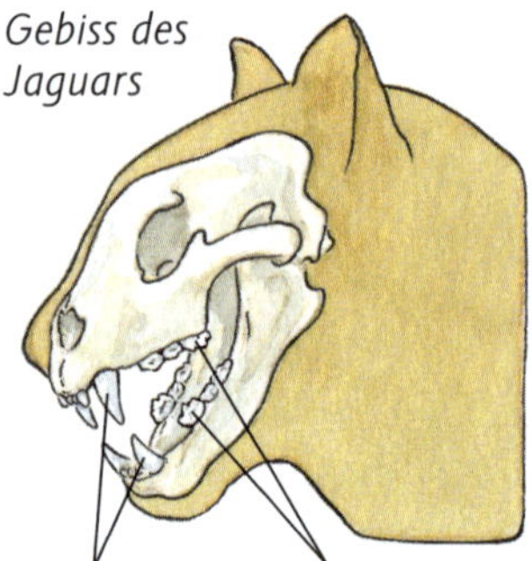

Raumstation

Raumstationen kreisen im ►*Weltraum* auf einer Umlaufbahn um die Erde. Sie können von der Erde aus mit Raumfähren wie dem Spaceshuttle (▼späjsschattl) erreicht werden. Solche Stationen dienen als Forschungslabors und Ausgangspunkt für Flüge in den Weltraum. Die Raumfahrer halten sich in der Raumstation oft monatelang auf. Die Mannschaften werden immer wieder ausgetauscht und kehren in bestimmten Abständen mit einer Raumfähre zur Erde zurück. Die internationale Raumstation ISS befindet sich seit November 2000 im Weltraum. Sie umrundet die Erde einmal in 90 Minuten. ► *Rakete*

Schwerelosigkeit in der Raumstation

Recycling

Das englische Wort Recycling (▼rißaikling) bedeutet Kreislauf oder Wiederverwendung. Man versteht darunter die Wiedergewinnung von ► *Rohstoffen* aus Müll. Leere Flaschen kann man einschmelzen und aus der Schmelze neue Flaschen formen. Wenn man Altpapier als Rohstoff für neues ► *Papier* verwendet, muss man weniger Bäume fällen. Aus leeren Dosen lässt sich neues Blech herstellen. Auch viele ► *Kunststoffe* sind wiederverwertbar und werden vom Müll getrennt. Durch das Recycling werden Rohstoffe nicht vergeudet und die Müllberge kleiner. ► *Glas*

Regenbogen

Wenn bei Regen gleichzeitig die Sonne scheint, entsteht ein Regenbogen. Das weiße Sonnenlicht wird durch die Regentropfen gebrochen und in die Farben des ► *Farbenspektrums* zerlegt. Von außen nach innen sieht man Rot, Orange, Gelb, Grün, Hellblau, Dunkelblau und Violett. Beim Doppelbogen ist es umgekehrt.

Doppelter Regenbogen

A B C D E F G H I J K L M N O P Q R S T U V W X Y Z

Regenwald

Die großen Urwälder in den heißen Gebieten der Erde werden als Regenwälder bezeichnet. Sie liegen rund um den ►*Äquator*. Dort regnet es fast täglich einmal, gleichzeitig ist es sehr warm. In dem feuchtwarmen ►*Klima* gedeihen die Pflanzen wie in einem ►*Treibhaus* und die Bäume werden riesig. Regenwälder beeinflussen das Klima der Erde, da sie ►*Kohlendioxid* in ►*Sauerstoff* umwandeln und diesen abgeben. Seit man immer mehr Regenwälder abholzt, ändert sich das Klima auf der Erde spürbar. ►*Klimaerwärmung* ►*Rodung*

Regierung

Eine Regierung lenkt und leitet einen ►*Staat*. Sie sorgt dafür, dass die ►*Gesetze* eingehalten werden. In der ►*Bundesrepublik Deutschland* gibt es eine Bundesregierung für das ganze Land. Sie wird vom ►*Bundeskanzler* und den Bundesministern gebildet. Die einzelnen ►*Bundesländer* haben eigene Länderregierungen mit Ministerpräsidenten an der Spitze.

Region

Unter einer Region versteht man ein Gebiet, das wirtschaftlich oder kulturell zusammenhängt. Das Ruhrgebiet ist eine große Industrieregion. Als Region bezeichnet man auch eine Gegend oder Landschaft, zum Beispiel die Alpenregion.

Register

Ein Register ist eine Liste. In Büchern bezeichnet man so ein alphabetisches Verzeichnis, in dem man nachlesen kann, auf welchen Seiten die wichtigsten Begriffe zu finden sind.

Reibung

Jede Bewegung eines Körpers wird durch Reibung gebremst. Die ►*Kraft* der Reibung ist umso größer, je rauer die Oberfläche und je schwerer der Körper ist. Wenn man eine schwere Kiste über den Fußboden zieht, muss man viel Kraft aufwenden. Auf einer glatten Unterlage geht es leichter. Man kann die Reibung durch Schmiermittel verringern. Deshalb schmiert man Maschinenteile, die aufeinanderreiben, mit Öl oder Fett. Noch geringer ist die Rollreibung. Räder oder Kugeln berühren den Untergrund nur mit einer kleinen Fläche. Polierte Kugeln in Kugellagern laufen fast reibungslos.

Kugellager und Wälzlager

Religion

Die Religion ist der Glaube an ein Wesen, das mächtiger ist als der Mensch. Für die Christen ist das Gott. Sie denken sich ihn als Person und beten zu ihm. Auch andere Weltreligionen verehren göttliche Wesen. Die ►*Muslime* nennen ihren Gott ►*Allah*, die Juden Jehova. Die Buddhisten kennen keinen Gott, die Hinduisten haben viele Götter. Alle Religionen verehren etwas Übernatürliches. Für manche Völker sind das zum Beispiel Geister, die in einem Tier oder einer Pflanze wohnen. Man spricht dabei auch von Naturreligion. ►*Buddhismus* ►*Christentum* ►*Hinduismus* ►*Islam* ►*Judentum*

Rente

Wer wegen seines Alters nicht mehr arbeitet oder keinen Beruf mehr ausüben kann, erhält eine Rente. Das ist eine regelmäßige monatliche Zahlung von einer ►*Versicherung* oder vom ►*Staat*. Während ihrer Berufszeit zahlen alle ►*Arbeitnehmer* einen Teil ihres Verdienstes in eine Rentenversicherung ein. Nach der Höhe der eingezahlten Beiträge richtet sich später die Höhe der Rente. ►*Beamte* bekommen ihre Rente vom Staat. Ein anderes Wort für Rente ist Pension oder Altersruhegeld.

Reportage

Eine Reportage (▼reportahsche) ist ein Bericht, den ein Reporter am Ort des Geschehens verfasst. So berichten Sportreporter zum Beispiel direkt von einem Fußballspiel. Rundfunkreporter sprechen dazu im Stadion in ein ►*Mikrofon*. Die

Reportage wird mit Übertragungswagen meist live (▼leif), das heißt direkt, gesendet. Bei Fernsehübertragungen nehmen Kameramänner das Spiel mit Fernsehkameras auf. Der Reporter beschreibt dazu, was auf dem Spielfeld vor sich geht. Nicht immer werden Fernsehreportagen live gesendet. Man zeichnet sie auf und strahlt sie erst zu einem späteren Zeitpunkt aus.

Reptilien

Schildkröten, ►*Eidechsen*, Krokodile und ►*Schlangen* sind Reptilien. Man nennt sie mit einem deutschen Wort Kriechtiere. Sie haben eine schuppige Haut und sind wechselwarme Tiere. Ihre Körpertemperatur richtet sich danach, wie warm oder wie kalt ihre Umgebung ist.

Waran

Wird es zu kalt, werden sie träge und steif. Deshalb wärmen sie sich immer erst in der Sonne auf. Fast alle Reptilien legen ►*Eier*, die sie von der Sonne ausbrüten lassen. Einige Arten bringen auch lebende Junge zur Welt. Die größten Reptilien die Erde waren die ►*Dinosaurier*.

Ressourcen

Als Ressourcen (▼reßurßen) werden die Rohstoffe bezeichnet, die ein Land zur Verfügung hat. Auch die Natur hat Ressourcen: Luft, Wasser und Boden. Alle Lebewesen brauchen diese Ressourcen. Weil es davon auf der Welt nur eine bestimmte Menge gibt, müssen die Menschen sorgsam damit umgehen. Denn niemand kann die natürlichen Ressourcen neu erschaffen, wenn sie verbraucht oder durch Umweltverschmutzung unbrauchbar geworden sind.

Rettungsdienst

Rettungsdienste helfen Menschen, die durch Katastrophen, Unfälle und Kriege in Not geraten. Die Feuerwehr hilft nicht nur bei Bränden, sondern auch bei Überschwemmungen oder dem Einsturz eines Hauses. Die Verkehrswacht kommt bei einem Autounfall mit Krankenwagen und Rettungshubschraubern zu Hilfe. Wasserwacht und Deutsche Lebensrettungsgesellschaft (DLRG) haben in Schwimmbädern und an Stränden Rettungsschwimmer im Einsatz. Die Gesellschaft zur Rettung Schiffbrüchiger hilft Schiffen in Seenot. Die Bergwacht rettet Wanderer, Bergsteiger und Skifahrer, die im Gebirge verunglücken. Die größte Hilfsorganisation ist das ►*Rote Kreuz*, das in fast allen Ländern der Erde tätig ist. Der Rettungsdienst ist überall in Europa telefonisch unter der Notrufnummer 112 erreichbar. ►*Notruf*

Rettungseinsatz bei Unfall

Rhein

Der Rhein ist der längste deutsche Strom. Er ist 1320 km lang und fließt von den ►*Alpen* in die ►*Nordsee*. In Deutschland ist der Rhein 865 km lang. Diese Wasserstraße verbindet die Schweiz, Frankreich, Deutschland und die Niederlande mit den Häfen im Norden. Weit verzweigte ►*Kanäle* schließen viele andere Flüsse an den Rhein an. Über den Rhein-Main-Donau-Kanal fahren Schiffe von der Nordsee bis ins Schwarze Meer.

Rhythmus

Rhythmus (▼rüttmuss) bedeutet regelmäßige Wiederkehr. Bei einem Musikstück ist es die Folge von Tondauer und Tonstärke. Viele Vorgänge in der Natur laufen in bestimmtem Rhythmus ab. So schlägt das Herz rhythmisch und die Jahreszeiten wechseln mit einer gewissen Regelmäßigkeit. Gedichte haben einen Rhythmus aus betonten und unbetonten Silben.

Ritual

Bei einem Ritual werden Handlungen nach einem immer gleichen Ablauf durchgeführt. Zu jeder ►*Religion* gehören Rituale, zum Beispiel die ►*Sakramente*. Wenn sich ►*Muslime* vor dem Gebet waschen, ist dies ein Ritual. Die Menschen verschiedener ►*Kulturen* entwickeln unterschiedliche Rituale. Dazu gehört zum Beispiel die Form der Begrüßung. In manchen Ländern geben sich die Menschen dabei die Hand, in anderen Ländern ist dies zwischen Mann und Frau nicht üblich.

Roboter

Ein Roboter ist eine ►*Maschine*, die vollautomatisch arbeitet. Sie wird von Menschen eingerichtet und überwacht, erledigt aber die Arbeit völlig selbstständig. Roboter werden in vielen Bereichen der ►*Industrie* eingesetzt, zum Beispiel beim Bau von Autos. Sie erledigen auch sehr gefährliche Arbeiten, etwa in einem Kernkraftwerk. Das Wort Roboter ist eine Erfindung von Autoren, die Science-Fiction-Bücher (▼ßajenß-fiktschn-Bücher) schrieben. Vor etwa hundert Jahren erzählten sie darin, wie sie sich die Zukunft vorstellten. Heute ist das Wirklichkeit.

Roboter in Autofabrik

Rodung

Das Fällen aller Bäume in einem Waldstück nennt man roden. Dabei werden Wurzelstöcke ausgegraben und der Boden wird eingeebnet. Im Mittelalter schufen Mönche in den ►*Klöstern* durch Rodung Land für Äcker und ►*Siedlungen*. Damals war Deutschland fast ganz von Wald bedeckt. Heute brennt man die ►*Regenwälder* ab, um Platz für Ackerbau und Viehzucht zu haben. Diese Brandrodung verstärkt den ►*Treibhauseffekt*.

Rohstoff

Rohstoffe werden aus der Natur gewonnen. Dazu zählen alle Bodenschätze wie ►*Erdöl*, ►*Erze* und ►*Kohle*. Pflanzen liefern zum Beispiel ►*Holz*, ►*Harze* oder ►*Gummi*. Aus den Rohstoffen werden in Fabriken viele Waren hergestellt. Deutschland hat nur wenige Rohstoffe, aber viel ►*Industrie*. Deshalb müssen die meisten Rohstoffe aus dem Ausland eingeführt werden.

Röntgenstrahlen

Die Röntgenstrahlen wurden 1895 von dem Physiker Conrad Röntgen entdeckt. Sie sind unsichtbar und können Gegenstände durchdringen. In der ►*Medizin* durchleuchten Röntgenstrahlen den Körper und machen auf dem Röntgenbild Krankheiten und Verletzungen sichtbar. Man nutzt sie auch zur Heilung von ►*Krebs*. In Technik und ►*Wissenschaft* setzt man Röntgenstrahlen ein, um Materialien zu prüfen oder um den Aufbau von Stoffen zu untersuchen.

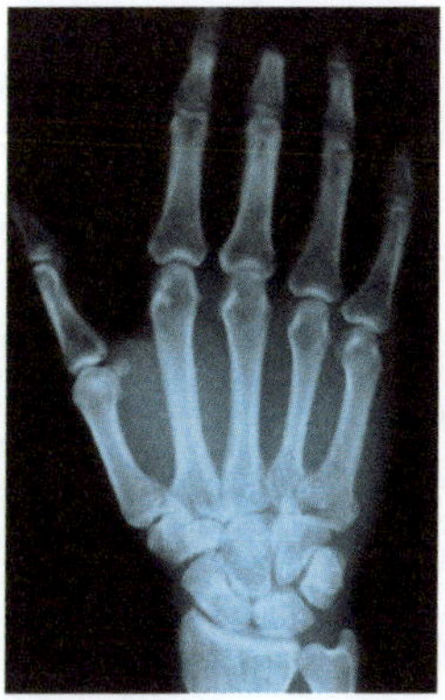
Röntgenbild

Rost

Eisen rostet. Es bekommt an der Luft schnell einen rotbraunen Belag. Dieser Rost ist eine Verbindung von ►*Sauerstoff* mit ►*Eisen*. Er zerstört das Eisen, das langsam zerbröselt und zerfällt. Zum Schutz gegen Rost werden zum Beispiel Brückengeländer oder Schiffsrümpfe mit Rostschutzfarbe gestrichen. Man kann Eisen auch dadurch vor Rost bewahren, indem man es mit rostfreien Metallen überzieht. ►*Stahl*

Rotes Kreuz

Das Rote Kreuz arbeitet als ►*Rettungsdienst* in fast allen Ländern der Erde. Es hilft bei Katastrophen und in Gebieten, in denen Krieg herrscht. Das Rote Kreuz hat eigene Krankenhäuser und bildet Krankenschwestern aus. Im Krieg versorgen Ärzte, Krankenschwestern und Sanitäter die Verwundeten. Der Schweizer Henri Dunant hat dieses Hilfswerk im Jahr 1863 gegründet. In islamischen Ländern, zum Beispiel in der Türkei, gibt es den Roten Halbmond.

Sakrament

Sakramente sind heilige Handlungen, die auf das Wirken von Jesus Christus zurückgehen. Für die Gläubigen sind es sichtbare Zeichen des Glaubens und der Liebe Gottes zu den Menschen. In der katholischen ►*Kirche* gibt es sieben Sakramente: ►*Taufe*, ►*Kommunion*, Firmung, Beichte, ►*Ehe*, Krankensalbung und Priesterweihe. Die evangelische Kirche kennt nur zwei Sakramente, die Taufe und das Abendmahl, aber mehrere andere heilige Handlungen wie zum Beispiel die ►*Konfirmation* oder die Eheschließung.

Salz

Salzgärten am Meer

Salz ist unser wichtigstes Gewürz. Man gewinnt das Koch- oder Speisesalz entweder aus Steinsalz oder aus Meersalz. Steinsalz bildet unter der Erde oft hundert Meter dicke Schichten. In ►*Bergwerken* sprengt man große Salzbrocken heraus und fördert sie zutage. Häufig löst man das Salz aber in Wasser auf und pumpt die ►*Lösung* nach oben. Die Salzlösung heißt Sole. Wenn sie verdampft, bleibt das Salz übrig. Salz aus dem Meer gewinnt man, indem man das Meerwasser in flache Becken leitet. In diesen Salzgärten verdunstet das Wasser durch Sonne und Wind und das Salz bleibt zurück.

Samen

Bei den meisten Lebewesen erfolgt die ►*Fortpflanzung* durch Samen. Diese entstehen bei den Blütenpflanzen im Fruchtknoten nach der ►*Befruchtung*. Sobald die Früchte reif sind, werden die Samen durch den Menschen, durch Tiere, den Wind oder das Wasser verbreitet. Dafür haben sie besondere Einrichtungen wie Häkchen oder Flughärchen. Fallen die Samen auf fruchtbaren Boden, beginnen sie zu keimen und es entsteht eine neue Pflanze. Bei Tieren und Menschen spricht man von ►*Samenzellen* oder von Spermien. ►*Keimung*

Samenzelle

Bei Menschen und Tieren entstehen in den Hoden der männlichen Lebewesen die Samenzellen oder Spermien. Sie werden durch den ►*Penis* ausgestoßen. Die Samenzellen haben einen Kopf und einen dünnen Schwanz, mit dem sie sich schlängelnd in der Samenflüssigkeit fortbewegen. Die menschliche Samenzelle ist nur 5 hundertstel Millimeter groß. Ihr Kopf enthält die männlichen ►*Gene*. Er dringt bei der ►*Befruchtung* in die weibliche ►*Eizelle* ein. ►*Geschlechtsverkehr*

Satellit

Satelliten sind Himmelskörper, die einen anderen Himmelskörper umkreisen. So ist der ►*Mond* ein Satellit der Erde. Künstliche Satelliten werden von ►*Raketen* in den ►*Weltraum* getragen. Dort umkreisen sie die Erde auf einer Umlaufbahn. Sie führen Messungen durch und fotografieren ►*Wolkenformen* und die Erdoberfläche. Die Messergebnisse und die Fotos werden an Erdfunkstationen gesendet. Telesatelliten übertragen so Telefongespräche und Fernsehbilder in andere Länder. Mit

Hilfe von Navigationssatelliten bestimmen Flugzeuge und Schiffe ihren Kurs. Solche Satelliten machen es auch möglich, dass man mit einem „Navi" im Auto ein eingegebenes Ziel sicher findet.

Nachrichtensatellit

Sauerstoff

Sauerstoff ist ein ► *Gas*, das man weder sehen noch riechen kann. Dieses Gas hat das chemische Zeichen O und ist an jeder ► *Verbrennung* beteiligt. Etwa ein Fünftel der ► *Luft* besteht aus Sauerstoff. Bei der ► *Atmung* nehmen Menschen und Tiere Sauerstoff auf. Der Körper benötigt ihn für den ► *Stoffwechsel*. Grüne Pflanzen erzeugen ständig Sauerstoff. ► *Fotosynthese* ► *Wasserstoff*

Säugetier

Känguru

Säugetiere sind die am höchsten entwickelten Lebewesen. Sie bringen lebende Junge zur Welt, die sie mit ihrer Milch säugen. Einfache Säugetiere sind die Beuteltiere. Ein Känguru ist bei der Geburt nur 2 cm lang. Es wächst im Beutel der Mutter heran und wird dort mehrere Monate lang gesäugt. Die meisten Säugetiere leben an Land, ► *Wale* und Seekühe leben im Meer. ► *Robben* halten sich an Land und im Wasser auf. ► *Fledermäuse* und Flughunde sind Säugetiere der Luft. Fast alle Säugetiere haben ein Haarkleid. Bei Nashörnern und Elefanten ist es ganz dünn. Walen und Seekühen fehlt die Körperbehaarung. Auch der Mensch zählt zu den Säugetieren.

Säure

Säuren sind Stoffe, die Haut, Augen, Kleidung und die meisten Materialien angreifen und vielleicht sogar zerstören können. Es gibt verschieden starke Säuren. Zitronen-, Milch- und Essigsäure sind in ►*Nahrungsmitteln* enthalten. Andere wie Schwefel- und Salzsäure sind hingegen gefährlich und verursachen schwerste Hautschäden. In der ►*Industrie* werden sie jedoch für chemische Vorgänge eingesetzt.

Savanne

Savannen sind weite Grasländer mit wenigen Bäumen und Büschen. Es gibt sie in allen Erdteilen nahe dem ►*Äquator*. In den Savannen lebt eine große Zahl von Gras fressenden Tieren. In der afrikanischen Savanne gibt es heute noch größere Herden von Elefanten, Zebras und Gnus.

Schall

Werden Luftteilchen zum Schwingen angeregt, so entsteht hörbarer Schall. Er breitet sich als Welle aus. In Luft legt der Schall 333 Meter pro Sekunde zurück. Ein Flugzeug, das mit Schallgeschwindigkeit fliegt, legt demnach 1200 Kilometer in der Stunde zurück. Schall pflanzt sich auch in Wasser und festen Stoffen fort. Im luftleeren Raum gibt es keinen Schall, weil keine Teilchen zum Schwingen angeregt werden können.

Scheidung

Wenn Ehepaare nicht mehr zusammenleben wollen, reichen sie die Scheidung bei einem ►*Gericht* ein. Erst nachdem sie ein Jahr getrennt gelebt haben, können sie geschieden werden. Vom Gericht wird bestimmt, wie bestehendes Vermögen und gemeinsame Güter aufgeteilt werden und ob ein Partner den anderen durch Geldzahlungen unterstützen muss. Das Sorgerecht für ihre Kinder behalten beide Elternteile meist weiterhin gemeinsam. Manche Paare schließen bei der Heirat einen Ehevertrag. Darin ist geregelt, wie das Vermögen bei einer Scheidung unter den Eheleuten verteilt werden soll. ►*Ehe*

Schifffahrt

Beim Schiffsverkehr wird zwischen Binnenschifffahrt und Seeschifffahrt unterschieden. Binnenschiffe sind meist kleinere Lastschiffe. Sie verkehren auf Flüssen, Kanälen und Seen. Seeschiffe befahren die Weltmeere und transportieren Güter von einem Land ins andere. Dieser Transport ist billiger als mit ►*Flugzeugen*. Die größten Seeschiffe sind die ►*Tanker*, die Öl geladen haben. Frachter befördern ►Container oder Schüttgut wie ►*Erz*, ►*Kohle*, Kies und ►*Getreide*, aber auch Autos und Maschinen. Kühlschiffe haben verderbliche Ware an Bord, zum Beispiel frisch gefangenen ►*Fisch*. Passagierschiffe oder Fahrgastschiffe befördern nur Menschen.

Öltanker

Schimmel

Schimmel ist der Belag, den Schimmelpilze verursachen. Diese sind nur unter dem ►*Mikroskop* zu erkennen. Schimmel kann sich auf allen Lebewesen und Gegenständen ansiedeln, wenn genug Feuchtigkeit vorhanden ist. Manche Schimmelbeläge sind giftig. Verschimmelte ►*Nahrungsmittel* darf man deshalb nicht essen. Verschiedene Schimmelpilze verwendet man zur Herstellung von Lebensmitteln wie Camembert-Käse. Mit Hilfe von einigen Schimmelpilzen stellt man auch Antibiotika her. Das sind ►*Medikamente*, die Krankheiten bekämpfen, die von ►*Bakterien* ausgelöst werden.

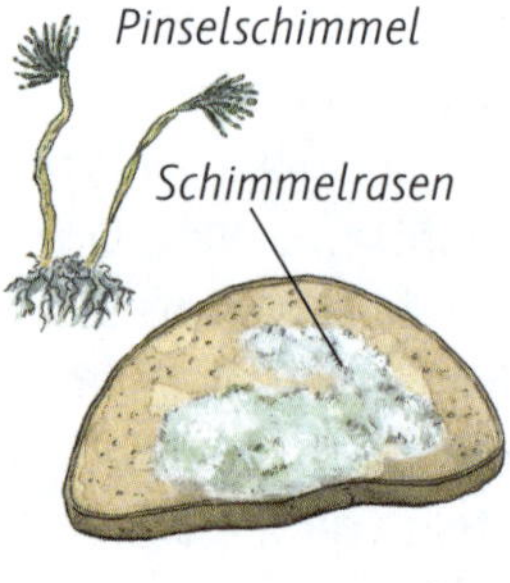

Schlaf

Im Schlaf erholen sich Menschen und Tiere. Dann ist die Körpertemperatur herabgesetzt und die ► *Organe* arbeiten langsamer. Das ► *Gehirn* jedoch hat eine besondere Aufgabe zu erfüllen: Es verarbeitet die Eindrücke, die der Mensch während des Tages gesammelt hat. Deshalb ist guter Schlaf auch für den Erfolg des Lernens wichtig. Wie viel Schlaf man braucht, ist sehr unterschiedlich. Ein ► *Baby* schläft sehr viel. Ein älterer Mensch benötigt weniger Schlaf als ein junger.

Schleuse

Mit Hilfe von Schleusen werden unterschiedlich hohe Wasserstände in einem ► *Fluss* oder ► *Kanal* ausgeglichen. Will ein Schiff flussabwärts fahren, dann schwimmt es in eine Schleuse ein und das obere Schleusentor schließt sich hinter ihm. Das Wasser wird nun abgelassen, bis der Wasserstand so hoch ist wie im unteren Teil des Kanals. Jetzt öffnet sich das untere Tor und das Schiff kann weiterfahren. Fährt ein Schiff dagegen den Kanal aufwärts, dann fließt so lange Wasser in die Schleuse, bis der obere Wasserstand erreicht ist. Nun öffnet sich das obere Tor und das Schiff kann seine Fahrt fortsetzen.

Schleusung bergauf

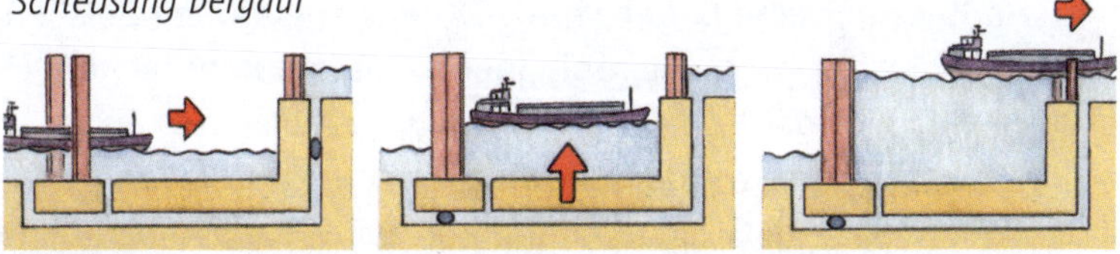

Schmelzpunkt

Wenn man feste Stoffe lange genug erwärmt, werden sie flüssig. Das geschieht bei einer ganz bestimmten ► *Temperatur*, dem Schmelzpunkt. Eis schmilzt bei 0 °C (Celsius) zu Wasser. Wachs wird bei 63 °C flüssig, Eisen bei 1536 °C. Schmelzpunkt und ► *Gefrierpunkt* haben dieselbe Temperatur. Führt man Wärme zu, schmilzt ein Stoff, enzieht man Wärme, erstarrt er.

Schmerz

Wenn man sich verletzt, werden ►*Nerven* gereizt. Sie leiten den Reiz an das ►*Gehirn* weiter und das Gehirn reagiert darauf. Nicht jeder Schmerz ist gleich. Es gibt zum Beispiel stechende, bohrende oder dumpfe Schmerzen. Auch Erkrankungen an den ►*Organen* erkennt das Gehirn als Schmerz. Manchmal tut es aber ganz woanders weh als an dem betroffenen Organ.

Schredder

Der Schredder ist ein Gerät zum Zerkleinern verschiedener Arten von Abfall: Alte Autos und anderen Schrott schreddert man in einer Hammermühle zu kleinen Plättchen. Ein Häcksler zerschneidet Gartenabfälle. Briefe und Schriftstücke, die niemand mehr lesen soll, kommen in einen Aktenvernichter.

Müllschredder

Schrift

Vor ungefähr 5000 Jahren wurde die Schrift erfunden. Zuerst gab es nur eine Bilderschrift. Daraus entstanden Zeichen, die bei den Ägyptern Hieroglyphen (▼hieroglüfen) hießen. Die Keilschrift der Babylonier bestand aus einzelnen Silben. Die Silbenzeichen wurden mit einem Griffel in Täfelchen aus Ton gedrückt. Die Griechen haben als Erste Buchstaben benutzt. Auf die beiden ersten griechischen Buchstaben Alpha und Beta geht unser Wort Alphabet zurück. Wir schreiben mit lateinischen Buchstaben.

Schule

In einer Schule sollen Menschen gebildet werden. Das heißt, ihnen wird regelmäßig Wissen vermittelt. In Deutschland werden Kinder in der Regel mit sechs Jahren eingeschult und

A B C D E F G H I J K L M N O P Q R S T U V W X Y Z

besuchen zunächst die Grundschule. Danach können sie auf die Hauptschule, auf die Realschule oder in ein Gymnasium gehen. Manche Schüler studieren nach dem ►*Abitur* an einer ►*Universität*. Wer nach dem Besuch der Schule eine Lehre macht, geht während dieser Zeit auf eine Berufsschule. Für Kinder mit ►*Behinderungen* gibt es Sonderschulen oder Förderschulen. Dort kann man besser auf ihre Fähigkeiten eingehen und sie gezielt fördern. Erwachsene können neben ihrer Arbeit an Abendschulen oder an Fernschulen weiterlernen.

Schutzkleidung

Mit einer Schutzkleidung schützen sich Menschen vor Hitze, Kälte, Nässe, Krankheiten oder ►*Giften*. Im Alltag gehören Wind- und Winterjacken genauso wie Gummistiefel und Fahrradhelme dazu. In einigen Berufen muss Schutzkleidung getragen werden. Das können besonders verstärkte Arbeitsschuhe, Schutzbrillen oder ein Gehörschutz sein. Feuerwehrleute, Polizisten und ►*Astronauten* brauchen sehr aufwändige Schutzkleidung. Bei ►*Operationen* tragen Schwestern und Ärzte Schutzkleidung, um die Patienten nicht mit Krankheitserregern anzustecken. In eine Operationswunde dürfen keine ►*Bakterien* eindringen.

Schwangerschaft

Die Zeit von der ►*Befruchtung* der ►*Eizelle* bis zur ►*Geburt* eines Kindes nennt man Schwangerschaft. Eine Frau ist neun Monate schwanger, bis sie ihr Kind zur Welt bringt. Während dieser Zeit wächst das Kind in der ►*Gebärmutter* heran. Schon im zweiten Monat zeigt der ►*Embryo* menschliches Aussehen. Etwa ab dem fünften Monat kann die Mutter alle Bewegungen ihres Kindes im Mutterleib spüren. Das heranwachsende

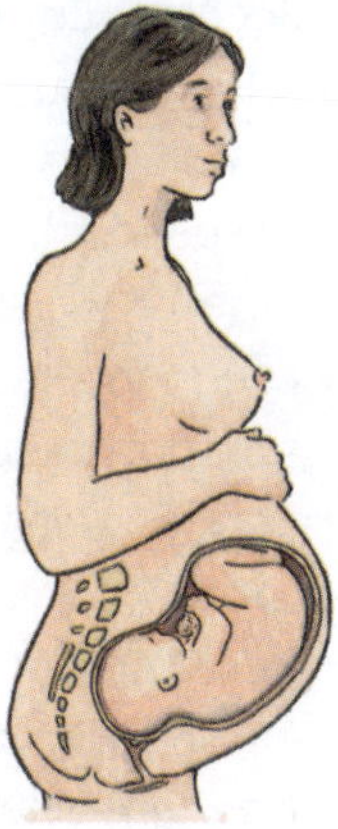

Kind wird durch die Nabelschnur ernährt. Durch sie ist es mit dem ►*Blutkreislauf* der Mutter verbunden.

Schwefel

Der Schwefel ist ein Grundstoff oder Element der ►*Chemie*. Er kommt in der Natur meist in Verbindung mit anderen Stoffen vor. Reiner Schwefel ist fest und gelb. Wenn er verbrennt, entsteht Schwefeldioxid. Das ist ein stechend riechendes ►*Gas*. Da viele Brennstoffe Schwefel enthalten, findet sich Schwefeldioxid in fast allen ►*Abgasen*. Es bildet mit dem Wasser in der ►*Luft* eine ►*Säure*. Diese fällt als „saurer Regen" auf die Erde zurück.

Schwerkraft

Weil es die Schwerkraft gibt, werden alle Körper von der Erde angezogen und haben ein ►*Gewicht*. Sie ist zur Mitte der Erde gerichtet und heißt auch Anziehungskraft. Damit ein Flugzeug nicht vom Himmel fällt, muss es die Schwerkraft überwinden. Je weiter es sich vom Erdmittelpunkt entfernt, desto geringer wird die Schwerkraft. Beim ►*Flug* in großer Höhe verbraucht ein Flugzeug deshalb weniger Treibstoff. Schwerkraft gibt es auf allen ►*Himmelskörpern*. Ihre Größe hängt von der Masse des Himmelskörpers ab. Auf dem ►*Mond* beträgt sie nur ein Sechstel der ►*Erdanziehung*. Deshalb ist es auf dem Mond schwierig zu gehen. Im Weltraum herrscht Schwerelosigkeit.

Sediment

Ablagerungen von Sand und Geröll verfestigen sich auf der Erde zu ►*Gestein*. Man nennt diese Ablagerungen Sedimente. Die meisten Sedimentgesteine entstehen im Meer. Sie bilden sich dort aus Resten abgestorbener Pflanzen und Tiere, die auf den Meeresgrund sinken. ►*Erosion*

Segelboot

Ein Segelboot wird durch die ►*Kraft* des Windes angetrieben. Dieser drückt auf die Flächen der Segel und schiebt das Boot auf dem Wasser vorwärts. Die dem Wind zugewandte Seite heißt Luv, die vom Wind abgekehrte Seite Lee. Manche Segelboote haben einen Außenbordmotor. Damit können sie auch bei einer Windflaute fahren oder durch enge Hafengebiete steuern. In Deutschland ist das Segeln nur noch ein Freizeit- und Wettkampfsport. Bevor die Dampfmaschine erfunden war, beförderten große Segelschiffe Lasten über alle Meere. Mit Segelschiffen haben die Menschen viele vorher unbekannte Gebiete der Erde entdeckt.

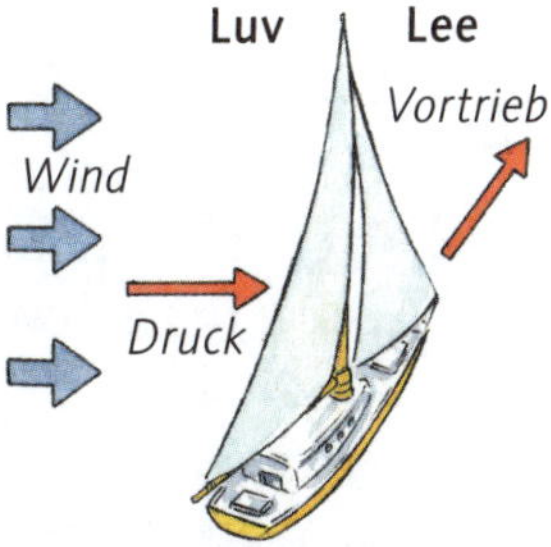

Seide

Seide ist ein sehr feiner Stoff. Man kann daraus Kleidung und Tücher herstellen. Bereits vor 4000 Jahren war Seide in China bekannt. Sie stammt vom Seidenspinner. Die ►*Raupe* dieses Schmetterlings spinnt sich einen Kokon aus einem einzigen Faden, der bis zu 3 km lang sein kann. Aus den Fäden wird das Seidengarn gewonnen. Seide ist also wie ►*Baumwolle* eine Naturfaser.

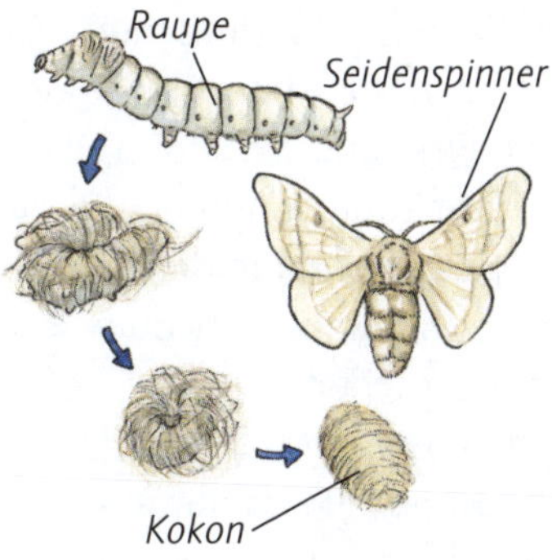

Sekte

Sekten sind Gruppen von Menschen, die sich von größeren religiösen Gemeinschaften abgespalten haben und von deren Glauben abweichen. Manche Sekten wurden neu gegründet. Meist fühlen sich die Sektenmitglieder untereinander sehr stark verbunden. Das kann so weit gehen, dass sie alle Kontakte abbrechen, sogar die zur eigenen Familie. Manchmal wohnen dann die Mitglieder der Sekte zusammen. Nicht immer geht es Sekten oder deren Anführern um religiöse Inhalte. Sie haben es oft auch auf das Geld ihrer Mitglieder abgesehen.

Seuche

Ansteckende Krankheiten, die sich sehr rasch ausbreiten, nennt man Seuchen oder Epidemien. Dazu zählen Cholera, Pest und Typhus. Diese Krankheiten kommen manchmal in armen Ländern noch vor. Durch die ►*Impfung* sind sie bei uns ausgerottet. Wenn jemand nach einer Reise an einer Seuche erkrankt ist, muss der Arzt das der Gesundheitsbehörde melden. Es gibt aber auch bei uns noch Seuchen. So kann eine Grippe zum Beispiel viele Menschen anstecken. Man spricht dann von einer Grippewelle. ►*Bakterie* ►*Infektion* ►*Virus*

Sexualität

Das Wort Sexualität bedeutet Geschlechtsleben. Durch Sexualität kommt es zur ►*Fortpflanzung* zwischen dem männlichen und dem weiblichen Geschlecht. Bei Tieren läuft dieses Verhalten nach festen Mustern ab. Menschen hingegen können Sexualität sehr verschieden ausleben. Sie ist ein Ausdruck ihrer Persönlichkeit. Eine Frau und ein Mann, die sich lieben, möchten dem Partner ihre Zuneigung auch in der Sexualität zeigen. Das tun sie zärtlich und leidenschaftlich mit Streicheln, Umarmungen und Küssen, aber auch im ►*Geschlechtsverkehr*. Sexualität zwischen Menschen gleichen Geschlechts nennt man ►*Homosexualität*. Nicht jedes Umarmen, Küssen und Streicheln hat etwas mit Sexualität zu tun. Wenn Familienmitglieder zärtlich zueinander sind, ist das normalerweise eine liebevolle Zuwendung und keine Sexualität.

Sicherung

Die elektrische Sicherung ist eine Schutzvorrichtung, die Stromunfälle im Haus verhindern soll. Wenn die elektrische Leitung überlastet ist, fällt der Strom aus. Auch wenn ein Elektrogerät einen Fehler hat und es zu einem ►*Kurzschluss* kommt, unterbricht die Sicherung den ►*Stromkreis*. Das geschieht automatisch.

Siedepunkt

Wenn man Wasser erhitzt, beginnt es nach einiger Zeit zu sprudeln. Es hat seinen Siedepunkt erreicht und verdampft. Man sagt auch, es kocht. Der Siedepunkt ist die ►*Temperatur*, bei der eine Flüssigkeit in den gasförmigen Zustand übergeht. Gewöhnlich siedet Wasser bei 100° Celsius. ►*Zustandsform*

Siedlung

Wo Menschen sich niederlassen und wohnen, entstehen Siedlungen. Schon ein paar Bauernhöfe bilden eine kleine Siedlung. Man nennt sie manchmal Weiler. Es gibt dort keine Straßennamen, die Häuser haben nur Hausnummern. Aus solchen Ansiedlungen entstanden ►*Dörfer*. Die größten Siedlungen sind heute Großstädte mit Millionen von Einwohnern. Werden in einem Gebiet viele neue Wohnhäuser errichtet, spricht man von einer Neubausiedlung. ►*Metropolregion* ►*Stadt*

Signal

Signale sind Zeichen mit bestimmter Bedeutung. Manche warnen vor Gefahren. Ein sichtbares Signal ist das rote, gelbe und grüne Licht der Verkehrsampel. Rot bedeutet fast immer „Stopp!" oder „Vorsicht!". Hörbare Signale sind die Sirenen der ►*Feuerwehr* oder das Martinshorn der Polizeifahrzeuge. Autofahrer geben Signale, wenn sie hupen oder blinken.

Silo

Auf einem ►*Bauernhof* steht oft ein Silo. Das ist ein turmartiger Behälter, in dem Futter für die Tiere gelagert wird. Riesige Silos gibt es in ►*Häfen*. Darin füllt man lose Güter ein, die von Schiffen gebracht werden, zum Beispiel Getreide oder Zement.

Singvogel

Die Hälfte aller ►*Vögel* zählt zu den Singvögeln. Man nennt sie so, weil die Männchen vor allem während der Brutzeit singen. Die Weibchen dagegen bleiben meist stumm. Singvögel haben ein besonderes ►*Organ* im Kehlkopf, mit dem sie ihre

Laute erzeugen. Mit ihrem Gesang teilen die Männchen mit, dass sie ein Revier besetzt haben. Die Amsel, die ►*Meise*, der Fink und der Sperling sind unsere häufigsten Singvögel. Unser kleinster Sänger ist das Goldhähnchen. Auch der Rabe ist ein Singvogel, obwohl er eigentlich nur krächzt. ►*Vogel*

Sommergoldhähnchen

Sinnesorgan

Die Sinne des Menschen sind Sehen, Hören, Riechen, Schmecken und Tasten. Dafür haben wir ►*Augen*, ►*Ohren*, ►*Nase*, ►*Zunge* und die ►*Haut*. Die Haut ist ein wichtiges Sinnesorgan. In ihr liegen Millionen von Sinneszellen, mit denen wir tasten, aber auch Wärme, Kälte, Druck oder ►*Schmerz* wahrnehmen. Alle Sinneszellen reagieren auf Reize und die ►*Nerven* leiten diese zum ►*Gehirn*. Viele Tiere haben besondere Sinnesorgane. So hören ►*Fledermäuse* ►*Ultraschall* und ►*Tauben* orientieren sich am Magnetfeld der Erde.

Skala

Messgeräte besitzen eine Skala. Das ist eine Einteilung nach Ziffern oder Buchstaben, an der man das Messergebnis abliest. Ein Meterstab hat eine Skala in Zentimetern und Millimetern. Ein ►*Thermometer* ist in Grad Celsius eingeteilt. Auf dem Tachometer des Autos liest man die Geschwindigkeit in Kilometern pro Stunde ab. Die Skalen von ►*Waagen* geben Gramm und Kilogramm an. Viele Messgeräte haben ►*Batterien* und zeigen das Messergebnis elektronisch in Ziffern an. Man nennt das digitale Anzeige.

Skelett

Das Skelett ist unser Knochengerüst. Es stützt den Körper und schützt die inneren ►*Organe*. Beim Menschen besteht das Skelett aus über 200 verschieden geformten ►*Knochen*. Sie werden mit Hilfe von ►*Muskeln* und Sehnen bewegt, die am Skelett befestigt sind. Der wichtigste Teil des Skeletts ist die Wirbelsäule, in der das Rückenmark liegt. Sie setzt sich aus 33 gegeneinander beweglichen Wirbeln zusammen. Alle ►*Wirbeltiere* haben eine Wirbelsäule und ein inneres Skelett. ►*Insekten*, ►*Krebse* und ►*Korallen* besitzen ein Außenskelett aus festen Platten oder aus Röhren.

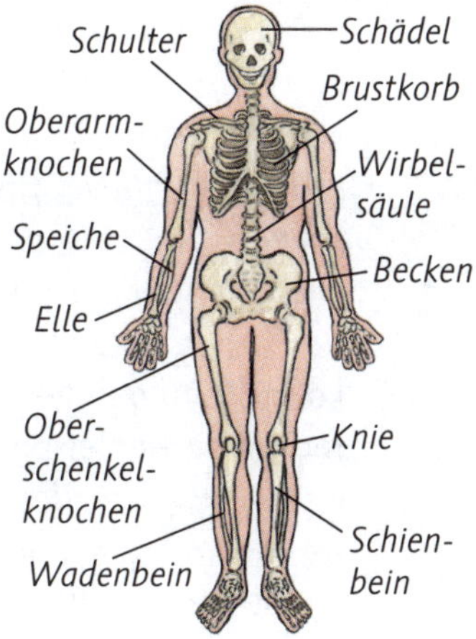

Skulptur

Bildhauer schaffen Figuren aus Stein, Holz, Ton oder Metall. Diese nennt man Skulpturen oder Plastiken. Schon in der ►*Steinzeit* haben die Menschen Skulpturen angefertigt. Aus dem ►*Altertum* sind viele Skulpturen der Griechen erhalten.

Smog

Das Wort Smog wurde aus zwei englischen Wörtern gebildet: aus „smoke“ = Rauch und „fog“ = Nebel. Bei Smog sind in der ►*Luft* so viele Schadstoffe enthalten, dass sie wie ein ►*Nebel* sichtbar werden. An heißen Tagen sieht man eine Dunstglocke über manchen Großstädten. Smog ist für Mensch und Natur schädlich. Deshalb haben viele Städte Umweltzonen eingerichtet. Dort dürfen nur schadstoffarme Autos fahren.

SMS

SMS ist die Abkürzung für Short Message Service (▼schort messidsch sörviss) und bedeutet Kurznachrichten-Dienst. Solche kurzen Wortnachrichten empfängt man mit dem ►*Handy*. Man kann sie von Handys, ►*Computern* oder ►*Telefonen* senden.

Software

Als Software (▼ßofftwär) bezeichnet man alle ►*Programme* für ►*Computer*. Software-Programme gibt es auf ►*CDs* oder

►*DVDs*. Man kann sie auch aus dem ►*Internet* herunterladen. Software braucht man zum Bearbeiten von Bildern oder zur ►*Textverarbeitung*. Auch andere elektronische Geräte wie ►*Handys* und Digitalkameras benötigen Software. ►*Hardware*

Sojabohne

Die Sojabohne ist eine Hülsenfrucht, die in Asien häufig angebaut wird. Sojabohnen enthalten viel ►*Eiweiß* und Öl. Man kann sie zu den verschiedensten ►*Nahrungsmitteln* verarbeiten, wie zum Beispiel Tofu, Sojamilch und Sojasoße. Tofu ist eine Art Quark, der aus Bohnenbrei hergestellt wird. Viele ►*Vegetarier* essen ihn als Ersatz für Fleisch. Sojasprossen, die Keimlinge der Pflanze, nimmt man für Salate. Öl aus Sojabohnen wird als Lebensmittel verwendet. Man stellt aber auch Seifen, Lacke und Biodiesel daraus her.

Solarenergie

Die Wärme von der Sonne nennt man Solarenergie. Mit Hilfe von Solarzellen kann man diese ►*Energie* der Sonne in elektrischen Strom umwandeln. Viele Häuser haben auf dem Dach Sonnenkollektoren. In Gegenden, wo die Sonne häufig scheint, lässt sich damit im Sommer ein ganzes Haus mit warmem Wasser versorgen. Taschenrechner arbeiten meist mit Solarenergie und benötigen keine ►*Batterien*.

Solarkraftwerk

Sonne

Die Sonne ist eine glühende Gaskugel, etwa eine Million Mal so groß wie die Erde. Im Innern ist sie 15 Millionen Grad heiß. An ihrer Oberfläche herrscht eine Temperatur von 6000 Grad. Die Sonne schickt ►*Licht* und Wärme zur Erde. Ihre Strahlen breiten sich mit ►*Lichtgeschwindigkeit* aus. Sie brauchen für die 150 Millionen Kilometer bis zur Erde nur rund 8 Minuten.

Sonnenfinsternis

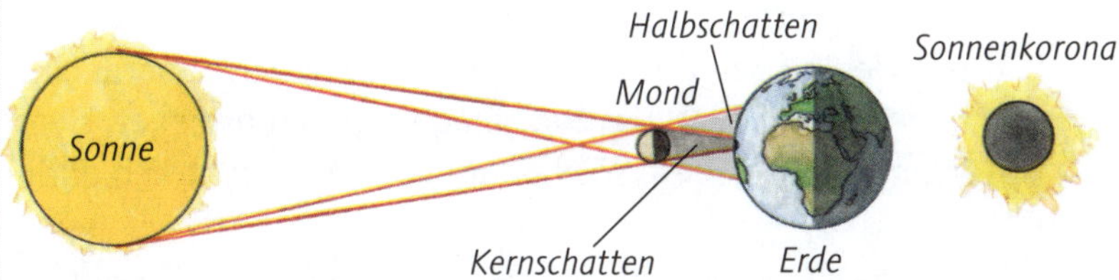

Wenn der ►*Mond* zwischen der ►*Sonne* und der ►*Erde* steht, gibt es eine Sonnenfinsternis. Da der Mond der Erde viel näher ist als die Sonne, verdeckt er diese für uns teilweise oder ganz. Bei einer totalen Sonnenfinsternis wird es in einigen Teilen der Erde auch am Tag ziemlich dunkel. Das dauert aber nur ein paar Minuten. Eine totale Sonnenfinsternis ist in Deutschland erst wieder im Jahr 2081 zu beobachten. Dann sieht man die Sonnenkorona. Eine partielle Sonnenfinsternis, bei der nur ein Teil der Sonne verdunkelt wird, kommt häufiger vor. Man darf eine Sonnenfinsternis nie ohne Schutzbrille beobachten.

Sonnensystem

Die ►*Sonne* und die ►*Planeten* um sie herum bilden unser Sonnensystem. Alle Planeten werden von der Sonne mit Licht und Wärme versorgt. Man nennt das Sonnensystem auch Planetensystem. Die Sonne ist in diesem System ein riesiger leuchtender ►*Stern*.

Sonnenwende

Wenn die Sonne im Laufe des Jahres mittags den höchsten Stand erreicht, ist Sommersonnenwende. Das ist auf der nördlichen Erdhalbkugel am 21. Juni. Dieser Tag ist der längste des Jahres. Danach steht die Sonne von der Erde aus gesehen täglich immer etwas tiefer. Zur Wintersonnenwende erreicht die Sonne den niedrigsten Stand. Das ist bei uns am 21. oder 22. Dezember. Der Tag ist nun am kürzesten. Viele Menschen feiern die Sommersonnenwende mit Sonnwendfeuern. Dazu zünden sie meist auf einem Berg ein großes Feuer an.

Spiegel

Spiegel werfen Lichtstrahlen zurück. Es gibt drei Arten: gerade Spiegel, nach innen gewölbte Spiegel und nach außen gewölbte Spiegel. Gerade Spiegel sind Planspiegel. Der Wandspiegel ist ein solcher Spiegel. Man sieht sich darin

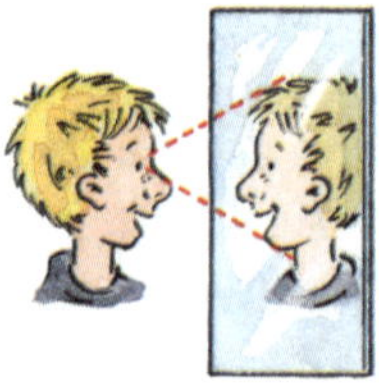

Planspiegel

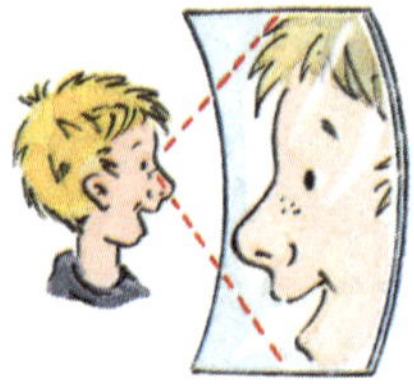

Hohlspiegel

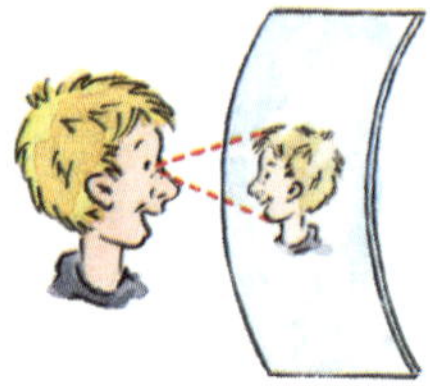

Wölbspiegel

seitenverkehrt. Hebt man die rechte Hand, dann hebt das Bild im Spiegel die linke. Hohlspiegel sind nach innen gewölbt wie ein Löffel. Man kann sich darin in einem bestimmten Abstand vom Spiegel vergrößert sehen. Der Zahnarzt verwendet bei seiner Untersuchung einen solchen Spiegel. Die Rückseite des Löffels ist ein nach außen gewölbter Spiegel. Man sieht sich darin kleiner. Der Rückspiegel an einem Auto ist ein Wölbspiegel, in dem man einen Teil der Straße im Blick hat.

Spinne

Die meisten Spinnen sind Webspinnen. Diese besitzen Spinnwarzen, aus denen sie klebrige Fäden pressen. Damit bauen sie Fangnetze und spinnen ihre Beute ein. Im Unterschied zu den ►*Insekten* haben Spinnen 8 Beine und 4, 6 oder 8 Augen. Trotzdem sehen sie nicht besonders gut. Alle Spinnen sind mehr oder weniger giftig. Das Gift spritzen sie mit den Kieferklauen in ihre Beutetiere. Die betäubten Tiere saugen sie aus. Es gibt auch Wasserspinnen. Sie leben in einer Art Taucherglocke ständig unter Wasser.

Vogelspinne

Spore

Farne und ►*Moose* sind sehr einfache Pflanzen. Sie haben keine Blüten und vermehren sich durch Sporen. Das sind winzige Körnchen. Diese entstehen in Sporenkapseln und liegen beim ►*Farn* auf der Unterseite der Farnwedel. Die Sporen werden durch Regenwasser oder vom Wind verbreitet. ►*Samen*

Staat

Zu einem Staat gehört ein bestimmtes Gebiet, das von Grenzen umschlossen ist. In einem solchen Staatsgebiet leben Menschen zusammen. Jeder Staat hat also ein Staatsgebiet und ein Staatsvolk. Das Zusammenleben der ►*Bürger* im Staat wird von der ►*Regierung* geregelt. Sie übt die Macht im Staat aus. ►*Staatsbürgerschaft*

Staatsbürgerschaft

Jeder ►*Bürger* und jede Bürgerin eines ►*Staates* besitzen dessen Staatsbürgerschaft. Damit sind Rechte und Pflichten verbunden. Die Staatsangehörigkeit richtet sich meist nach dem Vater. Ist der Vater Deutscher, dann haben auch seine Kinder die deutsche Staatsbürgerschaft. Wenn Ausländer längere Zeit in einem fremden Land leben, können sie unter bestimmten Bedingungen die Staatsbürgerschaft dieses Landes erwerben.

Stadt

Städte sind große ►*Siedlungen*, die meist an Flüssen, ►*Häfen* oder wichtigen ►*Verkehrsknotenpunkten* liegen. Sie haben für ►*Wirtschaft* und ►*Kultur* der Umgebung eine große Bedeutung. In Deutschland gibt es über 2000 Städte. Je nach Einwohnerzahl unterscheidet man Kleinstädte (bis 20000 Einwohner), Mittelstädte (20000 bis 100000 Einwohner) und Großstädte (über 100000 Einwohner). Die größte deutsche Stadt ist Berlin. Sie hat über 3 Millionen Einwohner.

Stadtplan

Auf einem Stadtplan sind alle Straßen und Plätze einer ►*Stadt* eingezeichnet. Auch wichtige Gebäude und die Linien der öffentlichen ►*Verkehrsmittel* sind dargestellt. Stadtpläne sind in Quadrate eingeteilt. Am oberen Rand stehen Buchstaben, an der Seite Ziffern. Wer eine Straße sucht, schaut erst im Straßenverzeichnis nach. Dort steht hinter dem Straßennamen zum Beispiel B4. Das bedeutet, dass die Straße in der 2. Reihe im 4. Quadrat von oben zu finden ist. ►*Landkarte*

Ausschnitt aus einem Stadtplan

Stadtrat

Stadträte werden von den ►*Bürgern* einer ►*Stadt* gewählt. Es gibt auch berufsmäßige Stadträte wie den Stadtbaurat oder die Stadtschulrätin. Der Stadtrat berät mit dem ►*Bürgermeister* alle Angelegenheiten der Stadt. Die Mitglieder des Stadtrats legen fest, wofür die Steuergelder der Stadt ausgegeben werden. Sie entscheiden etwa über den Standort von Fabriken, den Bau einer Schule oder eines Kindergartens. ►*Gemeinde*

Stahl

Stahl ist veredeltes ►*Eisen* und ein sehr wichtiger ►*Werkstoff*. Gewöhnliches Eisen lässt sich nicht schmieden und formen. Es enthält viel ►*Kohlenstoff* und ist spröde. Entzieht man dem Eisen den Kohlenstoff, erhält man Stahl. Dies geschieht im ►*Hochofen*. Stahl ist biegsam, sehr hart und zäh. Mischt man Chrom bei, dann rostet er nicht. Stahl ist auch ein ►*Baustoff*. ►*Brücken* und Türme baut man aus Stahl oder Stahlbeton.

Standesamt

Das Standesamt ist eine ►*Behörde*. Hier werden alle Geburten und Todesfälle der Einwohner aufgeschrieben. Standesbeamte nehmen auch Eheschließungen vor und stellen Geburts-, Ehe- und Sterbeurkunden aus. ►*Urkunde*

Stärke

Stärke gehört zu den ►*Kohlenhydraten*. Sie wird von Pflanzen in ►*Wurzeln*, Knollen und ►*Samen* gespeichert. Stärke wird aus ►*Kartoffeln*, Mais und Reis gewonnen. Sie dient zum Süßen und Verdicken von Speisen und man stellt daraus Traubenzucker her. In der ►*Industrie* verwendet man Stärke zum Beispiel für die Herstellung von ►*Medikamenten* und Farben.

Staudamm

In Gebirgstälern sperren oft hohe Staumauern einen Fluss ab. Man nennt das eine Talsperre. Hinter dem Staudamm entsteht ein Stausee. Das aufgestaute Wasser übt einen gewaltigen Druck aus, dem der Damm widerstehen muss. Die Kraft des Wassers nutzt man in ►*Kraftwerken* zur Gewinnung von Elektrizität. Stauseen dienen auch als Trinkwasserspeicher und für die Bewässerung von Feldern.

Staudamm mit Stausee

Staude

Stauden sind mehrjährige ►*Kräuter*. Sie verholzen nicht. Bei den meisten sterben jedes Jahr alle Teile über der Erde ab und die Pflanzen überwintern als Knollen, ►*Zwiebeln* oder ►*Wurzeln* im Boden. Viele Stauden bilden eine große Anzahl schöner Blüten. Zu den Stauden gehören Dahlie, ►*Schneeglöckchen*, Rittersporn und Lavendel. In sehr warmen Gebieten der Erde gibt es immergrüne, sehr hohe Stauden wie die ►*Banane*.

Steckdose

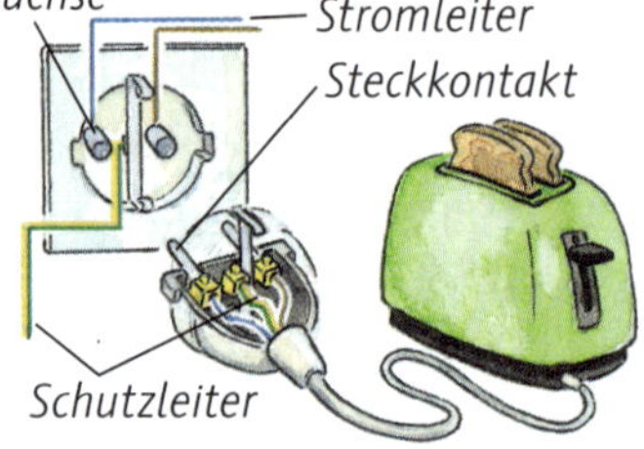

Aus einer Steckdose fließt elektrischer Strom. Wird ein Stecker in die zwei Buchsen der Steckdose gedrückt, dann schließt sich der ►*Stromkreis*. Der Strom fließt jetzt zum Beispiel durch einen Toaster und heizt ihn auf. Da ►*Elektrizität* für den Menschen gefährlich werden kann, gibt es Schutzkontakt-Steckdosen. Sie leiten bei einem ►*Kurzschluss* den Strom in die Erde. Man darf niemals in eine Steckdose greifen. Wer sich mit einem nassen Tuch oder einem Schraubenzieher an einer Steckdose zu schaffen macht, kann einen tödlichen Stromschlag bekommen. ►*Kurzschluss*

Steinbruch

In einem Steinbruch wird ►*Gestein* aus der Erdkruste abgebaut. Vor allem Kalkstein, Marmor und Granit werden in Steinbrüchen gewonnen. Das herausgebrochene Gestein verwendet man zum Bauen. ►*Baustoff* ►*Kalk*

Steinzeit

Die Steinzeit ist der längste Abschnitt in der Geschichte der Menschheit. Sie begann vor über 2 Millionen Jahren und war bei uns vor etwa 4000 Jahren zu Ende. Ihren Namen hat sie daher, weil die Menschen in dieser Zeit ihre Waffen und ►*Werkzeuge* hauptsächlich aus Stein herstellten. Das waren Faustkeile, Messer, Pfeil- und Speerspitzen. In abgelegenen Teilen der Erde gibt es noch kleine Völker, die wie in der Steinzeit leben. Dazu zählen einige Indianerstämme im ►*Regenwald*.

Steppe

Flache, trockene Landschaften bezeichnet man als Steppen. Hier wachsen hauptsächlich ►*Gräser* und ►*Kräuter* und nur wenige Büsche. Vor allem im Innern von ►*Afrika* und ►*Asien* liegen große Steppengebiete. Die Prärie in Nordamerika war einmal eine riesige Grassteppe. Früher lebten hier große Herden von Büffeln und Wildpferden. In den Steppen Asiens gibt es heute noch einzelne Herden von wilden Pferden.

Stern

Alle selbst leuchtenden ►*Himmelskörper* bezeichnet man als Sterne. Dazu gehört auch die ►*Sonne*. Die Sterne sind glühende Gaskugeln. Mit bloßem Auge kann man am Himmel nur etwa 3000 Sterne sehen. Es gibt aber im Weltraum Milliarden von Sternen. Die meisten sind so unendlich weit von der Erde entfernt, dass man sie auch mit Hilfe von ►*Teleskopen* nie erblickt. Manche Sterne fasst man zu Sternbildern zusammen. Bekannte Sternbilder sind der Große und der Kleine Wagen.

Steuer

Abgaben, die der Staat von seinen ►*Bürgern* fordert, sind Steuern. Davon werden die ►*Beamten*, Angestellten und Soldaten bezahlt. Mit dem Steuergeld baut man Straßen, Krankenhäuser und Schulen. Jeder, der Geld verdient, muss Steuern an das Finanzamt abgeben. Der Staat bekommt auch noch andere Steuern, zum Beispiel die Hundesteuer oder die Kraftfahrzeugsteuer. Manche Steuern bezahlt man, ohne es zu merken. Wer tankt, bezahlt zum Beispiel Mineralölsteuer, wer ins Kino geht, zahlt Vergnügungssteuer. Diese Steuern sind im Preis des Benzins oder der Kinokarte enthalten.

Stickstoff

Stickstoff ist ein farb- und geruchloses ►*Gas*. Über drei Viertel der Luft bestehen aus Stickstoff. Wenn man reinen Stickstoff einatmet, erstickt man. Auch jede Flamme erlischt in reinem Stickstoff. Wir atmen das Gas zusammen mit ►*Sauerstoff* ein und atmen es wieder aus.

Stoffwechsel

Unter Stoffwechsel versteht man alle chemischen Vorgänge, die im Körper eines Lebewesens ablaufen. Jeder Körper muss über die Nahrung und über die ►*Atmung* Stoffe aufnehmen und diese umwandeln. So gewinnt jedes Lebewesen die Energie, die es zum Leben braucht.

Straßenbau

Asphaltiermaschine

Befestigte ►*Straßen* bestehen aus dem Unterbau und der Straßendecke. Für den Unterbau wird ein Straßenbett ausgebaggert und mit Sand, Kies und Schottersteinen aufgefüllt. Mit der Straßenwalze werden diese Schichten verfestigt. Man hat jetzt eine Schotterstraße. Die meisten Straßen erhalten noch eine Fahrbahndecke aus Asphalt. Dieser schwarze Belag wird aus Erdöl gewonnen. Bei ►*Autobahnen* besteht der Unterbau aus ►*Beton*. Darüber kommt noch eine zweite Betonschicht. Die Fahrbahn wird zum Schluss asphaltiert.

Strauch

Sträucher sind Holzgewächse, die sich kurz über dem Boden verzweigen. Sie haben also keinen Stamm wie ein Baum, können aber trotzdem über 3 m hoch werden. Sträucher bilden häufig ►*Hecken* und bieten Unterschlupf für viele Tiere.

Streik

Wenn ►*Arbeitnehmer* in großen Gruppen ihre Arbeit niederlegen, treten sie in einen Streik. Ihr Ziel ist es, eine bestimmte Forderung durchzusetzen. Dabei kann es um mehr ►*Einkommen* oder bessere Arbeitsbedingungen gehen. Streiks werden meist von einer ►*Gewerkschaft* organisiert. Ein „wilder Streik" wird von den Streikenden selbst ausgerufen.

Stress

Stress ist die Reaktion des Körpers auf eine ernsthafte Bedrohung. Die ersten Menschen lebten in der freien Natur. Standen sie plötzlich einem gefährlichen Tier gegenüber, mussten sie entweder schnell weglaufen oder stark kämpfen können. Stress bringt den Körper auf Hochtouren, das ► *Herz* schlägt viel schneller als normal. So kann der Mensch Höchstleistungen erbringen. Aber auch zu viel Arbeit oder zu viele Probleme verursachen Stress. Hält diese Belastung längere Zeit an, kann der Mensch krank werden. Deshalb muss man nach anstrengenden Zeiten genügend entspannen und sich erholen.

Stromkreis

Elektrischer Strom ist eine Form von ► *Energie* und besteht aus elektrischen Ladungen, den Elektronen. Diese können in einem Stromkreis Arbeit leisten. Fließt der Strom zum Beispiel durch ein Lämpchen, dann leuchtet es. Dafür sind eine Zuleitung und eine Ableitung nötig. Der Strom fließt von einem Pol der Stromquelle über das Lämpchen zum anderen Pol. Mit einem Schalter lässt sich der Stromkreis schließen oder unterbrechen. Auch in einem Haus besteht ein Stromkreis. Daran sind alle Lampen und Elektrogeräte angeschlossen. Bei ► *Kurzschluss* unterbricht die Sicherung die Stromzufuhr. ► *Batterie*

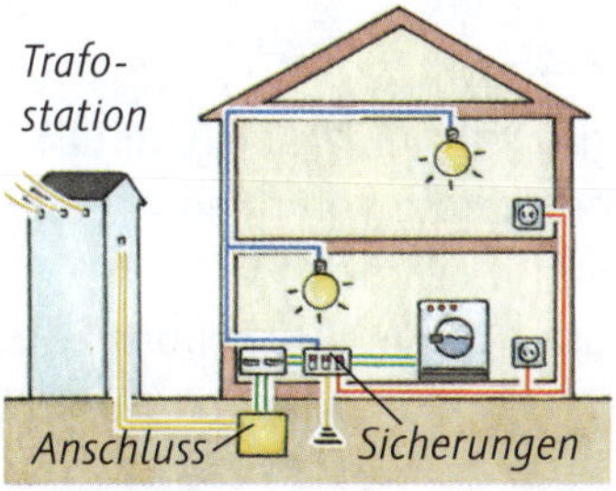

Stromlinienform

Jeder Körper, der sich durch Luft oder Wasser bewegt, wird gebremst. Je höher und eckiger ein Auto ist, desto stärker ist beim Fahren der Luftwiderstand. Hinter dem Fahrzeug bilden sich starke Luftwirbel, wodurch sich die Fahrt verlangsamt. Damit die Luft möglichst ungebremst an der Oberfläche

A B C D E F G H I J K L M N O P Q R S T U V W X Y Z

vorbeiströmt, haben Autos eine Stromlinienform. Sehr gut ist die Tropfenform: vorne rund, hinten spitz. Man testet deshalb die Form von Autos und Flugzeugen im Windkanal. Delfine und Pinguine haben stromlinienförmige Körper und schwimmen daher so schnell.

Stromspannung

Die Spannung von elektrischem Strom wird in Volt gemessen. Man kann sich die Spannung als Druck vorstellen, mit dem die elektrische Ladung durch einen Draht gepresst wird. Je höher die Spannung ist, umso gefährlicher ist der Strom. In einer Hochspannungsleitung fließt Strom mit etwa 400000 Volt. Aus der Steckdose kommen nur 230 Volt. Der Strom aus dem ►*Kraftwerk* muss von ►*Transformatoren* auf eine niedrigere Spannung gebracht werden, bevor man ihn in ein Haus leiten kann. ►*Batterie* ►*Stromkreis*

Sturm

Stürme richten oft große Schäden an. Ihre Windstärke wird gemessen. Ab Windstärke 9 spricht man von einem Orkan. Orkane haben Windgeschwindigkeiten von mindestens 90 km in der Stunde. In den ►*Tropen* gibt es häufig Wirbelstürme. Sie erreichen Windgeschwindigkeiten bis zu 200 km pro Stunde. Einen Wirbelsturm nennt man Hurrikan oder Taifun. ►*Wind*

Suchmaschine

Wer im ►*Internet* nach etwas sucht, kann eine Suchmaschine benutzen. Dort gibt man Stichwörter ein und erhält eine Liste von ►*Websites*, die dazu ►*Informationen* enthalten. Die bekannteste Suchmaschine ist Google (▼guugel). Auch im ►*Computer* gibt es Suchmaschinen, mit denen man schnell ►*Dateien* finden kann.

Sucht

Sucht ist eine schwere Abhängigkeit. Der Betroffene kann sein eigenes Verhalten nicht mehr steuern. Er denkt den ganzen Tag daran, einen bestimmten Stoff zu bekommen. Das können ►*Drogen*, ►*Alkohol* oder ►*Medikamente* sein. Auch Rauchen macht süchtig. Die ständige Einnahme solcher Stoffe schädigt den Körper und viele Betroffene sterben an den Folgen ihrer Abhängigkeit. Daneben gibt es auch Süchtige, die eine bestimmte Handlung ausführen müssen. Sie leiden zum Beispiel an Spielsucht, Kaufsucht, Sportsucht, Esssucht oder Internetsucht. Dabei verlieren sie allmählich alle anderen Interessen und auch ihren Kontakt zu anderen Menschen.

Südamerika

Südamerika ist der viertgrößte ►*Kontinent* und fast doppelt so groß wie ►*Europa*. Es ist mit ►*Nordamerika* verbunden. In Südamerika leben rund 600 Millionen Menschen in 15 Staaten. Von allen Kontinenten reicht Südamerika am weitesten nach Süden. Der ►*Südpol* ist nur 6000 km entfernt. Die größten ►*Regenwälder* der Erde liegen am Amazonas. Er ist mit rund 6500 km der zweitlängste und wasserreichste Strom der Erde. An der Küste des Pazifischen ►*Ozeans* erstrecken sich die Anden mit Bergen über 6000 m Höhe. Zu den bekanntesten Tieren Südamerikas zählen Lama, Jaguar, Papageien und Riesenschlangen. KARTE siehe S. 318.

Südpol

Der Südpol ist der südlichste Punkt der Erde. Entgegengesetzt zu ihm befindet sich der ►*Nordpol*. Die ►*Erdachse* verläuft durch die beiden Pole. Der Südpol liegt mitten in der ►*Antarktis*. Hier geht die Sonne vom 23. September bis 21. März nicht unter. Am Südpol ist es kälter als am Nordpol, da er in einem etwa 3000 m hohen Eisgebirge liegt. Als erster Mensch erreichte der Norweger Roald Amundsen im Jahr 1911 den Südpol.

Sumpf

In einem Sumpfgebiet ist der Boden ständig nass und wie Brei. Man kann darin zum Teil versinken, aber nicht untergehen. Sümpfe entstehen dort, wo der Grundwasserspiegel sehr hoch ist. Wenn sie austrocknen, bildet sich ein ►*Moor*. Man hat die meisten Sümpfe entwässert, um Ackerland zu gewinnen. Dadurch sind aber die Lebensräume vieler Tiere und Pflanzen zerstört worden.

Synagoge

Eine Synagoge ist das Versammlungshaus der jüdischen Gläubigen. Neben dem Gebetsraum gibt es kleinere Räume, in denen die Schriften des ►*Judentums* studiert werden können. Größere Gemeinden haben Rabbiner. Das sind Prediger und Religionslehrer. Ein Gottesdienst darf aber auch von jedem Gläubigen geleitet werden, der dazu fähig ist. Als Synagoge gilt jeder Ort, an dem mindestens zehn jüdische Männer zum Gebet versammelt sind.

Blick in eine Synagoge

Tabak

Tabakpflanzen kamen aus Amerika nach Europa. Die Blätter werden getrocknet und zu Tabak verarbeitet. Dieser wird als Zigarette oder Zigarre oder in einer Pfeife geraucht. Daneben gibt es Schnupf- und Kautabak. Der Tabakgenuss schädigt die Gesundheit. Tabak enthält ►*Nikotin* und Stoffe, die ►*Krebs* oder Herz- und Kreislaufkrankheiten verursachen. ►*Sucht*

Talformen

Täler sind Vertiefungen in der Erdoberfläche. Sie sind durch fließendes Wasser oder durch Auffaltung von ►*Gebirgen* entstanden. In der ►*Eiszeit* haben ►*Gletscher* sie weiter ausge-

schliffen. Je nach Härte des ►*Gesteins* haben Täler verschiedene Formen: Breite, U-förmige Täler nennt man Trogtäler. V-förmige Täler sind Kerbtäler. Ein sehr enges und tiefes Kerbtal bezeichnet man als Klamm oder Schlucht.

Tanker

Tanker sind Frachtschiffe für flüssige oder lose Ladung. Die meisten befördern ►*Erdöl*. Aber auch Wein, Säuren, Getreide, Zement oder Papierbrei wird in Tankern transportiert. Öltanker haben ein gewaltiges Fassungsvermögen. Die größten Tanker sind so lang wie zwei Fußballfelder. Wenn ein solches Schiff verunglückt, kommt es meist zu einer ►*Ölpest*. ►*Schifffahrt*

Tarif

Tarife sind Verzeichnisse mit Preisen und ►*Gebühren*. Die Preise für Gas, Wasser und elektrischen Strom sind tariflich festgesetzt. Bahntarife geben an, was eine Fahrt mit dem Zug kostet. Lohntarife regeln die Bezahlung für bestimmte Arbeiten, die Arbeitszeit und die Urlaubstage. Sie werden zwischen ►*Arbeitgebern* und ►*Arbeitnehmern* in einem Tarifvertrag vereinbart. Wenn man sich nicht einigen kann, gibt es meist einen ►*Streik*. ►*Gewerkschaft*

Tarnung

Viele Tiere schützen sich vor ihren Feinden, indem sie sich tarnen. Sie passen sich ihrer Umgebung so genau an, dass sie nur schwer entdeckt werden. Das Wiesel bekommt zum Beispiel im Winter ein schneeweißes Fell. Hasen sind erdbraun und dadurch vom Boden kaum zu unterscheiden. Eine besondere Art der Tarnung ist die Mimikry. Dabei ahmen harmlose

Tiere eine gefährliche Tierart nach, um Feinde abzuschrecken. So sieht der Hornissenschwärmer wie eine wehrhafte Hornisse aus, ist aber ein wehrloser Schmetterling. Eine Gespenstschrecke passt sich Pflanzen so gut an, dass man sie nicht erkennt. Sie heißt deshalb auch „Wandelndes Blatt". Diese Form der Tarnung nennt man Mimese.

Wandelndes Blatt

Tätowierung

Beim Tätowieren wird ein Farbstoff in die ►*Haut* eingebracht. Das geschieht mit Nadeln oder durch Einbrennen. Man nennt Tätowierungen auch Tattoo (▼tättuu). Sie sind nur schwer zu entfernen und meist bleiben dabei Narben zurück. Bei Naturvölkern hat eine Tätowierung oft religiöse Gründe oder soll die Zugehörigkeit zu einer Gruppe zeigen.

Taufe

Bei den Christen werden die Kinder meist in den ersten Wochen nach der Geburt getauft. Sie werden dadurch feierlich in die Gemeinschaft der ►*Kirche* aufgenommen. Bei der Taufe besprengt der Pfarrer den Kopf des Täuflings mit Wasser. Der Taufpate oder die Taufpatin geben das Tauf–versprechen, das Kind im christlichen Glauben zu erziehen.

Telefon

Beim Telefonieren wandelt das ►*Mikrofon* im Handapparat den ►*Schall* der Stimme in elektrische Signale um. Die beim Empfänger ankommenden Signale werden im Lautsprecher des Hörers in hörbaren Schall zurückverwandelt. Früher musste man erst eine Vermittlungsstelle anrufen, wenn man mit jemandem telefonieren wollte. Dort wurde die gewünschte Gesprächsverbindung hergestellt. Wählapparate, mit denen man die Telefonnummer selbst wählen konnte, setzten sich erst seit etwa 1930 durch. Heute verschickt man die Signale in Glasfaserkabeln, über Funk und ►*Satelliten* oder man telefoniert über das ►*Internet*. ►*Handys* benutzen Funkkanäle.

Telekommunikation

Mit Telekommunikation werden alle Möglichkeiten bezeichnet, über Entfernungen hinweg ►*Informationen* auszutauschen. Dazu braucht man elektronische Geräte wie ►*Telefon*, ►*Radio* und ►*Computer*. ►*Elektronik*

Teleskop

Mit einem Teleskop oder Fernrohr kann man zum Beispiel ►*Sterne* beobachten. Am einfachsten sind Linsenfernrohre gebaut. Die ►*Linse* im Objektiv erzeugt das Bild eines Sterns. Den Stern sieht man durch das Okular größer und näher. Das Bild steht aber auf dem Kopf. Mit einer dritten Linse erhält man ein aufrechtes Bild. Solche Fernrohre hatten früher die Seefahrer. Ferngläser besitzen zwei kurze Rohre mit je einem Glasdreieck, einem Prisma. Damit sieht man Gegenstände aufrecht. Am weitesten kann man mit einem Spiegelteleskop schauen. Solche Riesenfernrohre gibt es in Sternwarten. Sie haben keine Linsen, sondern verschieden geformte ►*Spiegel*. Ein Weltraumteleskop kreist auf einer Umlaufbahn um die Erde und funkt scharfe Bilder aus dem Weltraum.

Weltraumteleskop

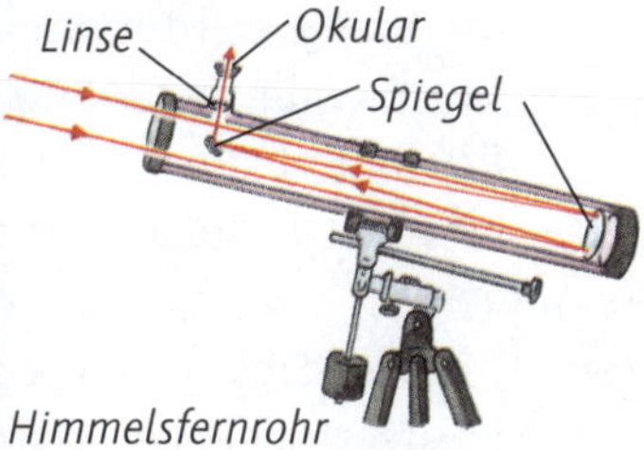

Himmelsfernrohr

Temperatur

Temperaturen werden mit dem ►*Thermometer* gemessen. Wie warm oder wie kalt etwas ist, gibt man meist in Grad Celsius (°C) an. Schmelzendes Eis hat 0 °C, siedendes Wasser 100 °C. Temperaturen unter dem Nullpunkt sind Kältegrade.

Sie erhalten ein Minuszeichen vor der Ziffer, zum Beispiel –5 °C. Unsere Körpertemperatur beträgt rund 37 Grad. Bei einer Temperatur von mehr als 37,5 °C hat man ► *Fieber.*

Terrarium

In einem Terrarium werden auf dem Land lebende, meist kleinere Tiere gehalten. Das können ► *Mäuse*, ► *Frösche* oder ► *Schlangen* sein. Wie ein ► *Aquarium* besteht auch ein Terrarium aus einem Glaskasten. Wichtig ist Sonnenlicht. Tiere aus warmen Ländern brauchen ein geheiztes Terrarium, manche ein kleines Wasserbecken.

Gecko im Terrarium

Test

Das Wort „test" ist englisch und bedeutet so viel wie „Prüfung". Zum Beispiel werden Eigenschaften von Gegenständen oder Fähigkeiten von Personen getestet. Die Testperson muss dabei vorher festgelegte Aufgaben lösen. Beim Schulaufnahmetest wird geprüft, ob ein Kind schon schulreif ist. Durch Tests in der Schule stellt man die Leistungen der Schüler fest. In Fabriken testet man Produkte, bevor sie das Werk verlassen. Es gibt unabhängige ► *Organisationen*, die alle möglichen Produkte testen. Sie helfen Verbrauchern, die besten herauszufinden. Die Testurteile werden veröffentlicht.

Testament

In einem Testament legt ein Mensch fest, was mit seinem Besitz geschehen soll, nachdem er gestorben ist. Als seine Erben setzt er meist Familienmitglieder ein. Das Testament muss vollständig mit der Hand geschrieben oder von einem Notar aufgesetzt werden. Ein Notar ist ein ► *Beamter*. Er beglaubigt ► *Dokumente* und Verträge, sodass diese vor dem ► *Gesetz* gültig sind.

Textilien

Kleider, Wäsche, Strickwaren und Tuche bezeichnet man als Textilien. Das Wort kommt aus dem Lateinischen und bedeutet Gewebe. Textilien werden von der Textilindustrie gefertigt. Sie verarbeitet Naturfasern wie ►*Wolle*, ►*Seide* oder ►*Baumwolle*, aber auch viele Kunstfasern, die chemisch hergestellt werden. ►Kunststoff

Textverarbeitung

Heutzutage werden die meisten Texte auf einem ►*Computer* geschrieben. Dazu braucht man ein ►*Programm*. Mit einem Textprogramm lassen sich Texte schreiben, speichern, kopieren und die Seiten gestalten. Man kann zwischen verschiedenen Schriften wählen und die Größe der Buchstaben bestimmen. Einzelne Wörter können fett oder kursiv geschrieben oder unterstrichen werden. Das kann man beliebig oft ausprobieren – und alles immer wieder verändern.

Theater

Man unterscheidet Sprechtheater und Musiktheater. Beim Sprechtheater führen Schauspieler Theaterstücke auf. Es gibt ernste und lustige Stücke. Ein ernstes Schauspiel ist ein Drama, ein lustiges eine Komödie. Theaterstücke mit Musik sind ►*Opern*, Operetten und Musicals (▼mjusikels).

Thermometer

Mit einem Thermometer misst man ►*Temperaturen*. Flüssigkeitsthermometer haben ein sehr enges Glasröhrchen mit ►*Alkohol*. Bei Erwärmung dehnt sich die Flüssigkeit aus und steigt im Röhrchen hoch. Bei Abkühlung zieht sie sich zusammen und sinkt. An einer ►*Skala* hinter dem Röhrchen liest man die Temperatur ab. Digitale Thermometer messen elektronisch und zeigen die

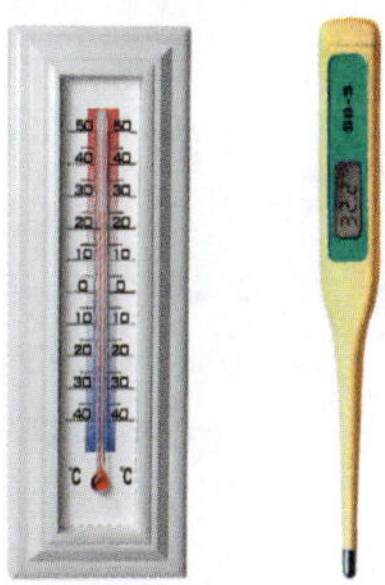

Luft- und Fieberthermometer

Temperatur in Leuchtziffern an. Thermometer für Luft sind von –30 bis +50 Grad eingeteilt. Je genauer ein Thermometer messen soll, umso feiner muss die Skala unterteilt sein. Fieberthermometer zeigen nur einen Bereich von 35 bis 42 Grad Wärme an, dies aber auf Zehntelgrad genau. Alte Fieberthermometer arbeiten noch mit ►*Quecksilber*, moderne messen die Temperatur elektronisch mit Batteriestrom.

Tiefdruckgebiet

Bei niedrigem ►*Luftdruck* entsteht ein Tiefdruckgebiet. Die Luftteilchen rücken auseinander und nehmen mehr Raum ein. Die Luft wird dadurch leichter und steigt nach oben. Dabei entstehen starke Luftbewegungen und ►*Winde* kommen auf. Die Wassertröpfchen kühlen ab und es bilden sich ►*Wolken*. Das ►*Barometer* sinkt und zeigt damit Regen an. Ein Tief wird auf der Wetterkarte als T eingetragen. ►*Hochdruckgebiet*

Tiefsee

Für Biologen beginnt die Tiefsee in 200 m Meerestiefe. Da bis dorthin wenig Licht vordringt, leben hier kaum noch Pflanzen. Es gibt fast nur kleine ►*Fische* und andere Tiere, von denen viele mit Leuchtorganen selbst Licht ausstrahlen. Die Meeresforscher dringen bis auf den Meeresgrund vor. Dazu benutzen sie besondere Tauchgeräte, die den gewaltigen Wasserdruck in der Tiefe aushalten. Mit einem solchen Gerät erreichten Meeresforscher im Pazifischen ►*Ozean* bisher eine Tiefe von 10 960 m. ►*Unterseeboot*

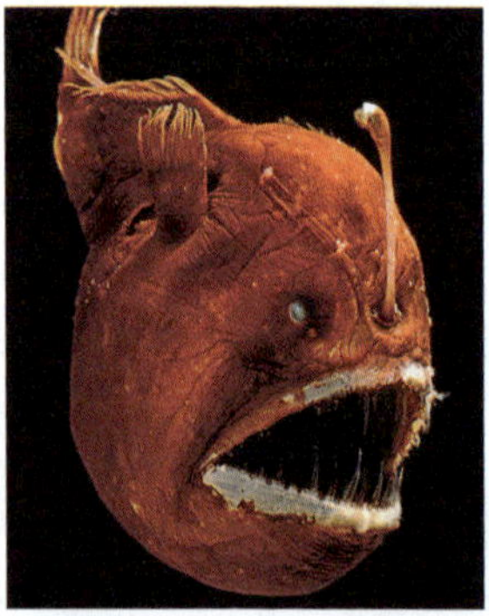

Anglerfisch mit Laterne

Tierschutz

Tiere sind gesetzlich geschützt. Sie dürfen weder gequält noch grundlos getötet werden. Alle ►*Haustiere* müssen artgerecht gehalten werden, damit sie nicht leiden. Zum Beispiel darf man einen ►*Hund* nicht ständig in einen Käfig sperren. Wer es trotzdem tut, kann mit Gefängnis bestraft werden. Tierschutzvereine kümmern sich darum, dass das Tierschutzgesetz eingehalten wird. Sie unterhalten Tierheime, in denen sie verwahrloste oder verlassene Haustiere aufnehmen und pflegen. Sie kümmern sich auch darum, dass Transporte von lebenden Kälbern oder Schweinen möglichst schonend durchgeführt werden. Auch ►*Nutztiere* stehen unter Tierschutz. ►*Naturschutz*

Toleranz

Menschen sind sehr verschieden in ihrem Fühlen, Denken und Handeln. Damit das nicht zu ►*Konflikten* führt, braucht man beim Zusammenleben Toleranz. Tolerant sein bedeutet, die Unterschiede von Menschen zu ertragen. Das Gegenteil ist die Intoleranz. Wer intolerant ist, möchte anders lebende Menschen entweder verändern oder sie gar vertreiben. Intoleranz ist auch ein Merkmal des ►*Rassismus*.

Tollwut

Tollwut ist eine lebensgefährliche Krankheit, die von ►*Viren* ausgelöst wird. ►*Füchse* und andere Wildtiere übertragen die Erreger der Krankheit durch den Speichel. Auch streunende ►*Hunde* und ►*Katzen* können Tollwut verbreiten. Tollwütige Füchse und ►*Rehe* sind besonders zutraulich. Man darf sie niemals streicheln. Wer von einem tollwütigen Tier gebissen wird, muss sofort zum Arzt und sich impfen lassen. Schilder im Wald weisen auf mögliche Tollwutgefahr hin. Dort sollte man besonders vorsichtig sein. Um die Tollwut zu bekämpfen, werden auch Köder mit einem Impfstoff ausgelegt. Wenn Füchse den Köder fressen, bekommen sie keine Tollwut. ►*Impfung*

Ton

Ton besteht aus sehr feinen Gesteinskörnchen von ganz unterschiedlicher Farbe. Auf Tonschichten in der Erde sammelt sich das ►*Grundwasser*. Feuchter Ton lässt sich sehr gut formen.

Töpfer machen daraus Geschirr. Der geformte Ton wird im Ofen getrocknet, mit einer Glasur überzogen und noch einmal gebrannt. Man spricht dann von Keramik. Bildhauer schaffen aus Ton Figuren, die man ►*Skulpturen* oder Plastiken nennt.

Torf

Torf entsteht im ►*Moor* aus abgestorbenen Pflanzenteilen und enthält viel Wasser. Er verwandelt sich allmählich in Braunkohle. Früher hat man Torf in Platten aus dem Moorboden gestochen und getrocknet. Er wurde verheizt. Heute lockert man mit Torfmull die Gartenerde auf. Man sollte dafür besser ►*Kompost* nehmen, denn durch den Torfabbau gehen die letzten Moore als Lebensräume für seltene Pflanzen und Tiere verloren.

Torfabbau

Tracht

Trachten sind Kleider, die Menschen in einem bestimmten Gebiet früher getragen haben. Die Mitglieder in Heimat- und Trachtenvereinen ziehen bei Festen und Umzügen diese alten Kleider an. In manchen Gegenden hat sich die Tracht als Sonntagskleidung bis heute erhalten. ►*Museum*

Transformator

Der elektrische Strom fließt aus ►*Kraftwerken* in die Häuser. Man kann ihn aber nicht so verwenden, wie er aus dem Elektrizitätswerk kommt. Die ►*Stromspannung* ist viel zu hoch. Das Stromnetz im Haushalt hat nur eine Spannung von 230 Volt. Umspanner oder Transformatoren bringen den Strom von Hochspannung auf niedrigere Spannung. Im Freien sieht man Umspannstationen. Die Trafohäuschen tragen Schilder mit der Warnung: Vorsicht! Hochspannung, Lebensgefahr!

Transport

Güter werden mit den unterschiedlichsten Transportmitteln befördert. Auf dem Wasserweg übernehmen Frachtschiffe den Transport, auf dem Luftweg befördern Frachtflugzeuge die Ladung. Der Transport zu Land erfolgt auf Schienen durch Güterzüge und auf Straßen durch ►*Kraftfahrzeuge*. Der Transport der meisten Güter wird von Speditionen durchgeführt. Das sind Transportfirmen, die dafür sorgen, dass die Waren pünktlich von einem Ort zum anderen gelangen. Sie bringen die Güter mit Fernlastzügen an die Zielorte. Ohne den Transport von Rohstoffen und Gütern gäbe es weder ►*Industrie* noch ►*Handel*. ►*Container* ►*Schifffahrt*

Treibhauseffekt

Die ►*Atmosphäre* lässt zwar Strahlen von der ►*Sonne* hindurch, die auf die Erde fallen. Sie verhindert aber, dass Wärmestrahlen von der Erde wieder ins Weltall gelangen. Deshalb ist es auf der Erde warm und es gibt Leben. Das erinnert an ein ►*Treibhaus*, unter dessen Dach sich die Wärme fängt. Man spricht daher vom Treibhauseffekt. Treibhausgase sind vor allem ►*Kohlendioxid*, Wasserdampf und ►*Methan*. Fossile ►*Brennstoffe* wie ►*Holz*, ►*Kohle* und ►*Erdöl*, aber auch Brandrodung und Viehzucht verursachen ständig mehr ►*Abgase*. Die Folge ist, dass immer mehr Wärmestrahlen auf der Erde festgehalten werden und die Temperatur ansteigt. Dieser Vorgang verläuft sehr langsam. Er kann aber im Laufe der Zeit zu einem Wandel des ►*Klimas* führen. Das würde mehr Naturkatastrophen wie schwere ►*Stürme*, Hitzewellen und Überschwemmungen mit sich bringen. ►*Klimaerwärmung*

Tresor

Ein Tresor ist ein Fach oder ein Schrank, in dem Schmuck, Geld oder wichtige ►*Dokumente* aufbewahrt werden. Sie sind darin vor Feuer und Diebstahl gesichert. Man sagt dazu auch Geldschrank oder Safe (▼ßäjff). Tresore haben ein besonderes

Schloss. Zum Öffnen muss man eine Folge von Zahlen oder Buchstaben einstellen oder eingeben, die nur der Besitzer kennen sollte. Manche Tresore haben noch eine Alarmanlage.

Trinkwasser

Trinkwasser ist für den menschlichen Genuss bestimmt und ein wichtiges Lebensmittel. Man entnimmt es entweder dem ►*Grundwasser* oder gewinnt es aus ►*Quellen*, Flüssen und Seen. Sehr häufig muss es im ►*Wasserwerk* gereinigt und von ►*Bakterien* befreit werden. Die Aufbereitung des Wassers ist sehr aufwändig. Daher ist sauberes Trinkwasser ein teures Gut.

Tropen

Die Gebiete nördlich und südlich des ►*Äquators* nennt man Tropen. Dort scheint die Sonne fast immer senkrecht auf die Erde. Tag und Nacht sind etwa gleich lang. Tropengebiete liegen in Afrika, Asien, Südamerika und Australien. Nahe dem Äquator herrscht feuchtheißes ►*Klima*. Für viele Europäer ist es schwer zu ertragen. Tropenkrankheiten wie Malaria oder Gelbfieber sind besonders im Tiefland verbreitet.

Tropfstein

In Gebieten aus Kalkstein gibt es viele Tropfsteinhöhlen. Dort löst das eindringende Wasser den ►*Kalk* ständig auf. Das kalkhaltige Wasser tropft von der Decke und es entstehen Tropfsteine, die immer größer werden. Wenn sie von der Decke herabhängen, heißen sie Stalaktiten. Tropft das kalkhaltige Wasser auf den Boden, wachsen Tropfsteine in die Höhe. Die stehenden Kalksäulen bezeichnet man als Stalagmiten.

Tropfsteinhöhle

Tunnel

Tunnel sind unterirdische Verkehrswege. Sie führen meist unter Bergen hindurch und ersparen so Umwege. Es gibt auch Tunnel, die Flüsse und Meeresteile unterqueren. So führt der Elbtunnel in Hamburg unter der ►*Elbe* hindurch. Zwischen Frankreich und England verläuft ein Eisenbahntunnel unter dem Meeresboden. Dieser Eurotunnel ist 51 km lang, davon liegen 38 km unter Wasser.

Turbine

Turbinen sind große Schaufelräder aus Stahl. Sie werden durch Strömungen von Wasser, ►*Dampf* oder ►*Gas* in Drehung versetzt. In Wasser- oder Dampfkraftwerken treiben Turbinen die ►*Generatoren* an. Lokomotiven, Flugzeuge und Schiffe haben oft Turbinenmotoren. Es gibt auch Turbomotoren für Autos. Im Unterschied zu Dampfturbinen erzeugen Turbinenmotoren ihr Treibgas selbst, indem sie Luft ansaugen und stark zusammenpressen. ►*Düsentriebwerk* ►*Kraftwerk*

Wasserkraftturbine

Übergewicht

Passend zu seiner Körpergröße sollte ein gesunder Mensch ein bestimmtes Gewicht haben. Ist jemand deutlich schwerer, dann spricht man von Übergewicht. Selten ist eine Krankheit daran schuld. In der Regel isst ein Übergewichtiger mehr, als er benötigt. Die ►*Energie*, die sein Körper nicht braucht, speichert dieser als Fett. Übergewicht macht auf Dauer krank. Beschwerden der ►*Gelenke*, ►*Diabetes* und Erkrankungen von ►*Herz* und ►*Blutkreislauf* sind die Folge. Um abzunehmen, muss ein Betroffener sich gesund ernähren. Wer sich außerdem viel bewegt, verbraucht mehr Energie und wird nicht so dick.

Ultraschall

Wir können nur bestimmte Töne hören. Schallwellen oberhalb unserer Hörgrenze nennt man Ultraschall. ►*Fledermäuse* und andere Tiere stoßen sehr hohe Schreie in Ultraschall aus. Die Fledermäuse orientieren sich am ►*Echo* dieser Schallwellen und weichen so Hindernissen aus. Mit Ultraschall lassen sich Gegenstände polieren und reinigen. Dazu versetzt man die Teilchen einer Flüssigkeit durch Ultraschall in Schwingung. Der Zahnarzt entfernt mit Ultraschall Zahnbelag. Der Arzt untersucht damit den Körper und erhält auf einem Bildschirm ein Ultraschallbild. So kann eine Mutter ihr Baby im Bauch sehen.

Umweltschutz

Alles, was zur Reinhaltung der Luft, des Wassers und des Bodens getan werden muss, ist Aufgabe des Umweltschutzes. Früher haben die Menschen sich nicht um die Umwelt gekümmert. Sie leiteten ihre ►*Abwässer* in die Flüsse. Sie ließen Ruß, Staub und ►*Abgase* in die Luft entweichen. Sie sprühten giftige ►*Pflanzenschutzmittel* auf die Felder und vergruben den Müll im Boden. Das alles ist heute verboten und wird streng bestraft. Nur wenn jeder zum Schutz der Umwelt beiträgt, können Menschen, Tiere und Pflanzen in einer gesunden Umwelt überleben. ►*Naturschutz*

Uniform

Das französische Wort „uniform" bedeutet „einheitlich". Unter einer Uniform versteht man deshalb eine einheitliche Kleidung. Soldaten, Polizisten oder Bahnangestellte tragen Uniformen. Manche Berufe erkennt man an der einheitlichen Berufskleidung, zum Beispiel Richter, Pfarrer oder Krankenschwestern.

Universität

Universitäten sind die höchsten Schulen. Man nennt sie auch Hochschulen. Wer Arzt, Rechtsanwalt, Lehrer oder Architekt werden will, muss eine Universität besuchen. Dort wird in allen ►*Wissenschaften* geforscht und gelehrt. Die Lehrer sind meist Professoren, die Lernenden Studenten. Um an einer Universität studieren zu können, muss man das ►*Abitur* bestanden haben. Das Studium schließt man mit einem Examen ab. Man kann auch noch den Doktortitel erwerben.

Untergewicht

Wenn ein Mensch weniger Gewicht hat, als gut für seinen Körper ist, spricht man von Untergewicht. Manchmal ist eine Krankheit daran schuld. Es kann aber auch eine Essstörung vorliegen, zum Beispiel ►*Magersucht*. Untergewicht ist genauso gefährlich wie ►*Übergewicht*.

Untergrundbahn

Die schnellsten ►*Verkehrsmittel* in Großstädten sind die Untergrundbahnen. U-Bahnen befördern in Röhren unter der Stadt große Menschenmassen. Der Straßenverkehr wird dadurch nicht behindert. Von den U-Bahn-Stationen führen Rolltreppen und Aufzüge aus der Tiefe an die Oberfläche.

Unternehmer

Wer einen Betrieb besitzt oder wer die eigene oder eine fremde Fabrik leitet, ist Unternehmer. Ein Unternehmer ist oft der ►*Arbeitgeber* für viele Arbeiter und Angestellte. Wenn er schlecht wirtschaftet und Verluste macht, muss er sein Unternehmen schließen und die Mitarbeiter entlassen.

Unterseeboot

Unterseeboote oder U-Boote können unter Wasser fahren. Dazu werden große Tanks mit Wasser gefüllt. Das U-Boot wird dadurch schwerer und sinkt nach unten. Zum Auftauchen

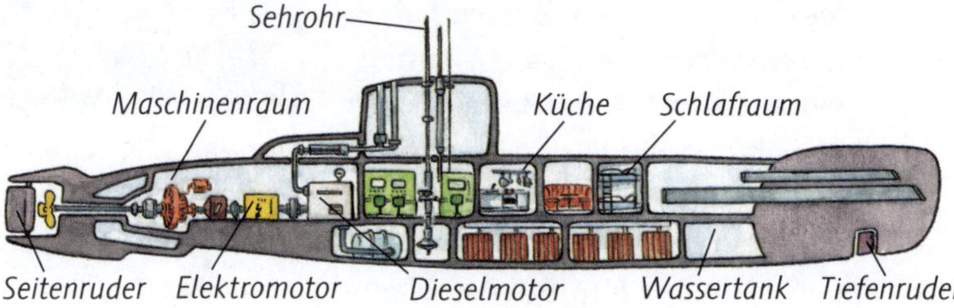

müssen die Wassertanks geleert werden. Dazu wird Pressluft in die Tanks geblasen und das Wasser herausgepresst. Mit einem langen Sehrohr kann man bei einer Unterwasserfahrt auch die Wasseroberfläche beobachten. U-Boote dienen als Kriegsschiffe. Heute überwacht man damit auch Ölbohrstationen vor der Küste oder unternimmt Forschungsreisen zum Meeresgrund. Man spricht dann von Tauchbooten. ►*Tiefsee*

Uran

Uran ist ein sehr seltenes, glänzendes Schwermetall, das radioaktive Strahlen aussendet. Seine ►*Atome* werden in Kernkraftwerken gespalten. ►*Kernenergie* ►*Radioaktivität*

Urkunde

Ein Geburtsschein ist eine Urkunde. Wer heiratet, bekommt auf dem ►*Standesamt* eine Heiratsurkunde. Auch wenn jemand stirbt, wird eine Urkunde ausgefertigt. Jede Urkunde ist ein amtliches Schriftstück. Sie wird von einer ►*Behörde* ausgestellt und gestempelt. Damit ist sie überall gültig. Alte Urkunden sind wichtige Quellen für die Erforschung der ►*Geschichte*

Urmensch

Die ältesten Knochenfunde von Menschen sind über 4 Millionen Jahre alt. Sie wurden in ►*Afrika* ausgegraben und stammen von Urmenschen. Diese waren kleiner als wir heute und von kräftiger Gestalt. Vor etwa 80000 Jahren lebten in Europa und auch bei uns die Neandertaler. Diese Menschen waren Sammler und Jäger und bewohnten ►*Höhlen*. Sie sahen uns heutigen Menschen sehr ähnlich. Die Neandertaler benutzten einfache ►*Werkzeuge* aus Stein, Knochen und Holz. Sie fertigten schon Kleider an und begruben ihre Toten. ►*Steinzeit*

USB-Steckplatz

USB-Steckplätze sind Schnittstellen am ►*Computer*, an denen man die verschiedensten Geräte anschließen kann. Dazu gehören Maus, Tastatur und Drucker. Sie funktionieren meist über „Plug and play" (▼plag änd pläj). Das bedeutet, dass der Computer die neu angeschlossenen Geräte automatisch erkennt und man sofort mit ihnen arbeiten kann.

UV-Strahlen

UV bedeutet ultraviolett. So bezeichnet man bestimmte Sonnenstrahlen. Wir sehen sie zwar nicht, aber sie bewirken, dass unsere ►*Haut* braun wird. UV-Strahlen können aber auch gefährlich sein. Wenn wir zu lange in der Sonne liegen, haben wir hinterher einen Sonnenbrand. Und man kann durch diese Strahlung sogar Hautkrebs bekommen. Deshalb sollte man sich vor dem Sonnenbaden stets gut einkremen. ►*Krebs* ►*Ozon*

Vakuum

Das Wort Vakuum kommt aus dem Lateinischen und bedeutet „leer" oder „frei". Im Alltag bezeichnet man damit meist einen Raum, der frei von Luft ist. Dazu werden die Luftteilchen aus dem Behälter herausgepumpt. Viele ►*Nahrungsmittel* werden heute in einer Vakuum-Verpackung verkauft. Sie sind dadurch länger haltbar.

Vegetarier

Vegetarier sind Menschen, die weder Fleisch noch Fisch verzehren. Sie essen auch keine ►*Nahrungsmittel*, die Fleisch oder Fisch enthalten. Manche Vegetarier trinken aber Milch und essen auch Milchprodukte und Eier. Veganer sind besonders strenge Vegetarier. Sie verzichten auf alles, was von Tieren stammt, zum Beispiel auch auf Honig. Sie lehnen außerdem tierische Produkte wie ►*Wolle* oder Federkissen ab. Extreme Veganer verzehren sogar nur Teile von Pflanzen und essen nichts, wobei die gesamte Pflanze zerstört wird.

Ventil

Ein Ventil ist ein Sperrhahn, mit dem man Flüssigkeiten oder ►*Gase* ablassen und ihre Zufuhr steuern kann. Das einfachste Ventil ist der Wasserhahn, mit dem man die Wasserleitung auf- und zudreht. Im Fahrradreifen befindet sich ein Ventil für die Luft. Im Automotor steuern Ventile die Zufuhr des Benzin-Luft-Gemisches. Bei einem Dampfkochtopf öffnet sich ein Sicherheitsventil, wenn der Druck zu hoch wird. Der Topf würde sonst explodieren.

Verbrennung

Jede Verbrennung ist ein chemischer Vorgang. Sie findet nur statt, wenn ►*Sauerstoff* vorhanden ist. Der Brennstoff muss auf seine Entzündungstemperatur gebracht werden. Das ist der Punkt, an dem ein Stoff zu brennen beginnt. Er kann niedrig sein wie bei Benzin oder hoch wie bei der Kohle. Bei der Verbrennung entstehen ►*Gase*, die sich mit Sauerstoff verbinden. Verbrennt ►*Kohlenstoff*, entsteht ►*Kohlendioxid*.

Verdunstung

Wenn man eine Schale mit Wasser aufstellt, ist das Wasser nach einiger Zeit verschwunden. Es ist verdunstet. Nasse Wäsche, die man aufhängt, wird trocken. Auch hier verdunstet das Wasser. Es geht in den gasförmigen Zustand über und steigt in die ►*Luft*. Ständig verdunstet Wasser aus Meeren, Flüssen und Seen und wird von der Luft aufgenommen. Die Verdunstung erfolgt anders als das Verdampfen bei jeder Temperatur, auch im Winter. ►*Dampf* ►*Zustandsform*

Verein

Menschen mit gleichen Interessen können einen Verein gründen. Es gibt Sportvereine, Vereine für Briefmarkensammler, Musikvereine und viele andere. Statt Verein kann man auch Klub sagen. Die Mitglieder eines Vereins geben sich Regeln und wählen einen Vorstand, der den Verein führt. Alle Mitglieder zahlen Beiträge in die Vereinskasse.

A B C D E F G H I J K L M N O P Q R S T U V W X Y Z

Vereinte Nationen/UN

Die Vereinten Nationen, abgekürzt UN, sind eine internationale ►*Organisation* zur Erhaltung des ►*Friedens*. In ihr sind die meisten Staaten der Welt vertreten. Die Mitglieder der UN haben es sich zum Ziel gesetzt, Streitigkeiten unter den Völkern auf friedliche Weise beizulegen. Die UN bemühen sich auch besonders darum, dass in allen Ländern die ►*Menschenrechte* eingehalten werden.

Vererbung

Durch die Vererbung werden Merkmale der Eltern an die Kinder weitergegeben. Sichtbare Erbmerkmale sind die Farbe der Augen und Haare oder die Form der Nase und der Ohren. Auch Begabungen werden oft vererbt, zum Beispiel eine besondere Veranlagung für Musik oder für Mathematik. Die Anlagen für Krankheiten können ebenfalls erblich sein. Die Erbanlagen der Mutter sind in der ►*Eizelle*, die des Vaters in der ►*Samenzelle* gespeichert. Man nennt sie ►*Gene*.

Verkehr

Für die Beförderung von Personen und Gütern sind ►*Verkehrswege* und ►*Verkehrsmittel* erforderlich. Man unterscheidet dabei Nahverkehr und Fernverkehr. Es gibt auch einen Nachrichtenverkehr. Man nennt ihn ►*Kommunikation*.

Verkehrsknotenpunkt

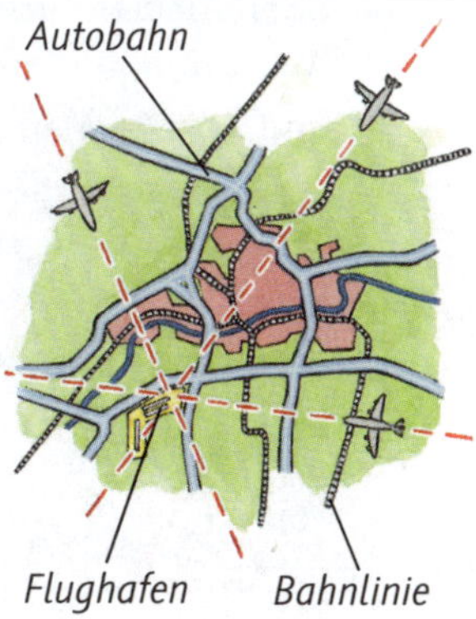

An Verkehrsknotenpunkten kreuzen sich mehrere wichtige ►*Verkehrswege*. Hier entstanden oft Orte, aus denen sich große ►*Städte* entwickelt haben. Sie wurden zu Mittelpunkten des ►*Handels* oder der ►*Industrie*. Frankfurt am Main ist zum Beispiel ein bedeutender Verkehrsknotenpunkt. In der Nähe fließen die Flüsse ►*Rhein* und Main zusammen. Wichtige

Eisenbahnlinien und auch Autobahnen kreuzen sich hier. Ein großer Flughafen wird aus allen Richtungen angeflogen.

Verkehrsmittel

Alle Fahrzeuge, die Personen oder Güter befördern, sind Verkehrsmittel. Dazu zählen Kraftfahrzeuge wie Personenautos und Lastkraftwagen oder Schienenfahrzeuge wie die Eisenbahn. Schiffe sind Verkehrsmittel zu Wasser, ►*Flugzeuge* sind Verkehrsmittel in der Luft. ►*Bus*, ►*Eisenbahn*, ►*Straßenbahn* und ►*Untergrundbahn* sind öffentliche Verkehrsmittel, die jeder gegen Bezahlung benutzen kann. Je mehr Menschen mit öffentlichen Verkehrsmitteln statt mit dem eigenen Wagen fahren, desto besser ist es für die Umwelt. Gleichzeitg wird dadurch der Verkehr auf den Straßen entlastet.

Verkehrswege

Schienen, ►*Straßen* und ►*Autobahnen* sind Verkehrswege auf dem Land. Schiffbare ►*Flüsse* und ►*Kanäle* bezeichnet man als Wasserstraßen. Die Verkehrswege in der Luft nennt man Flugrouten oder Flugstrecken. ►*Verkehrsmittel*

Verkehrszeichen

Verkehrszeichen regeln den Verkehr. Man unterscheidet Gefahrzeichen, Vorschriftzeichen und Richtzeichen. Gefahrzeichen stehen vor Bahnübergängen, an Straßenkreuzungen oder vor gefährlichen Kurven. Vorschriftzeichen erteilen Anordnungen und Verbote. Dazu zählen das Stoppzeichen und das Zeichen „Vorfahrt gewähren!". Richtzeichen geben

Hinweise, zum Beispiel auf eine Vorfahrtstraße oder einen Fußgängerüberweg. Auch die weißen Linien auf den Straßen, die Verkehrsampel und die Zeichen der Verkehrspolizisten gelten als Verkehrszeichen, nach denen man sich richten muss.

Versicherung

Wer ein Auto fährt, muss es versichern. Er bezahlt einer Versicherungsgesellschaft einen bestimmten Beitrag. Das ist die Versicherungsprämie. Die Versicherungsgesellschaft übernimmt dafür bei einem Verkehrsunfall die Kosten des Schadens, den der Versicherte mit seinem Fahrzeug verursacht hat. Man kann sich auch gegen Einbruch, Diebstahl oder Feuer versichern lassen. Die meisten Menschen haben eine Krankenversicherung. Diese bezahlt die Kosten für den Arzt und das ►*Krankenhaus*. Arbeitnehmer sind in der gesetzlichen Rentenversicherung versichert und erhalten im Alter eine ►*Rente*. Wer arbeitslos wird, bekommt Geld von der Arbeitslosenversicherung.

Versteinerung

Versteinerungen nennt man auch Fossilien. Es sind Reste von Pflanzen und Tieren, die vor Millionen von Jahren lebten und im Laufe der Zeit zu Stein geworden sind. So gibt es viele Fossilien von Muscheln und Schneckenhäusern. Von Pflanzen wie ►*Farnen* finden sich oft nur Abdrücke im ►*Gestein*. Auch ►*Dinosaurier* haben versteinerte Fußspuren hinterlassen. Man nennt diese Trittsiegel.

Ammonit

Vertrag

Verträge sind schriftliche oder mündliche Vereinbarungen. Sie müssen eingehalten werden. Wenn ein Vermieter einem Mieter seine Wohnung überlässt, schließen beide einen Mietvertrag ab. Darin sind die Rechte und Pflichten der beiden

Vertragspartner genau festgelegt: Der Vermieter muss für einen guten Zustand der Wohnung sorgen. Der Mieter muss pünktlich die Miete bezahlen. Wenn einer seine Verpflichtungen nicht erfüllt, kann man vor ►*Gericht* auf Einhaltung des Vertrages klagen. Es gibt viele Arten von Verträgen, zum Beispiel Kaufverträge oder Arbeitsverträge. ►*Staaten* schließen Handelsverträge, Verkehrsverträge oder Friedensverträge miteinander ab.

Verwitterung

Verwitterung oder ►*Erosion* ist dasselbe. Man versteht darunter die Zerkleinerung des ►*Gesteins* durch Kräfte der Natur. Wind, Wasser, Regen, Schnee, Eis und der Wechsel von Hitze und Kälte lassen Gestein zu Schutt, Sand und Staub zerfallen.

Video

„Video" ist lateinisch und heißt „ich sehe". Ein Video speichert Bilder und Töne, die man mit einer Videokamera oder einem Camcorder aufnimmt. Bei Camcordern kann man die Aufnahmen sofort betrachten. Mit dem Videorekorder lassen sich auch Fernsehsendungen auf Videoband aufzeichnen und hinterher abspielen. Heute benutzt man zum Aufzeichnen und Abspielen von Bild und Ton fast nur noch ►*DVDs* und einen DVD-Rekorder, die digital arbeiten. Man kann mit einer Videokamera oder einem Camcorder selbst Videofilme oder kurze Videoclips herstellen. Musikvideos sind meist Videoclips.

Virus

Der oder das Virus verursacht Grippe, Masern und andere Krankheiten. Viren sind viel kleiner als ►*Bakterien*. Man sieht sie nur unter starken ►*Mikroskopen*. Sie dringen in die ►*Zellen* eines Lebewesens ein und zerstören diese. Gegen manche Viruskrankheiten kann man sich impfen lassen. Der Körper bildet dann Abwehrstoffe gegen die Viren. ►*Impfung*

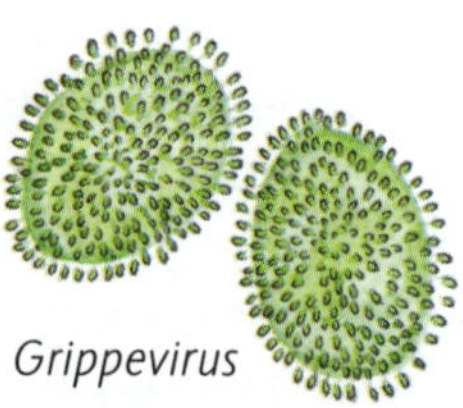

Grippevirus

Vitamin

Vitamine sind lebenswichtige Stoffe. Der Körper kann sie selbst nicht herstellen. Deshalb müssen wir sie mit der Nahrung aufnehmen. Es gibt über 20 Vitamine. Man bezeichnet sie mit Buchstaben. ►*Tomaten*, Karotten und ►*Fisch* enthalten viel Vitamin A, das gut für ►*Haut* und ►*Augen* ist. Vitamin B findet sich in Butter, Eiern und Vollkornbrot. Es fördert das Wachstum. Viel Vitamin C ist in ►*Obst* und ►*Gemüse* enthalten. Es schützt vor Erkältung und Ermüdung. Wichtige Vitamine finden sich in der ►*Milch*. Man stellt Vitamine auch künstlich als Tabletten her.

Vogel

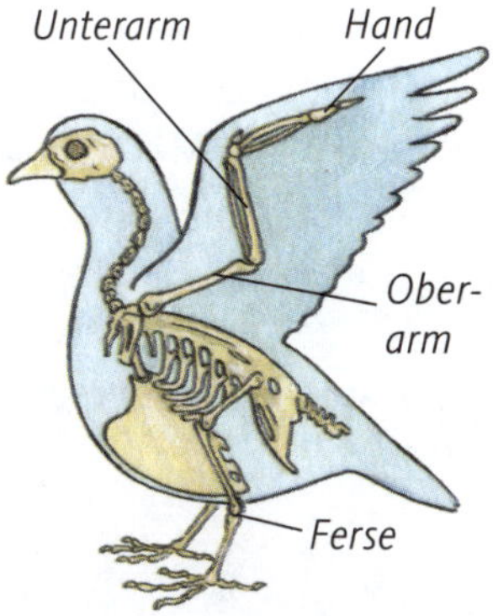

Die Vögel gehören zu den ►*Wirbeltieren*. Ihre Haut ist mit ►*Federn* bedeckt und ihre vorderen Gliedmaßen sind zu Flügeln umgebildet. Da sie hohle Knochen haben, ist ihr ►*Skelett* sehr leicht. Die meisten Vögel können ihr Körpergewicht mit kräftigen Flügelschlägen in die Luft erheben und fliegen. ►*Greifvögel* und viele ►*Singvögel* sind hervorragende Flieger. Auch Schwimmvögel wie Gänse und Enten fliegen gut. Sie haben Schwimmhäute zwischen den Zehen und bewegen sich auch im Wasser schnell vorwärts. Der Strauß ist ein Laufvogel und viel zu schwer, um fliegen zu können. Alle Vögel legen ►*Eier* und brüten sie aus. ►*Zugvögel*

Vormund

Kinder, deren Eltern gestorben sind, erhalten einen Vormund. Er übernimmt anstelle der Eltern die Sorge für die Kinder, bis diese 18 Jahre alt und damit erwachsen sind. Der Vormund wird vom ►*Gericht* bestimmt. ►*Adoption* ►*Waise*

Vulkan

Vulkane sind Feuer speiende ►*Berge*. Manche sind längst erloschen und erkaltet, andere sind heute noch tätig. Bei einem Vulkanausbruch steigen aus dem Vulkankrater zuerst weiße Rauchwolken und glühend heiße Gase auf. Dann wird Asche herausgeschleudert. Schließlich spuckt der Vulkan größere Gesteinsbrocken aus. Aus dem Inneren des Kraters strömt Lava hoch. Das ist eine rot glühende, flüssige Masse aus geschmolzenem ►*Gestein*. Die Lava läuft über den Kraterrand und wälzt sich zu Tal. Dabei verbrennt sie alles, bis sie erkaltet und fest wird wie Glas. Brechen Vulkane auf dem Meeresgrund aus, kann eine Vulkaninsel entstehen.

Vulkanausbruch

Waage

Balkenwaage

elektronische Waage

Das ►*Gewicht* misst man mit einer Waage. Balkenwaagen haben einen Arm mit zwei Waagschalen. In die eine Schale legt man den zu wiegenden Gegenstand, in die andere die Gewichtssteine. Steht der Zeiger genau in der Mitte, herrscht Gleichgewicht. Das Gewicht liest man an den Gewichtssteinen ab. Heute hat man elektronische Waagen. Sie zeigen das Gewicht einer Ware auf dem ►*Display* an. Feinwaagen, wie sie zum Beispiel Juweliere oder Apotheker benutzen, wiegen auf tausendstel ►*Gramm* genau.

Wahl

Durch eine Wahl bestimmen Schüler ihren Klassensprecher. Dazu schreiben sie auf einen Stimmzettel, wen sie wählen möchten. Wer die meisten Stimmen erhält, ist gewählt. Ähnlich verläuft die Wahl für eine ►*Regierung*. Daran darf jeder ►*Bürger* ab 18 Jahren teilnehmen und er kann selbst gewählt werden. Die Wähler kreuzen auf dem Stimmzettel an, welche Person oder ►*Partei* sie in das ►*Parlament* wählen wollen. Nach der Wahl werden alle Stimmzettel ausgezählt. Die Personen oder die Parteien mit den meisten Stimmen sind gewählt. Wahlen finden in regelmäßigen Abständen statt und sind geheim.

Währung

Das Geld, mit dem in einem Land bezahlt wird, ist die Währung dieses Landes. In vielen Ländern Europas ist das der Euro. 1 € sind 100 Cent (c oder ct). In den USA zahlt man in Dollar. Man kann Währungen auch umtauschen, zum Beispiel Euro in Dollar.

Waise

Ein Kind, das keine Eltern mehr hat, ist eine Vollwaise. Wenn die Mutter oder der Vater noch lebt, ist es eine Halbwaise. Elternlose Kinder, um die sich keine Verwandten kümmern, werden in Waisenhäusern aufgezogen oder in ►*Familien* gegeben. Es gibt auch Kinderdörfer. Dort leben die Kinder mit anderen Waisen und einer fremden Frau als Mutter wie in einer Familie. Jedem Waisenkind weist der ►*Staat* einen ►*Vormund* zu. ►*Adoption*

Wärme

Wärme ist eine Form von ►*Energie*. Wie warm etwas ist, wird mit dem ►*Thermometer* gemessen. Wärme breitet sich auf verschiedene Weise aus. Die Wärme der ►*Sonne* kommt durch Wärmestrahlung auf die Erde. Erwärmt sich ein Löffel in einem Glas mit heißem Tee, geschieht das durch Wärmeleitung im

►*Metall*. In einer Warmwasserheizung breitet sich die Wärme durch Strömung aus. Auch in der Luft gibt es Wärmeströmung.

Wasser

Wasser ist eine Flüssigkeit, die aus zwei ►*Gasen* entsteht. Zwei ►*Atome* Wasserstoff verbinden sich mit einem Atom ►*Sauerstoff* zu Wasser. Das chemische Zeichen für Wasserstoff ist H, das Zeichen für Sauerstoff ist O. Der Chemiker bezeichnet Wasser als H_2O. Da beide Gase auf der Erde vorhanden sind, konnte hier überhaupt Wasser entstehen. In der Natur geht kein Wasser verloren. Es bewegt sich im ►*Wasserkreislauf*.

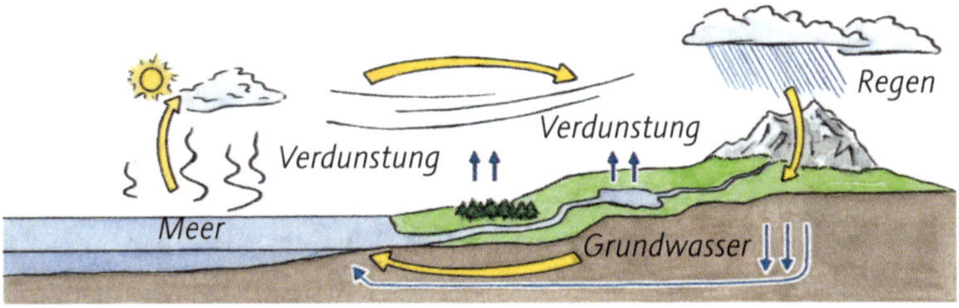

Wasserkreislauf

Das Wasser gelangt ständig vom Meer zum Festland und von dort wieder zurück. An der Meeresoberfläche verdunstet sehr viel Wasser. Dazu kommt das Wasser, das aus Seen und Flüssen verdunstet. Steigt der Wasserdampf in der Luft stark an, dann verdichtet er sich zu ►*Wolken*. Es entstehen Wassertröpfchen, die als ►*Niederschläge* wieder auf die Erde fallen. In Bächen, Flüssen und Strömen fließt das Wasser wieder ins Meer. So geht kein Tropfen Wasser verloren. ►*Verdunstung*

Wasserspeicher

Bei der Schneeschmelze sammeln sich im ►*Gebirge* große Wassermassen in Speicherseen. Dieses Wasser dient dazu, in trockenen Sommern einen Wassermangel auszugleichen. Man speichert ►*Trinkwasser* auch in Hochbehältern und unterirdischen Wasserbecken. Wird das Wasser knapp, dann pumpt man es aus den Speichern in die Wasserleitung. ►*Wasserwerk*

A B C D E F G H I J K L M N O P Q R S T U V W X Y Z

Wasserspiegel

Die Oberfläche von Flüssen und Seen bezeichnet man als Wasserspiegel. Beim Meer spricht man vom Meeresspiegel. Die Höhe des Wasserstands in schiffbaren ►*Flüssen* misst man mit einer Messlatte, dem Pegel. Man sieht daran, ob sich der Wasserspiegel hebt oder senkt. Je nach Wasserstand steigt oder fällt auch das ►*Grundwasser*. Bei starken Regenfällen steigt der Wasserspiegel an, nach langer Trockenheit fällt er. Kapitäne kontrollieren den Wasserstand in einem Fluss ständig, damit ihr Schiff nicht auf Grund läuft. ►*Meereshöhe*

Wasserstoff

Wasserstoff ist ein farb- und geruchloses ►*Gas*. Zusammen mit ►*Sauerstoff* bildet es ►*Wasser*. In der Chemie verwendet man für Wasserstoff das Zeichen H. Reines Wasserstoffgas verbrennt explosionsartig. Da es leichter ist als Luft, füllt man Ballone damit. Flüssiger Wasserstoff dient oft als Raketentreibstoff. Man versucht heute auch Autos mit Wasserstoff zu betreiben, um Erdöl als ►*Rohstoff* zu sparen.

Wasserwerk

In einem Wasserwerk wird das ►*Grundwasser* oder Wasser aus Speicherseen zu ►*Trinkwasser* aufbereitet. Dazu lässt man das Wasser durch verschiedene ►*Filter* laufen. Sie halten die gröbsten Schmutzteilchen zurück. ►*Bakterien* werden durch chemische Stoffe oder ►*Ozon* unschädlich gemacht. Ist das Wasser für den menschlichen Genuss geeignet, dann pumpt man es in die öffentliche Wasserleitung. In Hochbehältern wird es gesammelt und fließt von dort mit Druck zu den Verbrauchern.

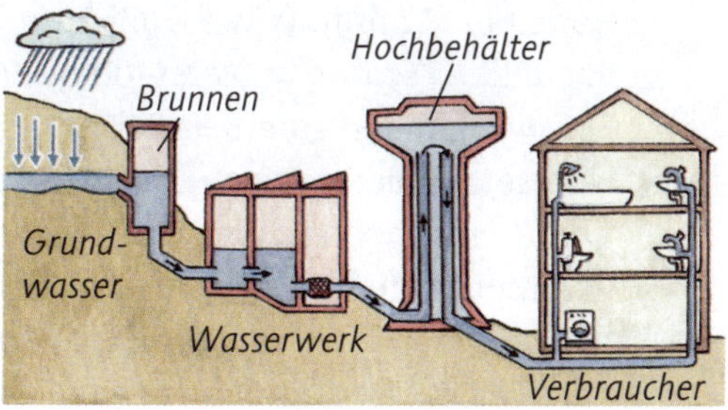

Watt

Watt ist eine ►*Maßeinheit* in der ►*Physik*, mit der man Leistung misst. Bei Elektrogeräten ist in Watt angegeben, wie viel Energie sie verbrauchen. Je höher die Wattzahl einer Lampe ist, desto heller ist ihr Licht. Der Stromverbrauch wird in Kilowattstunden (kWh) abgerechnet. Das ist der Verbrauch pro Stunde.

Wattenmeer

Watt an der Nordsee

Den Küstenstreifen an der ►*Nordsee* und anderen Meeren, auf dem die ►*Gezeiten* stattfinden, nennt man Watt. Bei Flut wird das Watt vom Wasser überspült, bei Ebbe liegt es trocken. Das Wasser bringt aus dem Meer Schlick und Sand mit, was zu nährstoffreichen Böden führt. Sehr viele Tierarten leben im Watt und kommen dort oft in großer Zahl vor. So ist das Watt besonders reich an ►*Würmern*, ►*Muscheln*, ►*Schnecken*, ►*Krebsen* und Seevögeln. Auf höheren Stellen, die mehrere Stunden wasserfrei sind, gedeihen auch Pflanzen, die Salzwasser vertragen.

Website

Auf einer Website (▼wäbßait) kann man sich im ►*Internet* vorstellen, Waren anbieten oder ►*Informationen* geben. So zeigt jemand zum Beispiel dort seine Urlaubsbilder, ein Übersetzer bietet seine ►*Dienstleistungen* an, eine Zeitung bringt Nachrichten, eine Stadt stellt ihre Sehenswürdigkeiten vor. Meist hat eine Website mehrere Seiten. Die erste Seite heißt Homepage (▼houmpäjtsch). Auf ihr stehen das Thema der Website und ein Inhaltsverzeichnis. Davor ist oft eine

Intro-Seite mit Bildern, die auf die Website einstimmen sollen. Um eine Website zu gestalten, braucht man ein ►*Programm*.

Weichtier

Ihren Namen erhielten Weichtiere, weil sie alle einen weichen Körper haben. Meist wird dieser ganz oder teilweise von einer harten Schale geschützt. Manche Weichtiere haben Einlagerungen aus ►*Kalk* in der Haut. Zu den Weichtieren gehören Tintenfische, ►*Schnecken* und ►*Muscheln*.

Tintenfisch

Welle

Wirft man einen Stein ins Wasser, dann breiten sich Wellen kreisförmig aus. Dabei schwingen Wasserteilchen auf und ab, ohne sich von ihrem Platz zu bewegen. Dieses Auf und Ab regt die nächsten Teilchen zum Schwingen an und es entstehen Wellenberge und Wellentäler. Auf ähnliche Weise breiten sich Schallwellen aus. Dabei bewegen sich Luftteilchen. Auch elektrische Signale und Licht breiten sich wellenförmig aus.

Weltraum

In rund 700 km Höhe beginnt der luftleere Weltraum. Niemand weiß, wie groß er ist. Im Weltraum bewegen sich die ►*Planeten*, der ►*Mond* und die ►*Sterne*. Dort kreisen aber auch viele künstliche ►*Himmelskörper*, nämlich ►*Satelliten*, sowie eine Menge Schrott. Das sind Dinge, die durch die Raumfahrt in das Weltall gelangt sind, zum Beispiel Metallteile und sogar Werkzeuge. Für Weltraum sagt man auch Weltall, Universum oder Kosmos. ►*Atmosphäre*

Werbung

Werbung oder Reklame ist dasselbe. Sie dient dem besseren Verkauf von Waren. Geworben wird durch ►*Inserate* in ►*Zeitungen* und ►*Zeitschriften*, durch ►*Prospekte* und Plakate. In

A B C D E F G H I J K L M N O P Q R S T U V W X Y Z

Rundfunk und Fernsehen gibt es Werbesendungen. Werbung kostet viel Geld und erhöht den Preis für eine Ware.

Werft

In einer Werft werden Schiffe gebaut und repariert. Der Schiffsbauplatz auf einer Werft heißt Helling. Dort setzt man Schiffe aus vielen Bauteilen zusammen. Kräne bringen die Fertigteile für sehr große Schiffe aus der Werfthalle zum Baugerüst auf die Helling. Häufig werden Schiffe auch gleich in der Halle oder im ►*Dock* gebaut.

Werkstoff

Werkstoffe sind alle Stoffe, die in der Technik verwendet werden. Meist sind es feste Stoffe wie ►*Metall*, ►*Holz*, ►*Glas*, ►*Gummi*, ►*Plastik* und ►*Baustoffe*.

Wettervorhersage

Wetterkundler oder Meteorologen beobachten ständig das ►*Wetter*. Sie messen den ►*Luftdruck*, die ►*Temperatur*, die Luftfeuchtigkeit und die Windstärke. Im ganzen Land gibt es Wetterstationen. Wetterballone mit Messgeräten sowie ►*Satelliten* liefern Daten aus großer Höhe. Über Funk kommen auch Fotos von der Bewölkung an die Computer in den Wetterstationen. Die Wetterämter vergleichen alle Messungen und tragen sie in eine Wetterkarte ein. Aus den Messdaten erstellen sie die Wettervorhersage, die auch durch das Fernsehen verbreitet wird. Mancher hat zu Hause seine eigene Wetterstation. ►*Barometer*

Wetterstation zu Hause

Wiese

Die Wiese ist eine Lebensgemeinschaft aus verschiedenen Pflanzen und Tieren. Viele ►*Insekten* ernähren sich von Wiesenpflanzen. Jungtiere finden Schutz im hohen Gras. Zahlreiche ►*Vögel* brüten auf der Wiese. Viele Wiesen dienen Kühen und Schafen als Weide und liefern Heu für den Winter. Grünfutter wird im ►*Silo* gespeichert. Solche Nutzwiesen werden regelmäßig gedüngt und mehrmals im Jahr gemäht. Deshalb wachsen hier weniger Blumen, dafür mehr saftiges Gras. In Parks und Gärten sät man Grassamen aus und so entstehen Rasenflächen. Das sind keine Wiesen. ►*Biotop*

Wild

Alle jagdbaren Tiere nennt man Wild. Zum Haarwild zählen ►*Rehe*, Hirsche, ►*Hasen* und ►*Wildschweine*. Fasane und Rebhühner gehören zum Federwild. Das Wild wird von Jägern erlegt. Im Winter erkennt ein Jäger an den Spuren im Schnee, welche Tiere sich in seinem Jagdrevier aufhalten. Zu viele Rehe richten in einem Wald oft größere Schäden an, weil sie die frischen Triebe der Bäume verbeißen. Man schützt die jungen Bäume deshalb durch Wildzäune. ►*Jagd*

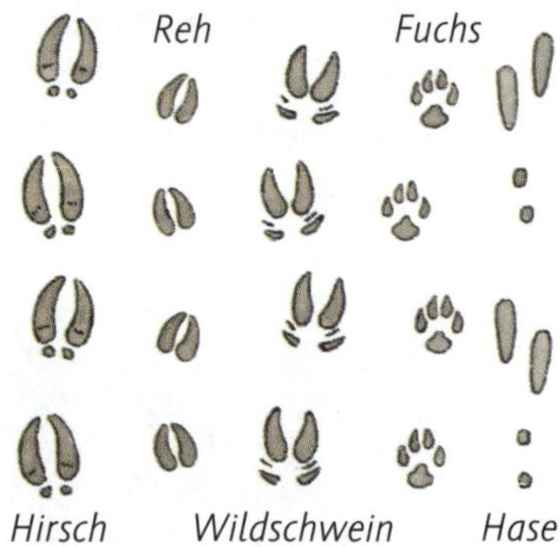

Wind

Die Luft strömt stets von einem ►*Hochdruckgebiet* zu einem ►*Tiefdruckgebiet*. Dabei entsteht Wind. Man bezeichnet die Winde nach der ►*Himmelsrichtung*, aus der sie wehen. Der Westwind kommt von Westen und bringt meist eine Änderung des ►*Wetters*. Die Geschwindigkeit des Windes wird mit dem Windmesser gemessen und in Windstärken angegeben. Die Windstärken reichen von 0 bis 12, von Windstille bis ►*Sturm*.

Windkraftanlage

Eine Windkraftanlage nutzt die ►*Kraft* des Windes, um Arbeit zu verrichten. Die ersten Windkraftanlagen waren Windmühlen, deren Flügel der Wind drehte. Die Drehbewegungen leiteten ►*Zahnräder* zu einem Mahlstein weiter, der ►*Getreide* zu Mehl mahlte oder aus Ölpflanzen Öl presste. Windmühlen trieben auch Sägemühlen an, die Baumstämme zu Brettern zersägten. In Hammermühlen wurden mit Windkraft Metalle bearbeitet. Heutzutage gibt es immer mehr Windkrafträder, die einen ►*Generator* betreiben und dadurch Windenergie in elektrische ►*Energie* umwandeln. Viele Windräder an einem Platz nennt man Windpark.

Windpark

Winterschlaf

Manche Tiere wie der ►*Igel* oder die ►*Fledermaus* schlafen in der kalten Jahreszeit. Darauf sind sie gut vorbereitet. Sie haben sich bis zum Herbst eine dicke Fettschicht angefressen. Von dem Fett können sie während des Winterschlafs zehren. Da sie dabei nur schwach atmen und sich kaum bewegen, kommen sie mit ihrem Fettvorrat über den Winter. Bis zum Frühjahr haben sie aber stark abgenommen. Am längsten schläft das Murmeltier. Es bleibt 8 Monate lang in seinem ►*Bau*. Eichhörnchen und Hamster halten Winterruhe. Sie wachen immer wieder auf und fressen von ihren Vorräten.

Wirbeltier

Wirbeltiere besitzen ein ►*Skelett* mit einer Wirbelsäule. Diese besteht aus einzelnen Wirbeln, die beweglich sind. Dadurch können Wirbeltiere ihren Körper drehen und wenden. In der Wirbelsäule liegt das Rückenmark, aus dem die ►*Nerven* zwischen den Wirbeln austreten. Zu den Wirbeltieren zählen

►*Frösche*, ►*Schlangen*, ►*Fische*, ►*Vögel* und ►*Säugetiere*. Auch der Mensch hat eine Wirbelsäule. ►*Würmer*, ►*Weichtiere* und ►*Insekten* haben keine Wirbelsäule. Sie zählen zu den wirbellosen Tieren.

Wirtschaft

Zur Wirtschaft gehören die ►*Produktion* von Gütern, die Verteilung der Waren und das ►*Geld*. Die wichtigsten Zweige der Wirtschaft sind die ►*Industrie* und das ►*Handwerk*, die ►*Landwirtschaft*, der ►*Handel*, der ►*Verkehr* und die ►*Banken*.

Wissenschaft

Wissenschaftler sammeln und ordnen das Wissen der Menschheit. Sie forschen auf allen Wissensgebieten, machen ►*Experimente* und fügen neue Erkenntnisse hinzu. Es gibt zahlreiche Einzelwissenschaften. Zu den Naturwissenschaften gehören ►*Physik*, ►*Chemie* und ►*Biologie*. Zu den Geisteswissenschaften zählen ►*Literatur* und ►*Geschichte*. ►*Universität*

Wolkenformen

Wolken bestehen aus kleinen Wassertröpfchen oder Eiskristallen. Ist der Himmel von ►*Wolken* bedeckt, dann spricht man von Bewölkung. Es gibt verschiedene Wolken. Sie werden nach ihrer Höhe am Himmel und ihrer Form eingeteilt. Federwolken und Schleierwolken stehen sehr hoch am Himmel und kündigen meist schlechtes Wetter an. Eine dicke schwarze Wolke in Ambossform ist ein Zeichen für ein nahendes ►*Gewitter*. Haufenwolken, die wie ein Blumenkohl aussehen, nennt man Schönwetterwolken. ►*Atmosphäre*

Wolle

Aus den Haaren von ►*Schafen* gewinnt man Wolle. Man verwendet auch die Haare von Kaninchen, Ziegen und Kamelen. Schafe werden mit einer Schneidemaschine geschoren. Die Rohwolle wird gewaschen und meist gefärbt und zu Fäden gesponnen. Da Wolle viel Feuchtigkeit aufnimmt sowie Wärme und Kälte ausgleicht, eignet sie sich gut für Kleidung. Man vermischt sie auch mit Kunstfasern. ►*Baumwolle*

World Wide Web

Das World Wide Web (▼ wörld weid web), abgekürzt www, ist ein weltweites Netz im ►*Internet*. Man kann darüber auf viele ►*Informationen* in der ganzen Welt zugreifen.

Wurm

Mit ihrem lang gestreckten Körper bewegen sich Würmer kriechend vorwärts. Sie können tasten, riechen und empfinden Temperaturen. Die meisten Würmer haben einen runden Körper wie der ►*Regenwurm*, andere sind platt wie ein Band. Manche besitzen einen Rüssel, den sie ausstülpen. Die kleinsten Würmer messen nur wenige Millimeter, der Riesenschnurwurm wird 10 m lang. Viele Würmer leben im Meer wie der giftige Feuerwurm. Es gibt auch Würmer, die ►*Organe* des Menschen befallen, vor allem den ►*Darm*. Weil diese Würmer den Körper schädigen, muss ein Betroffener zum Arzt gehen.

Feuerwurm

Wurzel

Der unterirdische Teil einer Pflanze ist ihre Wurzel. Diese verankert die Pflanze im Boden und versorgt sie mit Wasser und ►*Nährstoffen*. Beides nehmen die feinen Wurzelhärchen aus dem Boden auf. ►*Laubbäume* haben eine tiefe Pfahlwurzel,

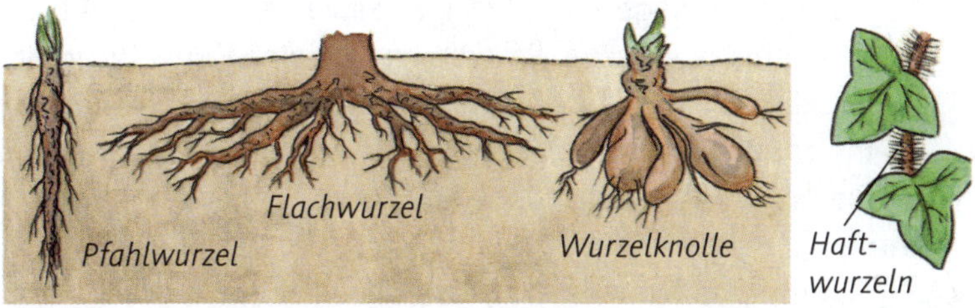

►*Nadelbäume* eine breite Flachwurzel. Es gibt Pflanzen, die Haftwurzeln ausbilden. Damit klammern sie sich an Mauern fest wie der Efeu. Manchen Pflanzen dienen die Wurzeln als Speicher für Nährstoffe, wie die Knollen der ►*Kartoffel*.

Wüste

In den Trockengebieten der Erde gibt es Wüsten. Das sind große Flächen aus Sand oder Geröll. Hier wachsen kaum Pflanzen. Eine der größten Sandwüsten der Erde ist die Sahara in ►*Afrika*. In Wüsten ist es am Tag sehr heiß, in der Nacht bitterkalt. Manchmal kommt es zu einem Wolkenbruch und es fällt plötzlich sehr viel Regen. Dann keimen die Samen und für kurze Zeit blühen Blumen. Trotz der Hitze leben in der Wüste Tiere, zum Beispiel Springmäuse, Wüstenfüchse und Schlangen. Viele verstecken sich am Tag und suchen nachts ihre Nahrung.

Zahnbau

Jeder gesunde Zahn lebt. Er besteht aus dem Zahnbein und wird von ►*Nerven* und ►*Adern* versorgt. Der Zahn sitzt mit der Wurzel im Kiefer. Das Zahnfleisch umhüllt den Zahnhals. Die sichtbare Zahnkrone ist von hartem Zahnschmelz überzogen. Ist dieser angegriffen, kann es zu einer ►*Karies* (▼kari-es) kommen.

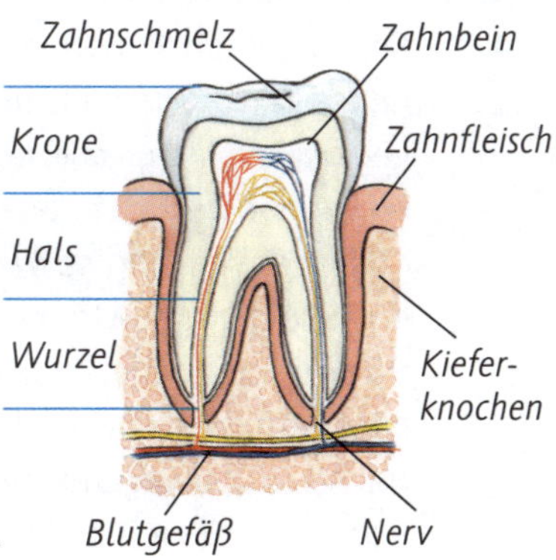

Das vollständige ► *Gebiss* eines Erwachsenen besteht aus 8 Schneidezähnen, 4 Eckzähnen, 8 kleinen und 12 großen Backenzähnen. Die vier letzten Backenzähne bekommt man meist erst ab dem 20. Lebensjahr, manchmal auch gar nicht. Sie heißen Weisheitszähne. ► *Zahnarzt*

Zeitlupe

Nimmt eine Filmkamera mehr als 24 Bilder pro Sekunde auf und werden diese mit normaler Geschwindigkeit vorgeführt, sieht man die Bewegung verlangsamt. Man nennt das Zeitlupe. Damit wird etwa beim Fußball die Entscheidung des Schiedsrichters überprüft. Das Gegenteil einer Zeitlupe ist der Zeitraffer. Dabei werden weniger als 24 Bilder pro Sekunde aufgenommen und dann normal vorgeführt. Damit können sehr langsame Vorgänge wie das Aufblühen einer Blume in kurzer Zeit gezeigt werden. ► *Film*

Zeitrechnung

Die christliche Zeitrechnung beginnt mit der Geburt Christi im Jahre 1. Alle Ereignisse, die vor Christi Geburt liegen, werden mit „vor Christus" (v. Chr.) bezeichnet. Die Ereignisse nach Christi Geburt bezeichnet man mit „nach Christus" (n. Chr.), man kann „n. Chr." auch weglassen. Wir leben im 21. Jahrhundert n. Chr. ► *Kalender*

Zelle

Die kleinsten Bausteine aller Lebewesen sind die Zellen. Sie nehmen ► *Nährstoffe* auf und geben Abfallstoffe ab. Zellen vermehren sich, indem sie sich teilen. Aus einer Zelle werden zwei, aus zwei vier und so weiter. Das ist das Wachstum. Manche Tiere und Pflanzen bestehen nur aus einer einzigen Zelle. Deshalb heißen sie auch ► *Einzeller*. Der menschliche Körper setzt sich aus Billionen ver-

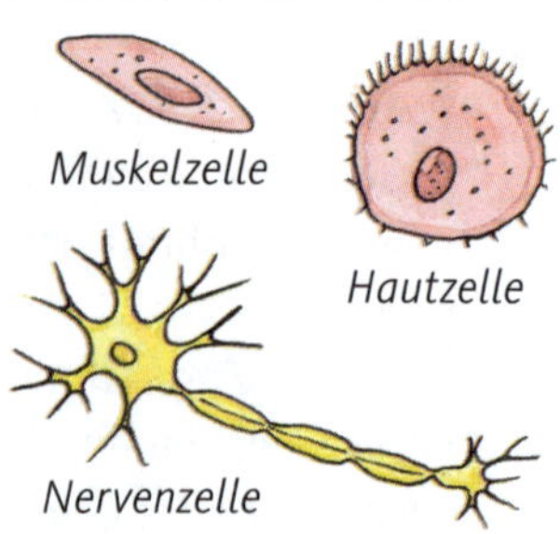

schiedenartiger Zellen zusammen. Alle Lebewesen entstehen aus einer befruchteten ►*Eizelle*.

Zeuge

Wer einen Unfall oder ein Verbrechen beobachtet, wird Zeuge dieses Vorfalls. Die ►*Polizei* befragt ihn als Augenzeugen zu allem, was er gesehen hat. Wird er als Zeuge vor ►*Gericht* geladen, dann muss er dort eine Aussage machen und wahrheitsgemäß berichten. Manchmal muss ein Zeuge einen ►*Eid* schwören, dass seine Aussage richtig ist.

Zinsen

Wer sein erspartes Geld auf die ►*Bank* bringt, erhält Zinsen. Das ist eine Leihgebühr für Geld. Das Geld wird dadurch immer mehr. Umgekehrt muss jemand Zinsen bezahlen, wenn er sich Geld von der Bank leiht. Er erhält dann ein ►*Darlehen* und muss mehr Geld zurückzahlen, als er bekommen hat.

Zivilisation

Mit Zivilisation bezeichnet man alle Veränderungen im Leben der Menschheit, die von ►*Kultur*, ►*Wissenschaft* und Technik bewirkt werden. Einerseits wird dadurch das Leben leichter. Zum Beispiel übernehmen immer mehr ►*Maschinen* gefährliche oder körperlich anstrengende Arbeiten. Und moderne ►*Verkehrsmittel* ermöglichen es, bequem über weite Strecken zu reisen. Andererseits verlieren viele Menschen immer mehr die Verbindung zur Natur und die Umwelt wird zerstört.

Zoll

Zölle sind Abgaben oder ►*Steuern*, die man für bestimmte Waren aus dem Ausland bezahlen muss. Manche Waren sind im Ausland billiger als bei uns. Wer zum Beispiel von einer Reise aus den USA solche Waren mitbringt, muss an der ►*Grenze* oder auf dem Flughafen dafür Einfuhrzoll bezahlen. Die Zöllner prüfen den Wert der eingeführten Waren und setzen danach die Höhe des Zolls fest. Bei Reisen innerhalb der ►*EU* gibt es meist keine Zollkontrollen.

Zucker

Zucker zählt zu den ►*Kohlenhydraten* und ist ein wichtiger ►*Nährstoff*. Bis vor 250 Jahren wurde er nur aus Zuckerrohr gewonnen und war sehr teuer. Heute stellt man Zucker vor allem aus Zuckerrüben her. Dabei entsteht auch brauner Sirup. Er wird in einer ►*Raffinerie* von den ►*Kristallen* getrennt. Wer an ►*Diabetes* leidet, darf nur wenig Zucker essen.

Zugvogel

Vögel, die im Herbst ihre Brutplätze verlassen und in den warmen Süden fliegen, sind Zugvögel. Auch die Jungvögel finden ihre Winterquartiere automatisch. Der ►*Instinkt* für die richtige Flugrichtung ist ihnen angeboren. Sie benutzen auch stets dieselben Zugvogelstraßen. Die ►*Störche* zum Beispiel fliegen etwa 10000 km weit von Nordeuropa nach Südafrika. Sperling, Amsel, ►*Meise* oder Krähe bleiben das ganze Jahr über bei uns. Man nennt sie Standvögel.

Zugvögel versammeln sich

Zunge

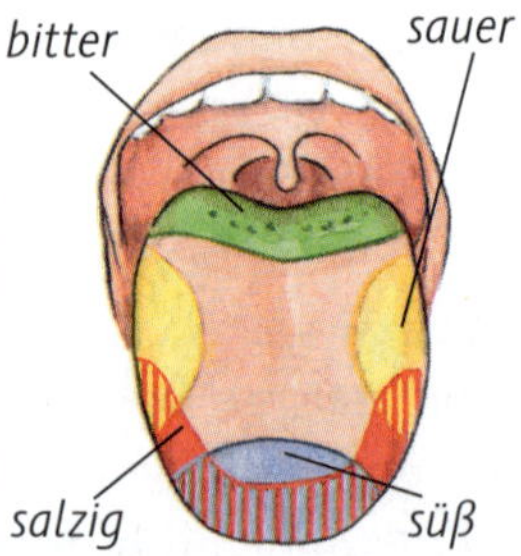

Mit der Zunge schmecken wir. Auf ihrer Oberfläche liegen Geschmacksfelder mit rund 3000 Geschmacksknospen, in denen sich Sinneszellen befinden. Damit können wir aber nur feststellen, ob etwas süß, salzig, sauer oder bitter schmeckt. Wie etwas genau schmeckt, hängt stark vom Geruchssinn ab. Deshalb schmecken wir bei Schnupfen fast nichts. Mit den ►*Nerven* der Zunge tasten und fühlen wir auch. Und wir sprechen mit der Zunge.

Zustandsform

Körper können fest, flüssig oder gasförmig sein. Man spricht dabei von der Zustandsform eines Körpers oder von seinem Aggregatzustand. Welche der drei Zustandsformen vorliegt, hängt von der ►*Temperatur* ab. Wasser ist gewöhnlich flüssig. Die Wasserteilchen bilden keine bestimme Gestalt und man kann sie in jedes Gefäß gießen. Erhitzt man das Wasser, wird daraus gasförmiger Dampf. Die Wasserteilchen treten jetzt weit auseinander und nehmen einen viel größeren Raum ein. Kühlt man Wasser unter 0° Celsius ab, wird es zu festem Eis. Jetzt rücken die Wasserteilchen ganz dicht zusammen und lassen sich nicht mehr gegeneinander verschieben.

Zwiebel

Frühblüher wie der Krokus und das ►*Schneeglöckchen* haben Zwiebeln. Das sind dicke Blätter, in denen Nährstoffe gespeichert sind. Die Zwiebel enthält auch den Spross für eine neue Pflanze. Sobald im Frühling die Sonne stärker wärmt, treibt die Zwiebel aus. Weil die Pflanze am Anfang ihre Nährstoffe aus der Zwiebel und nicht aus dem Boden bezieht, kann sie sich rasch entwickeln. Sind die Nährstoffe verbraucht, dann bildet sich eine Ersatzzwiebel. Daraus wird im nächsten Jahr eine neue Pflanze.

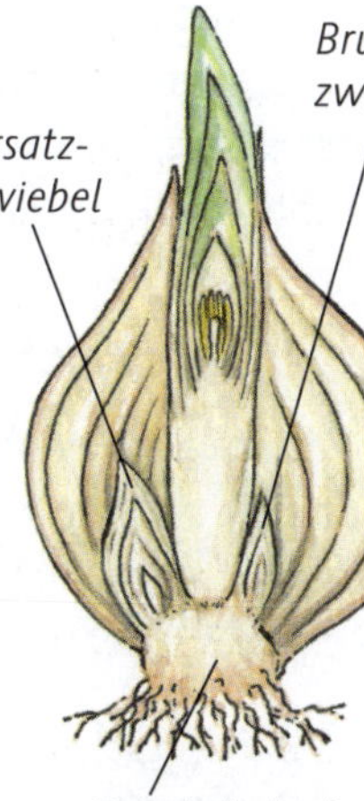

Zyklus

Ein Zyklus bezeichnet immer wiederkehrende Ereignisse oder Abläufe. Beispiele dafür sind die ►*Jahreszeiten* oder die ►*Menstruation*. Auch wenn ein Künstler ein bestimmtes Thema mehrfach darstellt, spricht man von einem Zyklus. So fasst ein Musiker etwa mehrere Frühlingslieder zu einem Zyklus zusammen, den er dann vielleicht „Frühling“ nennt.

Hinweise zur Beschaffung weiterer Informationen

Dieses Sachlexikon ist nicht die einzige Möglichkeit, sich Informationen zu beschaffen. Wenn du einen Begriff hier nicht findest oder wenn du gerne mehr über einen der aufgeführten Begriffe wissen möchtest, kannst du noch andere Informationsquellen nutzen:

Ein Lexikon: Vielleicht besitzt du selbst ein Kinderlexikon, in dem du nachschlägst. Du kannst dir ein solches Lexikon aber auch von einem Freund oder in der Schülerbücherei ausleihen. In einem Lexikon für Erwachsene kannst du natürlich auch nachschauen.

Ein Sachbuch: Kindersachbücher behandeln ein Thema ganz ausführlich. Wenn du zum Beispiel mehr über Bienen wissen möchtest, kannst du dir ein Buch über Bienen oder Insekten besorgen oder in der Bibliothek ausleihen. Für eine öffentliche Bibliothek, zum Beispiel die Stadtbücherei, brauchst du einen Bibliotheksausweis. Du darfst das Buch gewöhnlich für 4 Wochen mit nach Hause nehmen.

Ein Fachbuch: Fachbücher sind nur etwas für Spezialisten. Mancher kennt sich ganz toll mit Dinosauriern aus. Für so jemanden wäre ein Kindersachbuch nicht das Richtige. Er holt sich dann ein Fachbuch aus einer Bücherei.

Eine Fachzeitschrift: Es gibt Zeitschriften zu allen Themen, zum Beispiel über Computer, fremde Länder oder Sport. Darin findest du oft die neuesten Informationen zu einem bestimmten Thema.

Ein Video, eine CD/DVD: Zu manchen Themen, vor allem zu Tieren und Ländern, gibt es oft Filme auf Videokassetten, CDs oder DVDs. Auch solche Medien kannst du in einer Bibliothek ausleihen.

Die Suche im Internet

Wenn du das Internet nutzen möchtest, gibst du den Begriff am besten in eine der Suchmaschinen für Kinder ein:

www.blinde-kuh.de
www.milkmoon.de
www.helles-koepfchen.de
www.kindernetz.de/suche
www.safetykid.net
www.fragfinn.de
www.kindex.de
www.trampeltier.de
www.kindercampus.de/clikks

Du kannst aber auch eine der Suchmaschinen für Erwachsene benutzen. Suchmaschinen durchsuchen die unzähligen Seiten, die es im Internet gibt, und finden jene, auf denen etwas zum gewünschten Thema zu lesen ist.
Die Suchmaschine nennt dir auf deine Anfrage höchstwahrscheinlich sehr viele Seiten, auf denen du etwas zu einem Thema finden kannst. Meist sind die ersten Seiten, die aufgeführt werden, die besten. Aber Achtung: Oft stehen ganz am Anfang Werbeseiten. Dort gibt es nur Informationen zu Produkten, die verkauft werden sollen.

Regel 1: Nicht immer sind die ersten Seiten, die aufgeführt werden, die besten.

Sehr häufig kommt ziemlich am Anfang *www.wikipedia.de*. Das ist eine Art Lexikon im Internet. Es ist zwar sehr umfangreich und erklärt wirklich sehr viele Begriffe. Aber es sind nicht immer Fachleute, die hier geschrieben haben, sondern Menschen, die gerne zu bestimmten Fachgebieten etwas sagen wollten. Es kann also auch mal ein Fehler da stehen. Auch auf anderen Seiten musst du mit Fehlern rechnen.

Regel 2: Verlass dich nie auf eine Informationsquelle, sondern vergleiche immer mehrere!

Manchmal findest du auf verschiedenen Seiten zu einem Begriff ganz unterschiedliche Angaben. Du kannst dann natürlich nicht wissen, was falsch und was richtig ist. Achte deshalb immer auch darauf, ob die Seiten, die du aufrufst und liest, ernst zu nehmen sind. Oft stehen darauf ganz persönliche Meinungen, die keine Tatsachen sind.

Regel 3: Wenn du das Gefühl hast, dass eine Angabe auf einer Internetseite falsch ist, frage deine Eltern, deine Lehrer oder einen Fachmann!

Manchmal kommst du auch auf die Seite eines Forums. Dieses lateinische Wort heißt „Marktplatz". In Foren treffen sich die Internetnutzer, um sich untereinander auszutauschen. Sie berichten von ihren Erfahrungen und stellen sich Fragen. Aber wenn du zuverlässige Informationen brauchst, gehe nicht in ein Forum – oder würdest du Leute auf dem Markt fragen, wie etwa ein Hochofen funktioniert?

Regel 4: Gehe nicht in ein Forum, wenn du etwas ganz zuverlässig wissen willst!

Tipps zur schnellen Information

Die meisten Menschen in Deutschland nutzen die Suchmaschine *www.google.de*. Es gibt aber auch noch andere, zum Beispiel *www.bing.com* oder *de.yahoo.com*. Damit dir nur deutschsprachige Seiten angezeigt werden, musst du das entsprechende Feld anklicken.

Wenn du den gesuchten Begriff in eine Suchmaschine eingibst, achte darauf, dass du ihn richtig schreibst. Möchtest du etwa wissen, was ein „Beamter" ist und du vergisst das „t", erhältst du Informationen über einen „Beamer" (das ist ein Gerät, mit dem man Bilder aus dem Computer an der Wand zeigen kann). Vergisst du aber das „e" am Schluss, ist das ein kleiner Fehler, den die meisten Suchmaschinen erkennen. Sie fragen dann gewöhnlich, ob du statt „Beamtr" vielleicht „Beamter" gemeint hast.

Suchst du ganz gezielt nach genauen Informationen, kannst du zwei oder noch mehr Begriffe eingeben. Verbinde diese mit einem +. Angenommen, du fährst in den Ferien nach Rostock und möchtest vorher wissen, was du dort Interessantes anschauen kannst, dann gib ein: Rostock+Sehenswürdigkeiten. Besteht der Begriff aus zwei Wörtern, schreibe ihn am besten in Anführungszeichen, also so: „geschützte Tiere". Sonst bekommst du Internetseiten angezeigt, auf denen „geschützte" und „Tiere" zwar vorkommen, aber oft nicht im Zusammenhang. Dasselbe gilt für Vor- und Nachnamen. Suchst du zum Beispiel einen Peter Meier, dann gib ein: „Peter Meier", sonst erscheint auch der Name Petermeier. Gibt es für eine Sache zwei Wörter, gib beide ein und verbinde sie mit einem OR, zum Beispiel: Kriechtiere OR Reptilien.

Suchst du nach einem Buch-, Film- oder Musiktitel und kannst dich nicht mehr an alle Wörter erinnern, hilft dir das Sternchen *. Setze es an die Stellen, die du nicht mehr weißt. Auf diese Weise kommst du mit Am Samstag * das Sams * zu dem Kinderbuch von Paul Maar:
„Am Samstag kam das Sams zurück".
Meist sucht man im World Wide Web (www) ganz allgemein nach Seiten zu einem bestimmten Thema, zum Beispiel www.Bahn.de. Manchmal werden auch Bilder angezeigt. Vielleicht möchtest du ja nur Bilder sehen, zum Beispiel von Katzen. Dann gib als Begriff Katzen ein und klicke auf „Bilder". Klickst du auf „Video", dann findest du Filme mit Katzen.

Übrigens kannst du für die Suchmaschine alle Wörter kleinschreiben, sie kennt keine Klein- und Großschreibung. Besser aber ist es, wenn du alle Wörter großschreibst, die man normalerweise großschreibt – so trainierst du ganz nebenbei deine Rechtschreibung. Außerdem könntest du sonst beim Diktat leicht Fehler machen.

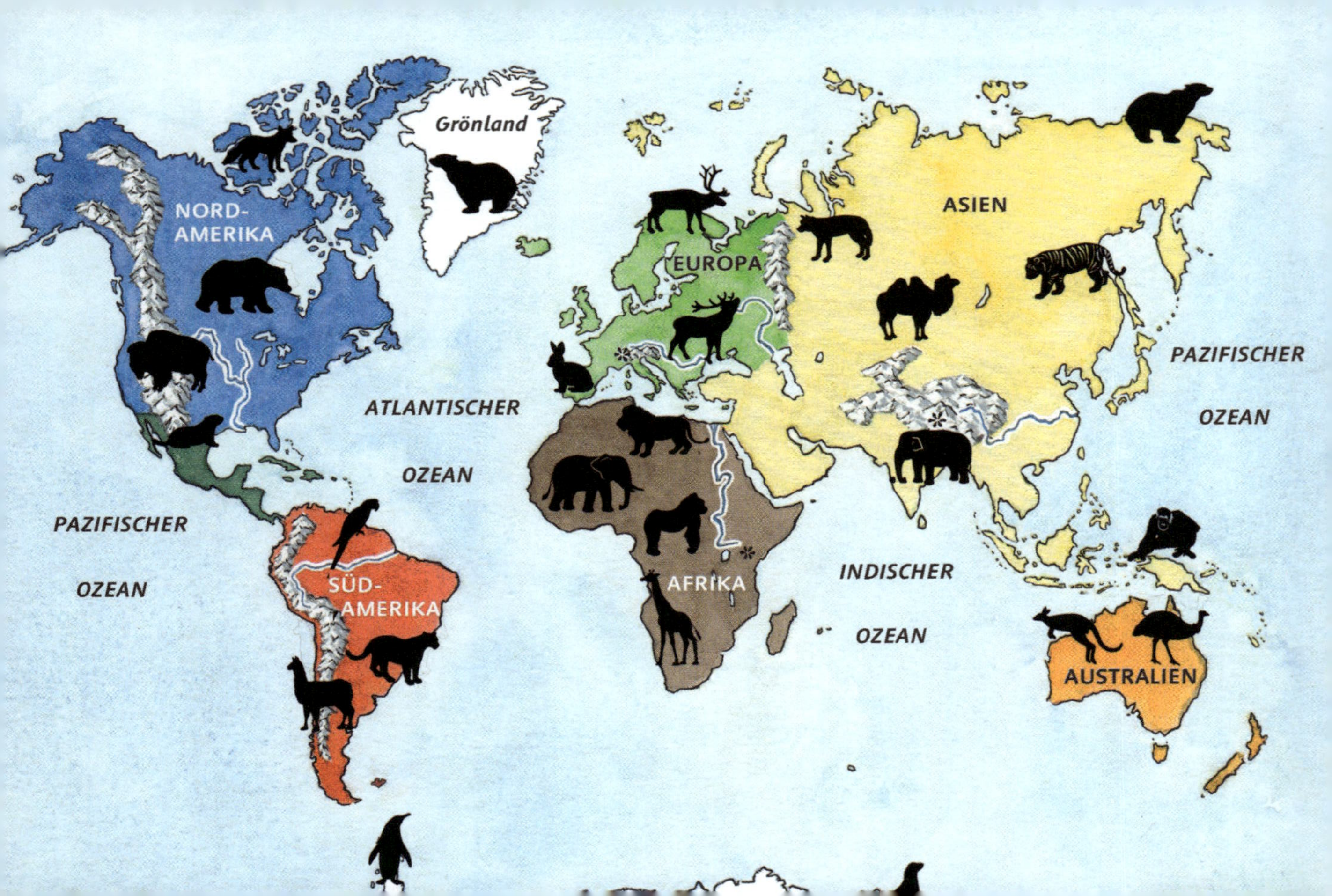
Grönland
NORD-
AMERIKA
EUROPA
ASIEN
ATLANTISCHER
OZEAN
PAZIFISCHER
OZEAN
PAZIFISCHER
OZEAN
SÜD-
AMERIKA
AFRIKA
INDISCHER
OZEAN
AUSTRALIEN

Bildquellen

Alge: Fotolia/Confetti; **Barometer**: Christie's London; **Baumwolle**: Fotolia/Wild Geese; **Bienenvolk**: Look/Konrad Wothe; **Burgformen**: Wasserburg/Wikipedia/GNU/Thomson, Höhenburg/Wikipedia/GNU/Holger Weinandt; **Cyberspace**: picture-alliance/dpa/Hubert Link; **Deich**: Cornelsen Verlagsarchiv; **Dock**: picture-alliance/dpa/Uwe Gerig; **Eisberg**: Wikipedia/GNU/sisak IV; **Embryo**: Wikipedia/CC/Ed Uthman M. D.; **Erdöl**: Superbild; **Fabrik**: picture-alliance/dpa/Ingo Wagner; **Fachwerkhaus**: Peter Hartmann, Potsdam; **Flechte**: Fotolia/Matthias Krüttgen; **Fließband**: picture-alliance/dpa/epa apa Magna Steyr; **Flussregulierung**: Fotolia/Hader Soehngen; **Geflügelfarm**: U.S. Dept. of Agriculture/U.S. Federal Gov./Steven Walling; **Glas**: picture-alliance/ZB/Matthias Bein; **Gletscher**: Wikipedia/GNU/Guttorm Raknes; **Gummi**: picture-alliance/dpa/Ulrike Koltermann; **Hafen**: Hamburger Hafen Marketing/M. Lindner; **Hochofen**: Fotolia/Bernd Gelle; **Insel**: Wikipedia/GNU/MakeMake; **Kabel**: Cornelsen Verlagsarchiv; **Kläranlage**: Wikipedia/GNU/iggy_x; **Komet**: NASA/JPL./Gov; **Kompass**: Cornelsen Verlagsarchiv; **Koralle**: Wikipedia/CC/U.S. Enviroment Dept./Gov.; **Krebse**: Wikipedia/GNU/stevenji; **Landmaschine**: Grimme/Werkfoto; **Lawine**: Fotolia/Eric Bargis; **Malerei**: Cornelsen Verlagsarchiv; **Massentierhaltung**: picture-alliance/dpa/ANP/Hans Prinsen; **Meteor**: picture-alliance/dpa/Foussat; **Moschee**: Cornelsen Verlagsarchiv; **Musikinstrument**: Cornelsen Verlagsarchiv (3); **Nutztier**: Archiv Peter Hartmann; **Olympia**: Corbis Sports; Orchester: Matthias Creutziger, Dresden; **Papier**: Verband der Deutschen Papierindustrie e. V./Pressefoto; **Qualle**: National Oceanic and Atmoshere Admin./U.S. Dept. of Commerce; **Radar**: U.S. Dept. of Defense; **Rakete**: esa; **Raumstation**: NASA/esa/DLR; **Regenbogen**: Fotolia/Winfried Stricker; **Reibung**: Cornelsen Verlagsarchiv; **Reptilien**: Fotolia/Vulkanisator; **Rettungsdienst**: Jürgen Junker-Rösch, Berlin; **Roboter**: picture-alliance/dpa/Bloomberg News/Landov/Jeff Kowalsky; **Röntgen**: Fotolia/ICE; **Salz**: Tourismusverband Camargue (F); **Satellit**: esa Darmstadt/Pressefoto; **Säugetier**: Wikipedia/GNU/Fir0002; Schifffahrt: Wikipedia/CC/Toralf Svensson; **Schredder**: picture-alliance/dpaweb//ZB/Bernd Wüsteneck; **Singvogel**: Wikipedia/GNU/Thomas Kirchen; **Solarenergie**: Solar One/Pressefoto; **Spinne**: Fotolia/Martin Filzwieser; **Stadtplan**: Mit frdl. Genehmigung der BVG Berlin; **Staudamm**: Wikipedia/GNU/Pamela McCreight; **Synagoge**: Wikipedia/GNU/Petra Pau; **Tarnung**: Wikipedia/Marcus A. Hennig; **Teleskop**: NASA/JPL./Gov.; **Terrarium**: picture-alliance/dpa/Christine Steimer; **Thermometer**: Cornelsen Verlagsarchiv; **Tiefsee**: Cornelsen Verlagsarchiv; **Torf**: Wikipedia/GNU/Enslin; **Tropfstein**: www.hoehlen.at; **Turbine**: Voith AG, Heidenheim/Brenz; **Verkehrszeichen**: Cornelsen Verlagsarchiv; **Vulkan**: Fotolia/Vulkanisatoll; **Wattenmeer**: Wikipedia/GNU/Douwen; **Weichtier**: picture-alliance/Okapia; **Wettervorhersage**: Astra MAX/Wetter direkt/Werkfoto; **Windkraftanlage**: Cornelsen Verlagsarchiv; **Wurm**: Cornelsen Verlagsarchiv; **Zugvögel**: Fotolia/AG Photographer

Von Adler bis Zwiebel

Sachlexikon für Grundschulkinder

Herausgegeben von Hans Peter Thiel

Erarbeitet von: Heidemarie Brosche, Astrid Rösel und Hans Peter Thiel

in Zusammenarbeit mit der Cornelsen Redaktion Grundschule

Layoutkonzept: Ellen Meister

Technische Umsetzung: Arnold & Domnick, Verlagsproduktion – alle Medien, Leipzig

Illustrationen: Peter Braun, Atelier amAldi

Bildredaktion: Peter Hartmann

www.cornelsen.de

1. Auflage, 1. Druck 2009

Alle Drucke dieser Auflage sind inhaltlich unverändert
und können im Unterricht nebeneinander verwendet werden.

Druck: Parzeller Druck- und Mediendienstleistungen, Fulda

ISBN 978-3-06-082355-0

Inhalt gedruckt auf säurefreiem Papier aus nachhaltiger Forstwirtschaft.